**Um diplomata
a serviço do Estado**

FGV EDITORA

Rubens Barbosa

Um diplomata
a serviço do Estado

NA DEFESA DO INTERESSE NACIONAL

DEPOIMENTO AO CPDOC

Copyright © 2018 Rubens Antonio Barbosa

Direitos desta edição reservados à FGV EDITORA
Rua Jornalista Orlando Dantas, 37
22231-010 | Rio de Janeiro, RJ | Brasil
Tels.: 0800-021-7777 | 21-3799-4427
Fax: 21-3799-4430
editora@fgv.br | pedidoseditora@fgv.br
www.fgv.br/editora

Impresso no Brasil | *Printed in Brazil*

Todos os direitos reservados. A reprodução não autorizada desta publicação, no todo ou
em parte, constitui violação do copyright (Lei nº 9.610/98).

Os conceitos emitidos neste livro são de inteira responsabilidade do autor.

1ª edição: 2018; 1ª reimpressão - 2019

Depoimento cedido ao professor do CPDOC Matias Spektor
Coordenação editorial e copidesque: Ronald Polito
Revisão: Marco Antonio Corrêa e Sandro Gomes dos Santos
Índice: Fabiana Leal
Diagramação: Ilustrarte Design e Produção Editorial
Capa: Estúdio 513
Fotografia da capa: Silvia Constanti/Valor/Agência O Globo

Ficha catalográfica elaborada pela
Biblioteca Mario Henrique Simonsen/FGV

Barbosa, Rubens Antonio, 1938-
    Um diplomata a serviço do Estado: na defesa do interesse nacional / Rubens Barbosa.
– Rio de Janeiro : FGV Editora, 2018.
    300 p.

    ISBN: 978-85-225-2078-7

    1. Barbosa, Rubens Antonio, 1938- . 2. Diplomatas – Brasil – Entrevistas. 3. Brasil –Relações
exteriores. I. Fundação Getulio Vargas. II. Título.

CDD – 923.281

À Maria Ignez, inestimável parceira
neste meu percurso diplomático.

Sumário

Apresentação   9

Depoimento

Primeiros anos   15

A primeira chefia — Coleste — Serviço de Relações com
   o Congresso — Programa de Desburocratização   37

Chefia de gabinete — ministro Olavo Setúbal   45

Secretário internacional — Ministério da Fazenda   65

Representante permanente junto à Associação Latino-Americana
   de Integração (Aladi)   69

Departamento de Integração e Coordenação do Mercosul   73

Embaixador em Londres   107

Embaixador em Washington   119

A vida começa aos 65 anos   237

Depoimentos

Embaixador Eduardo dos Santos   249

Embaixador Marcos Galvão   255

Ministro Paulo Roberto de Almeida   273

Sobre o autor   291

Índice onomástico   293

Apresentação

A convivência com o embaixador Wladimir Murtinho e com Aloísio Magalhães, criadores da Fundação Nacional Pró-Memória, instituição cujo objetivo era a preservação da memória nacional, influiu no meu hábito de guardar documentos e papéis que julgava relevantes.

Ao longo de toda a minha carreira, juntei trabalhos, textos, entrevistas escritas ou gravadas no rádio e na televisão. Após deixar o serviço público, organizei todo esse material em ordem cronológica.

Em 2010, a Fundação Getulio Vargas convidou-me a doar esse "acervo diplomático" por mim preservado ao Centro de Pesquisa e Documentação (CPDOC). Dediquei-me então à primeira triagem dos documentos, e negociei com a fundação sua guarda e digitalização. O arquivo, de mais de 70 mil páginas, segundo a FGV, é o segundo em tamanho entre aqueles dos diplomatas, atrás apenas do arquivo do ministro Azeredo da Silveira.

Fiquei muito honrado por ser lembrado para ter meu arquivo ao lado de um grupo de diplomatas que ocuparam postos relevantes no Itamaraty nos últimos 50 anos.

Como desdobramento dessa doação, participei da programação de História Oral da FGV. Durante quase dois anos, de janeiro de 2009 a dezembro de 2011, gravei mais de 20 horas sobre meu percurso diplomático sob a coordenação de Matias Spektor. A digitalização de todo o arquivo foi realizada no período 2013-16. No início de 2017, recebi a transcrição dos depoimentos a fim de ajustar a conversa oral em textos ordenados, para inclusão no site da FGV. Observei que os depoimentos verbais, no meu caso, apresentaram frases intercortadas, fatos e ideias subentendidos, repetições e outras deficiências que necessitaram correções no texto escrito, para facilitar uma sequência lógica e inteligível àqueles que, eventualmente, se interessem pelas informações reunidas nos relatos pessoais.

Iniciadas a leitura e as adaptações necessárias, procurei Carlos Ivan Leal Simonsen, presidente da FGV, para saber da possibilidade de publicação do material. Contando com o apoio de Carlos Leal e de Joaquim Falcão, o projeto avançou e agora vem a público.

Conforme decidido na época das gravações para a História Oral, três colegas que comigo trabalharam por anos em diferentes postos também prestariam depoimentos, que seriam agregados ao meu. Assim, os amigos e colegas Eduardo dos Santos, Marcos Galvão e Paulo Roberto de Almeida complementam meus relatos com sua respectiva percepção a respeito de nossa relação profissional e do trabalho que, de forma tão significativa, ajudaram a desenvolver.

O depoimento, agora transformado em livro, cobre meu percurso diplomático no período 1962-2004. O texto obedece rigorosa ordem cronológica. O início da carreira no Itamaraty, de jovem paulista sem nenhuma conexão familiar ou política com a diplomacia, e a arriscada decisão de trabalhar em Brasília nos idos de 1963, abrem o relato. O primeiro posto no exterior, o casamento em Londres, o mestrado na London School of Economics e a volta à capital federal com a experiência fora da Casa de Rio Branco prepararam o caminho para uma chefia até então inédita e o começo de outras responsabilidades. As atividades fora do Itamaraty, no programa de desburocratização da Presidência da República e no ministério da Fazenda, a passagem pela Secretaria de Relações com o Congresso e a chefia de gabinete do ministro Olavo Setúbal marcam uma passagem intermediária na carreira e o posto como embaixador no exterior. A criação e a direção do Departamento de Integração e as chefias de subsecretarias com a coordenação nacional do Mercosul pavimentaram o percurso para os dois últimos postos na carreira, as embaixadas em Londres e em Washington.

A maneira como as entrevistas foram conduzidas faz transparecer nos meus relatos, talvez com algum excesso, uma pequena história dos conflitos burocráticos e a busca de espaços, comuns no serviço público. Deu oportunidades também para a explicação de bastidores de decisões importantes de política externa em que, de uma forma ou de outra, tive participação direta ou indireta. Acho que houve equilíbrio entre relatos burocráticos e comentários sobre a formulação de políticas.

Ao fazer a revisão das transcrições, ficou claro que nos depoimentos orais havia repetições e frases truncadas ou interrompidas. Em muitas passagens, a linguagem era coloquial e por vezes pouco precisa. Tornou-se necessário rever razoável quantidade de trechos, o que fiz com cuidado de não alterar o sentido e menos ainda as opiniões que expressei há mais de cinco anos.

Hesitei em manter, na transcrição escrita dos depoimentos, referências a atitudes de colegas e de personagens com quem interagi de alguma maneira, por temer que minhas percepções pessoais dos fatos relatados pudessem ser interpretadas como versões distorcidas.

Em todos os casos, o relato é franco e reflete opinião sobre acontecimentos que se passaram comigo. Embora saiba que alguns poderão não gostar, preferi deixar registrada minha visão desses fatos que vivi. Procurei ser preciso e factual sem nada eliminar. Reconheço que as narrativas de momentos delicados e sensíveis, segundo minhas lembranças, possam ser interpretadas de forma discordante.

Aspecto que convém ressaltar refere-se ao fato de que os depoimentos sobre minha caminhada diplomática ocorreram durante o governo Lula, o que tornou inevitável, em muitas passagens, comentários comparando o que acontecia no tempo em que coordenei o Mercosul e o que se passou no governo e na gestão Celso Amorim.

Ao longo da carreira, dentro e fora do Itamaraty, sobretudo quando passei a assumir funções de chefia, pautei-me pelo senso de prioridades claramente definidas, com a percepção de que nada era impossível. Aceitei e jamais recusei os desafios com que me confrontava, agindo com capacidade de iniciativa, dedicação exclusiva e lealdade à Casa de Rio Branco. Lealdade com independência, mesmo no período militar, em área delicada de trabalho, como a dos países socialistas da Europa do Leste, sempre opinando e deixando minha marca, mas sabendo respeitar regras e cumprir decisões superiores, dentro da ética e de minha visão política.

À medida que relia os depoimentos sobre meu tempo no serviço público, senti a necessidade de completar o relato com um capítulo dedicado ao percurso que iniciei no setor privado. Após ter deixado o trabalho ativo do Itamaraty, comecei uma vida diferente, aos 65 anos. No capítulo final, comento as atividades que exerci desde que deixei o serviço público e entrei para o setor privado.

Por mais de uma década, participei de conselhos de diversas empresas privadas, e criei empresa de consultoria para desenvolver negócios privados, aproveitando meus contatos no Brasil e minhas conexões no exterior.

Convidado pelo presidente da Fiesp, passei a dirigir o Conselho de Comércio Exterior da entidade e, posteriormente, a atuar como diretor alterno do Conselho de Defesa da Federação e da Associação Brasileira da Indústria Elétrica e Eletrônica (Abinee). A presidência da Sociedade Brasileira de Estudos de Empresas Transnacionais e da Globalização (Sobeet) e a presidência emérita do Conselho Empresarial Brasil-EUA foram outras responsabilidades que assumi.

Em 2006, criei a revista trimestral suprapartidária *Interesse Nacional* e em 2016, o Instituto de Relações Internacionais e Comércio Exterior (Irice), o primeiro *think tank* de São Paulo nessas áreas.

Mais recentemente, passei a presidir a Associação Brasileira da Indústria do Trigo (Abitrigo) e a integrar o Conselho de Relações Internacionais do Governo do Estado de São Paulo e o Conselho Deliberativo da empresa SP Negócios, da prefeitura municipal da capital paulista.

Em junho de 2018, foi publicada uma nova coletânea de artigos, *A agenda para a modernização do Brasil*, e agora *Um diplomata a serviço do Estado*.

Com coluna regular nos jornais *O Estado de S. Paulo* desde 2004 e *O Globo*, de 2004 a 2015, entrevistas regulares a jornais, rádios e televisões (GloboNews Painel, Roda Viva, da TV Cultura, Canal Livre, da TV Bandeirantes, do Fórum Estadão), participo ativamente dos debates sobre a situação política e econômica nacional.

No final de 2017, o Irice foi convidado a fazer parte da Frente pela Renovação e do Daqui para Frente, movimentos que procuram influir na eleição para a Câmara dos Deputados e para o Senado, com o apoio a candidatos novos e bem posicionados no "*ranking* dos políticos".

Para a versão escrita de meu depoimento oral, contei com o competente trabalho de Magda Maciel Montenegro, discípula aplicada de Antônio Houaiss, que, nas várias versões do trabalho, me ajudou a corrigir e a dar forma final ao texto. Agradeço à Magda sua dedicada eficiência e atenção comigo.

Durante toda a minha carreira no Itamaraty e depois, trabalhando no setor privado, não poderia ter realizado tudo o que empreendi sem o constante apoio de minha mulher, Maria Ignez. Acompanhou-me ao longo dos últimos 50 anos e participou ativamente de forma companheira. Com comentários precisos de auxílio ou muitas vezes de crítica, sempre pertinentes, sua intuição me fez evitar problemas e superar dificuldades. Como jornalista e escritora, manifestou sempre sua opinião firme sobre meus pontos de vista e apresentações. Devo a ela gratidão e reconhecimento pela paciência com que aceitou — não sem reclamar — as incontáveis viagens de trabalho e o sacrifício de programas agradáveis. Meus filhos João Bernardo e Mariana, desde pequenos, em Brasília, não tiveram toda a atenção que mereciam em virtude das ausências frequentes e das poucas horas que lhes dediquei. Não sei se posso contar com uma visão benevolente deles, quando olho para o retrovisor a fim de lembrar aqueles anos. Deixo assim meu tributo a minha família, de cujo convívio o trabalho me afastou por tempo excessivo.

Rubens Barbosa
São Paulo, maio de 2018

Depoimento

Primeiros anos

MATIAS SPEKTOR: Eu queria começar com o senhor nos dando uma panorâmica do *background* familiar. O que seus pais faziam? De onde vem sua família? Qual é sua trajetória até 1960, quando o senhor entra para o Rio Branco?

RUBENS BARBOSA: Minha mãe era dona de casa e meu pai, contador, trabalhava em empresas em São Paulo. Meus avós maternos eram italianos, minha avó paterna também italiana, e meu avô paterno era brasileiro. Eles vieram para o Brasil no começo da imigração italiana, por volta do ano de 1870, e se radicaram em São Paulo, no interior, na área de café. Com a recessão, em 1929, quebraram, vieram para a capital, criaram uma empresa de engenharia e ficaram por aqui.

MS: E a ideia de entrar para a diplomacia vem de onde?

RB: Desde que passei a estudar no segundo ano do chamado clássico, no Colégio Dante Alighieri, percebi minha vocação para o serviço público, e daí, a Casa de Rio Branco, a diplomacia. Eu estava no segundo ano de direito quando passei no exame do Itamaraty na primeira tentativa. Cursei a Faculdade de Direito do Largo São Francisco e o Instituto Rio Branco, juntos.

MS: O senhor esteve no Instituto Rio Branco entre 1960 e 1962, que é um dos períodos mais férteis e contenciosos da política externa brasileira: a época da política externa independente. Como era o Instituto Rio Branco "desse período"? Estamos falando no pré-golpe de 1964. Qual era o ambiente?

RB: Não me lembro de o ensino no Instituto Rio Branco estar politizado, mesmo nesse ambiente descrito por você, ao contrário do que aconteceu recentemente no governo do PT. Tenho a lembrança do Carlos Lessa, por exemplo, professor do Rio Branco. O ensino era normal, de uma escola de elite difícil de ingressar. Nessa fase, os exames de entrada se prolongavam por mais de dois meses, todos eliminatórios, línguas inclusive. Relativamente, acho que naquela época eram mais difíceis do que são hoje e não havia nenhuma tentativa de influenciar o pensamento do instituto, de um lado ou de outro.

MS: Uma vez que o senhor completa o Instituto Rio Branco, o senhor fica poucos meses na divisão de Passaportes e, logo em seguida, o senhor vai para o gabinete do ministro em Brasília. Conta um pouco essa história. O Itamaraty ainda estava no Rio de Janeiro?

RB: O Itamaraty estava no Rio de Janeiro. Finalizei os exames em uma posição razoável, visto que me formei em quarto lugar do curso do Instituto Rio Branco. Como morava em São Paulo, retornei à cidade e deixei lá meu pedido de trabalhar numa divisão política da Europa Ocidental. Na faculdade de direito, na cadeira de economia política, ganhei um prêmio, em 1958, com tese sobre o Mercado Comum Europeu, publicada na revista da instituição. Com o dinheiro recebido do prêmio, complementava meus estudos para o Rio Branco; tinha dois professores de francês, idioma em que eu era mais fraco do que no inglês. Por causa daquele trabalho, pedi para ser lotado na divisão da Europa Ocidental, que não era muito requisitada. À época, a área multilateral, a das Nações Unidas, era a mais disputada. Ao ser convocado e me apresentar no dia marcado, fui surpreendido com a designação para a divisão de Passaportes, que é uma das menos glamorosas do Itamaraty. Eu vinha de São Paulo, não tinha parente algum no Itamaraty, nem mesmo ligação política ou conhecimento com alguém que lá já trabalhasse. Gosto de brincar que comecei numa divisão em que alguns bons diplomatas também deram os primeiros passos, como o Roberto Campos. A partir do momento em que entrei na divisão de Passaportes, passei a pensar na saída. Mais enfronhado dos meandros do ministério, soube que fora chamado para trabalhar em uma divisão da Europa Oriental, no departamento do mesmo nome, e que meu chefe na divisão de Passaportes havia engavetado um memorando com o pedido de minha transferência. Senti que não sairia de lá se não tomasse alguma providência. Conheci e mais tarde fiquei muito amigo do ministro Wladimir Murtinho, que procurava alguém que quisesse ir para Brasília, diante da decisão tomada de construir o prédio e para lá transferir o Itamaraty. Havia

PRIMEIROS ANOS

apenas um escritório do MRE, o gabinete do ministro. O Rubens Ricupero, que estava em Brasília, fora removido para Viena e o lugar vagou. Candidatei-me à vaga e, em meados de 1963, fui para a capital.

MS: Agora, o ministério só se mudou para Brasília com o Mário Gibson Barboza, não é isso?
RB: De fato, a mudança do ministério aconteceu bem depois, em 1970, 1971. Mas eu fui para Brasília em 1963 e, para mim, jovem secretário sem nenhuma conexão no Itamaraty, foi muito bom. No entanto, não percebia bem isso, pois o motivo da minha ida para Brasília era sair da divisão de Passaportes. No gabinete do ministro do Exterior em Brasília, onde passei a trabalhar, havia apenas dois diplomatas.

MS: Mas o gabinete do ministro já estava em Brasília?
RB: Tinha o que era chamado de "escalão avançado". De fato, fui para Brasília com o novo ministro Evandro Lins e Silva, e lotado no gabinete dele. Antes o ministério foi ocupado por Hermes Lima, que acabara de deixar o cargo. Com a saída de Lins e Silva para o Supremo Tribunal Federal, entrou João Augusto de Araújo Castro, e eu continuei em Brasília. Permaneci com o Araújo Castro porque não era uma nomeação do ministro, mas designação para oficial de gabinete do ministro, em Brasília. Fiquei encarregado do encaminhamento de matérias do Itamaraty no Congresso.

MS: O Congresso já estava operando em Brasília?
RB: Já operava lá, inclusive a Comissão de Relações Exteriores. Para mim, a experiência não poderia ter sido melhor, fantástica, porque assisti a alguns acontecimentos históricos. Certo dia quis falar ao telefone e não havia telefone. Pensei: havia esquecido de pagar a conta de luz e por isso tinha sido cortada. Mas era a revolução dos sargentos, em 1963, que paralisou a capital. Depois, o 31 de março de 1964. Nessa época, éramos três no gabinete: José Guilherme Merquior, Luiz Brun de Almeida e Souza e eu.

MS: Merquior era da sua geração?
RB: Ele era duas ou três turmas depois da minha, eu era mais velho. O posto em Brasília me deu acesso a toda Casa, em especial, à chefia. Comecei a ser conhecido por causa dos contatos que tinha que fazer em virtude da função em Brasília, inclusive fora do Itamaraty, propiciando o conhecimento de muitos

parlamentares. Nesse momento, conheci André Franco Montoro, de quem me tornei amigo e de toda a família. A partir daí, fiquei muito ligado à democracia cristã, o que me proporcionou a oportunidade de acompanhar de perto os acontecimentos de 31 de março na capital.

MS: Como foi o começo da relação com Montoro?

RB: Conheci Montoro entre os anos 1963-64 quando fui morar em Brasília e fiquei próximo dele e de sua família. Depois, eu tinha afinidades com a democracia cristã naquela época. Acho que ele estava na Comissão de Relações Exteriores, não lembro bem. Em 1969, ele foi meu padrinho de casamento.

MS: Araújo Castro estava em Brasília quando teve o golpe?

RB: Não. Estava no Rio de Janeiro.

MS: Conta um pouco como foi o golpe dentro do Itamaraty.

RB: Vou contar um caso interessante que aconteceu, porque envolve José Guilherme Merquior que, naqueles tempos, tinha posições políticas claras. Ele organizou uma exposição de fotografia de Cuba em uma escola de Brasília. Eu era o mais velho dos jovens diplomatas, o mais antigo na carreira, e estava encarregado do escritório do Itamaraty. Certa noite, eu recebi um telex do ministro Araújo Castro, pedindo para eu entrar em contato com o secretário José Guilherme Merquior, a fim de manifestar o desconforto e a preocupação do Itamaraty com a exibição das fotos sobre a ilha cubana, elaborada por ele. Chamei o José Guilherme e disse que ele havia se metido em uma encrenca, e que deveria tomar cuidado com o que estava fazendo. Ainda não acontecera a revolução, mas é possível perceber que o clima tenso começava a dar sinais. E o Itamaraty mantinha uma posição de reserva em relação a Cuba.

MS: E o senhor atribui isso a quê? Araújo Castro começou a ficar com medo do teor geral, que vinha tomando?

RB: Naquela fase, às vésperas da revolução, aqui em São Paulo ocorriam marchas e havia violenta polarização. Em março, houve um comício na Central do Brasil, no Rio de Janeiro, ao qual o Araújo Castro não compareceu; foi o único ministro que não foi. Ao contrário de um ministro do Exterior do PT, que participou de vários comícios partidários, Araújo Castro não apareceu, apesar de ter recebido o convite. Há aí outro elemento histórico, que presenciei em Brasília nesse período de revolução; um não, dois. Como eu era o "relações com o Congresso" e gostava de política, ficava todo o tempo por lá. Eu estava na sessão extraordinária do Congresso quando João Goulart mandou carta comunicando que saía de Brasília e continuava à frente do governo no Rio Grande do Sul. A carta foi lida pelo primeiro-secretário do Senado, e o Auro Moura Andrade, que era o presidente do Congresso, concluída a leitura, disse a frase histórica: "Tendo recebido essa carta do presidente João Goulart, e ele estando ausente de Brasília, declaro vacante a Presidência da República". No entanto, João Goulart dizia apenas que não estava em Brasília, que estava no Rio Grande do Sul. O deputado Luís Fernando Bocaiuva Cunha, conhecido como Baby Bocaiuva, jogou o microfone na direção da mesa diretora dos trabalhos. O caos se instalou dentro do Congresso. O outro é um detalhe burocrático. Quando mudou o governo, Vasco Leitão da Cunha foi nomeado ministro das Relações Exteriores, e ele manteve o gabinete em Brasília e assim continuei no novo regime. O presidente empossado, Castello Branco, assinou decreto de exoneração *ex officio* de todos os ministros. O ministro Araújo Castro foi o único exonerado com um pequeno detalhe, "a pedido". O Vasco Leitão conseguiu do Castello Branco que o Araújo Castro não fosse demitido como os outros, que não fosse exonerado, apenas demitido do cargo, a pedido. É interessante que a revolução começou respeitando o Itamaraty.

MS: O senhor atribui isso ao fato de Araújo Castro não ter ido ao comício?
RB: Não. Atribuo isso ao Vasco Leitão, porque, apesar da política externa ter mudado totalmente, Vasco Leitão protegeu o Itamaraty o quanto pôde. Não só a partir desse episódio, mas até as comissões de investigação, os inquéritos policial-militares (IPM).

MS: Como foi que o senhor sentiu essa mudança de orientação a partir do final de março, sendo o senhor o responsável pelo contato entre o gabinete do ministro em Brasília e o Congresso Nacional?
RB: Sobre isso, há também um episódio que não está diretamente relacionado com o caos durante o ano, aquela confusão toda, com cassações etc. A política externa mudou. Foi formulada a política dos círculos concêntricos, com forte alinhamento com os Estados Unidos. Aconteceu outro incidente, no qual fui envolvido, e que mostra um pouco a minha linha de atuação desde terceiro-secretário. Lembre-se que houve a invasão da República Do-

minicana em 1965, com a participação de tropas brasileiras. Mas, de acordo com o previsto na Constituição, o deputado Bilac Pinto, presidente da Câmara, convenceu o presidente Castello Branco a enviar uma mensagem para o Congresso solicitando autorização, visto que o envio de tropas para o exterior depende dessa aprovação. De início, falei com Montoro. Claro que não ia ser derrotada, mas a autorização do Congresso começou a demorar. O assessor parlamentar da Presidência da República, embaixador Asdrúbal Pinto de Ulysséa, telefonou-me para dizer que eu estava obstruindo e adiando a confirmação da mensagem e que eu deveria conseguir sua aprovação, senão eu iria ter problemas. Respondi que eu era um mero terceiro-secretário, que não tinha força nenhuma para influir no processo de exame da mensagem pelo Congresso. Asdrúbal insistiu dizendo que eu era o assessor parlamentar e que tinha de tomar as providências necessárias para tanto. Na realidade, o incidente derivava do fato de que Bilac Pinto era contra o envio de tropas, e estava segurando a matéria. E o Palácio tinha que arranjar algum bode expiatório, que quase fui eu.

MS: O senhor tem memória se o Araújo Castro, no momento em que acontece o golpe, começa a mobilizar amigos parlamentares para achar uma solução para ele?

RB: Não, nunca ouvi falar nada disso. Araújo Castro foi profissional. Ele tinha suas próprias ideias, mas foi profissional até o fim. E o Vasco também foi profissional e, *interna corporis*, protegeu o que pôde os funcionários diplomáticos.

MS: Vamos falar um pouco da cassação de diplomatas. De fato, é verdade, a vasta maioria dos cassados não eram diplomatas. O Itamaraty, salvo engano, teve quatro cassações em 1964 e depois teve mais algumas até 1968.

RB: É, três ou quatro, algumas até provocadas. Jaime de Azevedo Rodrigues provocou. Ele estava em Genebra chefiando uma delegação e mandou um telegrama desaforado contra o movimento de 1964. Por causa disso foi demitido. Se tivesse ficado quieto, não teria acontecido nada.

MS: Qual foi o mecanismo institucional que a Casa inventou para poder controlar a pressão do regime?

RB: O Vasco Leitão da Cunha evitou a intervenção externa, militar, no Itamaraty.

MS: Mas tinha uma organização. Criou-se uma comissão de inquérito interna?
RB: Não, fizeram uma comissão de inquérito, dirigida por diplomatas graduados, por embaixadores.

MS: Isso acontecia em Brasília ou no Rio?
RB: No Rio, onde havia uma comissão composta apenas por diplomatas, não tinha general, ao contrário dos outros ministérios. E o Vasco Leitão dava cobertura. Alguns estavam mais expostos: Antônio Houaiss, Jatyr de Almeida Rodrigues, João Cabral de Melo Neto e Paulo Augusto Cotrim, que depois foram reintegrados. Quando eu estava em Londres, houve outra, em 1969. O Miguel Darcy de Oliveira foi alcançado sob a acusação de que estava mandando informação para o exterior pela mala diplomática.

MS: O Darcy estava mandando o quê para o exterior?
RB: Miguel Darcy era diplomata em Genebra, e havia a tortura de presos, em 1968, 1969 e 1970. Uma funcionária mandava daqui as matérias e, segundo se alegava, ele divulgava lá fora. Foram perseguidos por isso.

MS: Embaixador, fora Vasco Leitão, em 1964, 1965, quais seriam os principais diplomatas que estavam mais coadunados com o projeto de Castello Branco?
RB: O principal deles era o Manoel Pio Corrêa, além do Antônio Cândido da Câmara Canto que serviu como embaixador no Chile quando do golpe de Augusto Pinochet contra o presidente Salvador Allende. Pio Corrêa, o expoente mais à direita do Itamaraty, se tornou secretário-geral do Juracy Magalhães, quando o Vasco saiu. O secretário-geral do Vasco era o embaixador Antônio B. L. Castello Branco.

MS: Nesse período, Roberto de Oliveira Campos se encontra em que lugar do espectro ideológico?
RB: Ele era ministro do Planejamento, e antes, com João Goulart, estava como embaixador em Washington. No livro dele, de memórias, pode-se ler o que ocorreu nesse período.

MS: Quem o fez embaixador em Washington?
RB: João Goulart, porque ele precisava ter uma pessoa com acesso ao governo norte-americano em Washington. Aí há um episódio curioso também. Eu era

assessor parlamentar e Bilac Pinto era o presidente da Câmara. Chegou o momento em que o Castello Branco o indicou como embaixador em Paris. Morávamos na mesma prumada — como se dizia na época — de uma superquadra de Brasília: ele no quinto andar, e eu no terceiro, apto. 305. Recebi dele o convite para acompanhá-lo a Paris, mas já tinha escolhido ir para a embaixada em Londres. A mando do Pio Corrêa, eu teria que sair, pois o secretário-geral havia determinado que todos os terceiros secretários, que estivessem na secretaria de Estado no Rio ou em Brasília, com mais de quatro anos, deveriam ir para o exterior. O mais antigo, o número um da lista era eu, o diplomata terceiro-secretário há mais tempo servindo no Brasil. Recebi uma lista relacionando os postos no mundo inteiro, e escolhi Londres como o primeiro. Mas havia o convite do Bilac Pinto para Paris. Como naquela época eu já tinha a ideia de que, para minha formação, o melhor seria trabalhar com pessoas de fora da carreira, aceitei ir para Paris.

MS: Por que o senhor tinha essa ideia? Esse é um dos pontos que chamam atenção na sua carreira. Toda sua carreira é feita com vinculações com gente de fora. E, logo depois, isso se exacerba. De onde vem isso exatamente?
RB: Quando comecei a me enfronhar mais no ministério, percebi que o diplomata, em geral, é muito dependente do Itamaraty. Tirando meia dúzia deles, ninguém sobrevive fora do Itamaraty quando se aposenta, fica em casa, não fará nada, porque só sabe fazer aquilo que fez durante 40 anos, não sabe realizar mais nada. Então, desde o começo, percebi que, em termos de carreira, para mim o melhor seria não me filiar a grupo nenhum. O Itamaraty estava cheio de grupos: grupo do Azeredo da Silveira, grupo do Paulo Tarso. Então, coloquei na cabeça, como trajetória profissional, me abrir mais. Do Congresso, por causa da ligação com Bilac, apareceu essa oportunidade, a primeira que eu tive para ir para o exterior... Outras oportunidades surgiram por intermédio de outros embaixadores que eu acompanhava na Comissão de Relações Exteriores; fui convidado para sair do Brasil e não aceitei. Fiquei no trabalho no Congresso.

MS: Quem era, o senhor lembra?
RB: Lembro sim, o Carlos Martins Thompson Flores, que seria embaixador na Dinamarca, nomeado depois embaixador em Roma. E ele até me cobrou, dizendo que eu não quis ir para a Dinamarca e então teria ido com ele para Roma. Mas aí apareceu o convite de Bilac Pinto e decidi aceitar. Um dia, eu estava no Rio de Janeiro, na casa do Bilac Pinto, ajudando-o na seleção de

funcionários para Paris, explicando mais ou menos como tudo funcionava no exterior, quando toca o telefone e era o Luís Viana Filho, então chefe da Casa Civil. Ao retornar, Bilac Pinto me disse que estava com um problema; o Luís Viana havia ligado para pedir que ele levasse para Paris um colega meu, um tal de "Belquior", nem sabia o nome correto. Não hesitei e respondi que se tratava do José Guilherme Merquior, ótimo funcionário, muito inteligente e amigo meu. Acrescentei que ele não se preocupasse, que atendesse o pedido porque eu estava com Londres assegurado e iria visitá-lo em Paris seguidamente. E foi assim que aconteceu. Bilac convidou Merquior, já recuperado com o movimento de 1964. Depois de março de 1964, Wladimir Murtinho protegeu demais o José Guilherme Merquior, conseguiu um lugar como assessor do chefe do Departamento das Américas no Rio de Janeiro.

MS: Chegou a esconder fisicamente?
RB: Não, fisicamente não. Ele o tirou da cena por causa do telegrama do Araújo Castro. Merquior foi um dos últimos a deixar a Casa Civil com Darcy Ribeiro. Ele se expôs e todo mundo sabia disso. Ele foi para o Rio de Janeiro e ficou no Itamaraty, até que outro amigo seu, que estava como secretário particular do Castello Branco, José Jerônimo Moscardo de Souza, influiu para que ele fosse convidado para trabalhar no Departamento das Américas, no gabinete do embaixador Lucilo Haddock Lobo. Uma famosa reunião da OEA aconteceu no Hotel Glória, Rio de Janeiro, onde o Jaime de Azevedo Rodrigues fazia uma manifestação com cartazes contra a OEA e os Estados Unidos. Luis Viana era o chefe da delegação do Brasil e seu discurso fora escrito pelo Merquior, que então conseguiu superar as restrições políticas.

MS: Então o Merquior, na realidade, não tinha uma convicção antirregime que o impedisse de tentar ser recuperado?
RB: Isso. José Guilherme teve uma trajetória conhecida, saiu de uma posição e foi para outra. Quanto a mim, deixei de ir para Paris e fui para Londres. Disputavam comigo o Luiz Felipe Lampreia e o Igor Torres-Carrilho. Como eu era o mais antigo, fui para Londres e eles para Nova York. Em Londres, o embaixador era Jaime Sloan Chermont, que lá permaneceu por curto período, até se aposentar. Outro detalhe revela o caminho da minha carreira. Wladimir Murtinho, meu chefe em Brasília, tornou-se secretário de Educação da capital federal após a revolução, e atendendo ao seu convite saí do Itamaraty para atuar como seu chefe de gabinete.

MS: Essas posturas não ferem a carreira de um diplomata?
RB: Não feriu a minha.

MS: Eu sei que a sua não. Todas as suas saídas deram certo. Todas!
RB: Deram certo porque tomava precauções para preservar minha carreira no Itamaraty. Quando saí para chefiar o gabinete de Murtinho na secretaria de Educação do DF, por exemplo, combinei com o chefe da divisão de Pessoal do Itamaraty, Octávio Rainho, que, quando houvesse a reforma da carreira, em estudo pelo Azeredo da Silveira, eles me avisariam e eu voltaria. E voltei.

MS: Como ficou a sua relação com os parlamentares, com a democracia cristã pós abril de 64?
RB: Tudo igual. Mantive todos os meus contatos e amizades.

MS: O senhor não tinha medo?
RB: Não. No auge da revolução, depois da minha volta de Londres, fiquei de 1972 até 1987 em Brasília, quando fui para o exterior como representante do Brasil junto à Aladi. Estive no Brasil durante todo esse período. Jamais tive problema com o governo militar. Inclusive, fui promovido a embaixador em 1985 pelo meu trabalho no problema das "polonetas", dívida da Polônia contraída no sistema de convênio de crédito recíproco do Banco Central pelo financiamento de exportações brasileiras. Fui responsável pela elaboração da defesa apresentada pelo Itamaraty contra a campanha pública que se fez por causa do calote polonês, em 1981-82. Eu fui promovido por isso. Creio que teve a ver com esse trabalho e também com os contatos com o Serviço Nacional de Informações (SNI), por causa da concessão dos vistos para os funcionários dos governos socialistas, na época em que estive na Coleste.

MS: Todo o período Geisel. A segunda metade Médici e todo o Geisel.
RB: Isso mesmo. Eu tinha colegas, não mencionarei nomes, que me ligavam alertando para que eu tivesse cuidado, que eu estava muito próximo do pessoal do MDB e que essa posição poderia atrapalhar minha carreira. Recebi vários recados, mas nunca abri mão das minhas convicções.

MS: O senhor mencionou que desenvolveu amizade com Fernando Henrique Cardoso e com José Serra quando eles eram oposição, durante a ditadura militar. Isso não comprometeu a carreira do senhor?

PRIMEIROS ANOS

RB: Não. Recebia telefonemas de colegas meus, embaixadores, comentando que eu falava demais no telefone, que havia setores que estavam notando meus contatos com a oposição. Mas minha atitude sempre foi pautada pela coerência. Desde 1968-69, com o Franco Montoro, sou ligado a esse grupo político. Minha vinculação era muito ostensiva com o Movimento Democrático Brasileiro (MDB), depois com o Partido do Movimento Democrático Brasileiro (PMDB), e participei mesmo das conversas iniciais para a criação do Partido da Social Democracia Brasileira (PSDB).

MS: Com quem do PMDB?
RB: Com Ulysses Guimarães, com todos os principais líderes partidários. Não fazia, evidentemente, campanha contra o governo porque eu era funcionário público. Atuei muito no Grupo de Coordenação de Comércio com os Países Socialistas da Europa Oriental (Coleste), do qual participavam também órgãos de segurança, portanto minha ficha era conhecida. No entanto, nunca tomei parte em nenhum tipo de manifestação que fosse considerada contrária ao governo; fazia, como diziam na Inglaterra, uma *loyal opposition*, isto é, fazia oposição dentro de um partido de oposição oficial. Além do mais, as pessoas de quem eu estava próximo não praticavam nada que pudesse ser considerado subversivo, pois atuavam dentro do sistema vigente.

MS: O senhor chegou a participar da campanha do Mário Covas em 1989?
RB: Não participei da campanha do Covas em 1989 porque estava fora do país. Colaborei, sim, na eleição do Franco Montoro para governador de São Paulo e ele me convidou para trabalhar no governo, mas não aceitei. Montoro queria que eu ficasse como assessor dele no Palácio dos Bandeirantes, mas eu não poderia sair do Itamaraty para ser assessor. Depois, ajudei na campanha presidencial do Serra e na de FHC na área de política externa e política comercial. Participei de grupos de trabalho de ambos, e com o Serra, com quem tive muitas conversas, dei várias sugestões para o programa de governo. Na campanha de Geraldo Alckmin coordenei os trabalhos para o programa de governo na área de comércio exterior e de política externa.

MS: No plano pessoal, como amigo do presidente Fernando Henrique, o senhor tem lembrança se alguma vez discordou de algum aspecto de política externa em particular, e chegou a ser mais insistente com o presidente, para chamar atenção dele?

RB: Eu me comunicava diretamente com o presidente FHC, mas mantinha o Itamaraty informado e também falava com Eduardo dos Santos, que era o assessor da Presidência. O discurso do Fernando Henrique em Quebec, na Reunião de Cúpula das Américas, em 2001, incluiu uma frase, a mais dura que se fez em relação à Alca, mais do que tudo que Lula falou, inspirada em sugestão que eu havia enviado para ele. O presidente observou que a Alca só interessaria ao Brasil se fosse "feito isso, isso e isso". Senão não interessava. Era fortíssima.

MS: O senhor conheceu a Maria Ignez, sua esposa, antes de ir para Londres?

RB: Não. Eu a conheci em Londres, quando foi de férias visitar seus pais, embaixadores no Reino Unido. Casamos em 1969.

MS: Eu não entendo por que o senhor não tinha medo disso.

RB: Simples, não tinha medo porque exercia meu trabalho de forma profissional, sem fazer campanha pública contra o governo, não andava na rua carregando cartaz, não afrontava o regime autoritário.

MS: Sim. Mas todo mundo sabia que o Montoro era seu padrinho de casamento.

RB: De fato. Os militares respeitavam aqueles que não eram aduladores. Claro que eles gostavam de quem fazia rapapés, mas tinham respeito por quem não adotava tal postura. Depois, no Grupo de Coordenação de Comércio com os Países Socialistas da Europa Oriental (Coleste), houve vários casos que demonstram que a independência era tolerada. Até podiam não gostar de você, mas respeitavam.

MS: O senhor chega a Londres em 1966 e a cidade está pegando fogo nesse ano. O período entre 1966 e 1971, em Londres, é um grande momento.

RB: Se falamos sob o aspecto político, é isso mesmo; agora, do ponto de vista de um jovem secretário, recém-chegado a Londres, a história era outra: *swinging* London, Annabel's...

MS: Conta um pouco como foi isso.

RB: Tenho lembranças agradabilíssimas. Foi um período fantástico. Eu tinha — e ainda tenho — muita amizade com um colega chamado Francisco Lima e Silva, que me hospedou quando lá cheguei. Ele morava em uma casa muito boa em Chelsea, que havia pertencido a um famoso pintor inglês, John Singer Sargent. Algum tempo depois, eu aluguei um apartamento, em Chelsea também. E minha terceira moradia em Londres foi com outro diplomata, o Maurício Carneiro Magnavita. Dividíamos uma *town house* de três andares; ele ficava num andar, eu em outro, e havia uma área comum na casa, onde fazíamos festas, recebíamos amigos e amigas de passagem em Londres...

MS: O que o senhor começou a fazer em 1966, assim que chegou lá?

RB: Trabalhei na área política, elaborei relatórios sobre política interna, e sobre a Inglaterra em geral, visto que meu setor cobria política e imprensa. No período em que fiquei em Londres, seis anos, houve duas fases distintas. Os primeiros três anos eu era solteiro, meu *focal point* era o Annabel's, a boate mais quente do momento. Nos três anos restantes, casei, e o meu *focal point* mudou para a London School of Economics.

MS: Mas imprensa o senhor pega em 1968.

RB: É. Passei a trabalhar na divulgação do Brasil em um momento difícil.

MS: Embaixador, nesse período, que é o período em que o regime militar no Brasil se radicaliza, acontece a passeata dos 100 mil, tem o Ato Institucional nº 5, é o período em que críticas à ditadura militar brasileira começam a ganhar voz, então é o momento em que a divisão de Informações do Itamaraty passa a ter de defender as violações sistemáticas de direitos humanos do governo brasileiro. Como foi fazer isso em Londres?

RB: Naquela época eu era terceiro-secretário, e lá mesmo fui promovido a segundo-secretário. Não tinha nenhuma influência e nenhuma visibilidade. Quem sucedeu o embaixador Jaime Chermont foi Sérgio Corrêa da Costa, pai da Maria Ignez, e que eu conheci lá. Então, pude acompanhar de perto o drama vivido pelo embaixador, independentemente do parentesco. Quer dizer, meu sogro sempre foi um liberal e não compactuava com o que acontecia, mas por obrigação profissional tinha de defender o regime.

MS: Ele tinha que defender todo mundo?

RB: É mesmo. Inclusive, lembro-me da passagem por lá do ministro Delfim Netto. Estive em um jantar com o embaixador Corrêa da Costa e ele, ocasião em que Delfim admitiu a existência de tortura no Brasil, mas o jantar foi apenas para nós da família, fechado, ele não estava falando em público. Uma situação difícil, mas meu sogro, pelo menos, não defendia a tortura, nada de métodos brutais. Mas a conversa tratou também do chamado "milagre econômico". Quando surgia a alegação de tortura, no meu nível, ficava quieto. A menos que recebesse instruções específicas para mandar uma carta ou tomar alguma providência, não procurava explicar. Em privado, explicava. Enfim, há diversas formas de reagir a essa situação quando se está no exterior. O período trouxe episódios muito difíceis, como o que aconteceu com a Maria Ignez quando ainda não éramos nem namorados. A Maria Ignez chegou a Londres em 1968. Em 1969, houve o sequestro do embaixador americano no Rio de Janeiro e uma das pessoas envolvidas, a Helena Simões Bocaiúva Cunha, que alugou a casa para esconder o embaixador, era amiga de infância da Maria Ignez e filha do deputado Luís Fernando Bocaiúva Cunha. Helena é amiga nossa até hoje e mora no Rio. Meu sogro, o embaixador, recebeu um telegrama de Brasília, que eu vi, perguntando, de maneira direta, se Helena Bocaiúva estava hospedada com a Maria Ignez. E há outro fato, também histórico, que é interessante, contarei aqui porque minha mulher comentou com muita gente, e revela bem o caráter das pessoas. Tínhamos um colega em Londres, Celso Amorim; jovem como a gente, ele já era meio de esquerda e soube da amizade de Maria Ignez com Helena, filha do Bocaiúva, e em certa ocasião falou com ela que conhecia a Helena e que era muito amigo dela. Quando houve o sequestro, surgiu também o rumor de que ela estaria fugitiva em Londres, hospedada com a Maria Ignez. Celso recebeu então um telefonema da Maria Ignez para comentar que estava circulando a notícia de que a Helena estaria na minha casa, porque, como o Celso sabia, Maria Ignez era muito amiga dela. Se ela estivesse em Londres, ela ficaria mesmo lá em nossa casa, mas não estava em Londres e muito menos em nossa casa. Celso então corrigiu o que falara antes, e disse que não era íntimo dela, nem tinha amizade com ela. Essa foi a reação dele ao falar com a Maria Ignez sobre a Heleninha.

MS: Qual era o papel do Celso Amorim na embaixada?
RB: Na época, ele era cônsul. Depois que eu casei, fui obrigado a mudar de posição em Londres, em virtude de legislação vigente, que impedia qualquer funcionário de trabalhar com parente e, como meu sogro era o embaixador, trocamos de posto. Fui para o consulado e o Celso foi para a embaixada. Ele e o Roberto Abdenur serviam no Consulado-Geral em Londres. Quando fui para o consulado, tornei-me colega do Abdenur.

MS: Roberto Abdenur também era de esquerda?

RB: Celso trabalhou com Ovídio de Andrade e Melo, que foi cônsul-geral em Londres e, declarada e abertamente, sempre foi de esquerda. Meu sogro, de quem Ovídio era muito amigo, saiu da secretaria-geral do Itamaraty para o Consulado-Geral em Londres. Ovídio e Paulo Nogueira Batista trabalhavam com meu sogro na secretaria de Planejamento vinculada à secretaria-geral, cuidando, entre outros temas, dos assuntos ligados à energia nuclear. Celso e Roberto trabalhavam com eles nessa mesma secretaria de Planejamento. Aliás, são do meu sogro, como secretário-geral do ministro Magalhães Pinto, as primeiras iniciativas de defesa da política nuclear, ou seja, do estudo do Tratado de Não Proliferação de Armas Nucleares (TNP), e da definição da posição do Brasil em relação a essa política. Ovídio de Melo foi removido para a chefia do Consulado--Geral em Londres e incluiu na sua equipe Celso e Roberto, daí a ligação entre eles. Ovídio, depois como representante do Brasil em Angola, antes da independência, também teve atuação destacada; foi fator decisivo para o Brasil ser o primeiro país a reconhecer a independência de Angola.

MS: A gente entrevistou Ovídio. Fala um pouco sobre a história do seu sogro. Qual é a trajetória dele?

RB: O meu sogro era neto do poeta Raimundo Correia. Casou com Zazi Aranha, filha do Oswaldo Aranha. A outra filha do Oswaldo Aranha casou com Antônio Corrêa do Lago, também diplomata, que igualmente alcançou o posto de embaixador. Eram duas irmãs casadas com dois diplomatas, que se tornaram embaixadores. Meu sogro ficou fora do Itamaraty por um tempo, e na volta foi comissionado embaixador, ainda como ministro, no Canadá. Promovido a embaixador no Canadá, de lá saiu para ser secretário-geral do Ministério das Relações Exteriores. Ficou por pouco tempo, em virtude de problemas de saúde; uma úlcera o impedia de suportar toda a carga de trabalho e as pressões diárias como chefe da Casa. Chamou Gibson Barboza para seu lugar, e foi para Londres, onde exerceu a função de embaixador junto à Corte de Saint James por cerca de cinco ou seis anos, até 1975. Removido de Londres, assumiu a representação do Brasil na ONU em Nova York durante seis, sete anos, e da ONU saiu como embaixador em Washington, durante quatro, cinco anos. Eu só estive com meus sogros no período de 1969 a 1972. Corrêa da Costa continuou até 1974, 1975. Depois foi morar por longo tempo em Paris, veio a falecer 20 anos depois no Rio de Janeiro. E eu, após 1972, voltei para Brasília.

MS: Embaixador, como é que a gente explica o fato de que algumas figuras, que todo mundo reconhece como de esquerda, trabalharam e trabalharam muito bem com o regime?

RB: Acho que é preciso ver isso de uma maneira mais ampla. Tirando os excessos ocorridos na grande radicalização, no início do movimento militar, o Brasil é um país peculiar. Os três últimos presidentes foram eleitos pelo voto: um professor universitário, sociólogo, conhecido internacionalmente como tal, não político, cuja mulher era antropóloga; sucedeu-o um torneiro mecânico, que, com sua popularidade, conseguiu fazer seu substituto, uma guerrilheira. Tudo se passa de maneira muito diferente no Brasil. Quero dizer, acho que há certa tolerância em tudo e em todos. No caso de Dilma Rousseff, tornou-se presidente depois de ter sido presa, foi até mais radical do que muitos.

MS: Foi torturada.

RB: Pois é. Porém, o Brasil tem uma tolerância muito maior do que os outros países. Lembre o que aconteceu na Argentina com os diplomatas. Cada vez que mudava o governo em Buenos Aires, ocorria uma razia no ministério.

MS: Sim. Gente morrendo, embaixador!

RB: De fato, com os diplomatas mudando rapidamente de posições na chancelaria. Enfim, acho que isso é uma característica nossa. Não chego ao extremo do Cassiano Ricardo Leite, de dizer que o brasileiro é um homem cordial, porque não vejo o brasileiro como cordial, mas o Brasil tem algo diferente.

MS: O senhor acha que tem a ver com identidade nacional, mais do que com a estrutura institucional do Itamaraty?

RB: Acho que sim, porque não é apenas o Itamaraty. Quer dizer, teve muita gente que não compactuava com o regime. Mas desde que não confrontasse o governo podia servir, sem ser incomodado. Eu nunca fui de esquerda. Eu estava junto de pessoas da oposição durante o tempo todo. E não fazia mistério. Recebia na minha casa todo mundo para almoço ou jantar. Inclusive, na mudança de regime, em 1985, fui chamado pela Escola Superior de Guerra (ESG) para uma discussão com o objetivo de examinar alternativas de atuação da escola em um regime civil e democrático. Em almoços na minha casa, reuni Fernando Henrique, líder da oposição, com o general Leônidas Pires Gonçalves. Todos sabiam da minha posição, porém nunca confrontei o sistema. Dentro do Itamaraty, eu cuidava dos países comunistas e a Escola Nacional de Informações me convidou para discutir com o corpo de professores e analistas o problema do movimento comunista internacional, o que fiz com total independência.

MS: O senhor acha que tinha uma blindagem graças a seu sogro?
RB: Não, meu sogro sempre esteve no exterior (em Londres, Nova York e Washington) quando eu estava em Brasília. Nunca interferiu nem a favor nem contra as posições e atitudes que tive em Brasília.

MS: São postos que não são triviais.
RB: São postos importantes, no entanto, o Azeredo da Silveira não gostava dele. Tinham rivalidades internas no Itamaraty.

MS: Por quê?
RB: Assuntos profissionais entre eles. Quanto ao apoio interno que tive no Itamaraty, no início da carreira, de segundo-secretário para primeiro-secretário, é possível pensar, embora não tenha sido o caso, que fui promovido porque era genro do Corrêa da Costa. Com certeza, isso não ocorreu nos últimos postos, de conselheiro a embaixador.

MS: Não. Creio que isso fica evidente aqui que não.
RB: Daí para frente não houve nenhuma influência familiar em minha carreira. É possível que ele, como é comum acontecer, possa ter sugerido uma ou outra missão. Ele pode ter falado, mas não foi decisivo, porque todas as promoções que alcancei são amplamente justificadas pelo trabalho que executava, sobretudo a promoção a ministro e a de embaixador. Houve fatos concretos, que mostraram o porquê. Inclusive a de conselheiro, também, pois fui promovido contra a vontade do ministro Azeredo da Silveira.

MS: Mas Corrêa da Costa era um diplomata influente.
RB: Foi sim, após assumir a secretaria-geral.

MS: Em 1968, o embaixador Sérgio Corrêa da Costa é designado para assumir a embaixada em Londres, e, até aquele momento, quem levava a relação do Brasil com o regime de não proliferação nuclear era ele. Até 1968, o Brasil tem uma postura, em relação aos Estados Unidos, de cooperação em temas nucleares, que, depois disso, míngua. O senhor se lembra se, nesse momento, a mudança de postura nuclear no Brasil tem a ver com a saída dele do Rio de Janeiro?

RB: Eu não sei se houve mudança de posição. Quando ele era secretário--geral, a ênfase era muito a questão nuclear e o domínio do Brasil do ciclo completo. Eu me lembro de vê-lo comentar as conferências que proferia, palestras e discussões no Itamaraty sobre o aproveitamento medicinal e formas pacíficas da energia nuclear. E, durante a gestão dele como secretário--geral, esse tema ganhou relevância, e o Brasil ficou contra o Tratado de Não Proliferação.

MS: Ele era visceralmente contra?

RB: Era sim, como o Paulo Nogueira Batista. Eles trabalhavam juntos, eram amigos e mantinham uma boa relação. Na época em que Corrêa da Costa era secretário-geral, Paulo Nogueira era chefe da secretaria de Planejamento Político. Exatamente aí se desenvolveu essa política nuclear brasileira independente. Não se assinou o tratado que havia sido negociado, e a posição do Brasil foi mantida até o governo FHC. Em Londres, ele continuou a defender a posição do Brasil, mas não tinha mais nada que ver com o processo decisório. O embaixador Mário Gibson Barboza o substituiu como secretário-geral e essa política não mudou. Não acompanhei isso de perto. Mas não acho que tenha havido nenhuma mudança da posição brasileira. A política nuclear se aprofundou com a criação da Agência Brasileiro-Argentina de Contabilidade e Controle de Materiais Nucleares (Abacc). No fim do ano de 1985, participei das discussões do documento de Iguaçu com a Argentina, e a política era a mesma. A mudança ocorreu no governo FHC.

MS: A decisão do Brasil de ser um crítico ativo do TNP tem a ver claramente com a retomada das missões nucleares do Brasil, digamos, no governo Costa e Silva. O senhor se lembra se isso tem a ver com a figura do Costa e Silva?

RB: Eu já estava fora nessa época, além de ainda ser jovem e sem participação em qualquer processo decisório. Pelo que se podia acompanhar, isso era decisão das forças militares, quer dizer, acho que não era o presidente Costa e Silva. É fato que, durante o governo militar, houve um grupo nacionalista muito forte, acho que em 1969. Quando estava em Londres, escrevi sobre isso. Era a visão do Brasil potência, que implicava o desenvolvimento total, inclusive a política nuclear que, mais tarde, o presidente Collor decidiu encerrar. E depois, a Constituição de 1988 proibiu a confecção de artefatos nucleares. No período militar, o programa nuclear era parte da percepção do Brasil grande, do Brasil potência.

MS: O que o senhor foi fazer na London School of Economics (LSE) exatamente? O senhor e o Celso Amorim, os dois foram estudar lá, mas o senhor terminou.

RB: Concluí sim o curso de mestrado, mas nem o Celso Amorim, nem o Roberto Abdenur, que também estudavam na LSE, terminaram. Roberto fazia o *master* como eu, e o Celso um PhD. O tema do meu *master* era *country studies: politics*. Escolhi a América Latina e minha tese, na qual trabalhei no período 1970-71, após o Ato Institucional, ainda está inédita e não tive tempo, nem coragem no regime militar, de traduzir para publicar. O título é *Tecnocracia militar: uma nova variável na política latino-americana*. Faço a comparação entre os militares do Peru, do Juan Velasco Alvarado, os militares argentinos e o Brasil. Defendi meu ponto de vista na Chatham House. Naquela época, havia a candidatura do general Afonso Augusto de Albuquerque Lima, cujo grupo de militares nacionalistas dentro do Exército era conhecido por confrontar o sistema, como que antecipando o que fez o general Ernesto Geisel, questionando a política econômica. Mas o ponto de vista que eu defendia era o de que o Ato Institucional nº 5, horrível sob o aspecto político, criaria marca na política brasileira. Deixando de lado o problema da violência e as torturas, porque não entrei nesses temas, eu advogava a tese de que o Ato Institucional tinha tido significativa influência também dos militares ultranacionalistas. E aí, evidentemente, fui muito criticado por todos.

MS: O título da sua palestra é "Militares e o desenvolvimento econômico no Brasil desde 1964", Chatham House.
RB: É isso sim. Foi o que expliquei e defendi.

MS: O senhor era segundo-secretário nesse momento?
RB: Era.

MS: Um segundo-secretário pode sair fazendo palestra na Chatham House assim?

RB: Não, por isso já disse que minha carreira é atípica, em mais de um sentido. Eu estava na London School of Economics fazendo a tese, e me convidaram para falar porque eu frequentava a Chatham House, e outros *think tanks* em Londres. Sempre achei que os diplomatas devem participar desses encontros e discussões. E era um momento difícil, porque o Brasil recebia muitas críticas lá fora. Eu ia e discutia.

MS: Defendia o regime?

RB: Não, não defendia. Encarava as questões internas sob outros aspectos.

MS: Entendi. Em 1972, o senhor volta para Brasília, é assistente do chefe do Departamento de Oriente Próximo.

RB: Que era o embaixador Wladimir Murtinho, com quem já havia trabalhado.

MS: Wladimir Murtinho que lhe chamou?

RB: Murtinho, que tinha sido meu chefe em Brasília, nos idos de 1963, me chamou para trabalhar como oficial de gabinete no Departamento da África e Oriente Médio. Pouco tempo depois, ele foi nomeado secretário de Educação e me chamou e, de novo, fui seu chefe de gabinete, dessa vez na secretaria de Educação do Distrito Federal, por poucos meses.

MS: Reforma de 1974, já no governo Geisel?

RB: É, e aconteceu algo interessante antes disso. Quando Murtinho foi nomeado secretário de Educação, no novo governo com o general Geisel, e aceitei trabalhar com ele, o recém-empossado ministro Azeredo da Silveira ficou zangado comigo. Ora, eu era um simples primeiro-secretário, mas o ministro Silveira achou que eu estava saindo quando ele estava chegando, e que eu era contra ele. Às vezes eu ficava estupefato. Eu, primeiro-secretário, sem nenhuma influência, nada tinha a ver com a chegada dele. Não estava contra nada, apenas aceitei trabalhar com o Murtinho para ajudá-lo, mas disse que voltaria, assim que a reforma fosse feita. Quando voltei, foi a maior dificuldade para encontrar um posto de trabalho, porque, como todo mundo sabia que Silveira não gostava de mim, tive muitas resistências para achar um lugar no ministério. Algumas pessoas conhecidas, amigos meus de Brasília, como o Cláudio Lacombe e outros, amigos do então ministro João Paulo do Rio Branco, que eu não conhecia, conversaram com ele. Fui convidado para ser oficial de gabinete do Departamento da Europa, chefiado pelo próprio João Paulo. Quando chegou a época da promoção, Rio Branco pediu por mim para o ministro Silveira, que não queria me promover. Mas, João Paulo brigou, insistiu e acabou conversando com o ministro Golbery do Couto e Silva, de quem era amigo, e minha promoção saiu.

MS: Foi o Golbery, então, que terminou pedindo?

RB: Foi, ele conversou com o ministro Azeredo da Silveira e acabei promovido a conselheiro. Em seguida, vagou a chefia da divisão da Europa II, a DE-II, que abrangia os países socialistas da Europa Oriental. O embaixador João Paulo queria me nomear para lá, mas o ministro Silveira resistia, pois era contrário à minha nomeação como chefe da divisão. Não entendia por que o ministro Silveira pudesse se preocupar comigo, que era, na ocasião, apenas conselheiro. Depois de assumir a chefia da divisão da Europa Oriental, houve outro incidente, digamos que fosse o WikiLeaks da época. O ministro Silveira cobrou do embaixador João Paulo o vazamento em jornal de notícia negativa vinda da então União Soviética. Lembrando que o havia advertido a meu respeito e que apesar disso o embaixador Rio Branco tinha me promovido e nomeado para a chefia da divisão, afirmou que eu é que divulgara as informações. Em conversa com meu chefe direto, disse que não tinha nada a ver com aquilo e que pensava que fora o próprio embaixador Celso Souza e Silva, então embaixador em Moscou, quem havia fornecido as informações ao *Jornal do Brasil*. João Paulo procurou o ministro Silveira para me defender, reafirmando garantir que eu nada tinha a ver com o vazamento. Essas encrencas burocráticas acontecem, especialmente quando o ministro de Estado tem restrições contra algum servidor.

MS: Mas de onde vem isso, embaixador?

RB: Penso que, talvez, por eu ter saído do Itamaraty no momento em que ele chegava como ministro. E havia a rivalidade com meu sogro. Essas pequenas rixas às vezes até ajudam, mas em geral atrapalham muito.

MS: Também com o Golbery telefonando, embaixador, resolve o problema.

RB: Eu não conhecia o Golbery, não tinha nenhuma ligação com ele. Foi o João Paulo que, segundo me contou mais tarde, tomou a iniciativa de conversar na Casa Civil, mas não a meu pedido.

A primeira chefia — Coleste — Serviço de Relações com o Congresso — Programa de desburocratização

MS: Conta para a gente o que fazia na divisão da Europa socialista no meio de um regime militar latino-americano. Qual era o trabalho de vocês?

RB: Quando cheguei, essa divisão tinha apenas o chefe e um diplomata, e sua função era tratar das relações políticas, econômicas e financeiras com os países socialistas da Europa de Leste. No começo, a área não tinha relevância, porque com o governo militar ninguém queria tomar iniciativa alguma. Chefiei a DE-II de 1976 a 1983 e, aos poucos, a equipe foi transformando a natureza do trabalho e ampliando nosso campo de atuação. No entanto, me deparei com uma disputa de competência na promoção comercial que, praticamente, inviabilizaria o plano de reestruturação que eu principiara. Uma das atividades da divisão era a econômica-comercial, que, em virtude do regime militar, encontrava-se esvaziada e tinha sido transferida para o Departamento de Promoção Comercial, chefiado pelo então ministro Paulo Tarso Flecha de Lima. Em consequência disso, sobrava pouco trabalho para ser desenvolvido. Com a minha chegada e contando com o apoio do embaixador João Paulo, quis redefinir as competências e expandir a atuação desse setor.

MS: Para fazer promoção comercial?

RB: Sim, e para trazer a promoção comercial de volta, retirando-a do departamento do mesmo nome.

MS: Mas de onde veio essa sua ideia?

RB: A promoção comercial era a única área que não estava sendo tratada pela divisão. De conformidade com sua competência regulamentar, era importante ter a supervisão de todos os assuntos, políticos, econômicos, financeiros, comerciais e de promoção comercial.

MS: Tinha acabado de virar conselheiro. Ia brigar com um dos embaixadores mais fortes da casa?
RB: Foi isso que aconteceu. Fiz o levantamento das informações e das competências estabelecidas no decreto que definia as atribuições dos departamentos e divisões e também o que criou a Coleste. Preparei documentos, defini a nova regulamentação, redigi os memorandos para justificar o restabelecimento das competências e submeti minha proposta para decisão superior.

MS: Mas vocês tinham capacidade técnica de fazer promoção comercial? Não era mais fácil deixar na mão do Paulo Tarso?
RB: Tínhamos sim, naturalmente. A promoção comercial no Leste Europeu era marginal no Departamento de Promoção Comercial, pois cobria o mundo inteiro. Nós queríamos ampliar, significativamente, o relacionamento comercial com os países socialistas e para mim essa mudança era chave. Como o Paulo Tarso não queria abrir mão do Leste Europeu, a questão ganhou uma dimensão inesperada. O embaixador João Paulo encaminhou meu pedido ao secretário-geral, embaixador Ramiro Saraiva Guerreiro, com a recomendação de ser feita reunião com o ministro Paulo Tarso. Na reunião convocada pelo secretário-geral, o chefe do departamento, ministro João Paulo, expôs a situação e endossou minha solicitação. O ministro Paulo Tarso defendeu a manutenção do Leste Europeu no Departamento de Promoção Comercial. Quando ele terminou, pedi a palavra, e disse não querer ser impertinente, mas o que o embaixador Paulo Tarso falou não era verdade, e continuei justificando meu ponto de vista. Paulo Tarso me cortou a palavra e afirmou que eu estava sendo impertinente, e reclamou fortemente contra a pretensão. A reunião acabou nesse clima. O secretário-geral examinou toda a documentação e, no final, deu ganho de causa para o chefe do Departamento da Europa. A promoção comercial no Leste Europeu foi retirada das atribuições do DPR. Naquele momento, em 1976, teve início uma rivalidade que durou algumas décadas... Findo o episódio, eu e meu grupo começamos a tomar iniciativas e a estender as ações da divisão. Em 1983, quando saí, a DE-II, contava com quatro ou cinco diplomatas e três ou quatro economistas, contratados com recursos obtidos de empresas e do Itamaraty. O então secretário Paulo Roberto de Almeida casou com Carmen Lícia, economista contratada por mim. Houve outro episódio momentoso na nossa área. O escândalo

das "polonetas", além de uma série de atividades inovadoras na relação com os países socialistas. Naquela época, nós conseguimos elevar para mais de um bilhão de dólares o comércio com o Leste Europeu, saindo de níveis muito baixos. A DE-II teve participação destacada na liberalização dos vistos de negócios para funcionários das empresas. Em muitos casos, não se tratava de autorizar a entrada para comunistas do partido, mas de técnicos, que precisavam ter seus vistos aprovados pelo departamento consular, e depois seguiam para exame do SNI, o que levava meses para ser decidido. Propus agilizar. Imagino que o pessoal do SNI me acompanhava de perto, sabia o que eu estava fazendo. A atuação da DE-II avançou para outros campos. Depois de longo esforço meu de convencimento do SNI, participamos, com a construtora Odebrecht, das conversas para aprovação de uma cooperação triangular com a União Soviética, em Angola. As obras civis da hidrelétrica de Capanda naquele país africano foram construídas pela Odebrecht com dinheiro e turbinas soviéticas. Então, à medida que meu trabalho avançava na DE-II, o SNI constatava que eu não estava querendo fazer proselitismo nenhum. O que eu queria era resolver um problema comercial. Tudo o que aconteceu foi inédito no Itamaraty: consegui que os vistos dos homens de negócio desses países fossem concedidos pela DE-II, divisão política, e não pelo departamento consular. A área informava o departamento consular quando chegava o pedido de visto, conversávamos com o SNI e recebíamos a decisão favorável nos vistos de negócio. Esse procedimento foi da maior utilidade, porque abreviava a vinda dos interessados em fazer comércio aqui.

MS: Embaixador, justamente nesse período de 1975 a 1980, quando o regime soviético aperta muito na questão judaica no contexto das negociações com Kissinger, há evidências de que havia pessoas da comunidade judaica brasileira que iam sistematicamente à União Soviética e aos países daquela região, para levar apoio, para levar dinheiro, ajuda humanitária. O senhor lembra se isso fazia parte da atuação da DE-II?

RB: Não, isso não passou por mim, mas é possível que tenha ocorrido. Tomei conhecimento da existência de pessoas da comunidade judaica fazendo comércio com o Leste Europeu e que estavam nas nossas delegações. Nunca soube, mas não descarto essa hipótese.

MS: O senhor poderia contar o episódio das "polonetas"?

RB: As chamadas "polonetas" eram títulos que a Polônia dava em troca de financiamento feito pelo Banco Central para a compra de produtos brasileiros, dentro do *clearing agreement*, câmara de compensação de divisas. Aos poucos, os volumes cresceram e os títulos se acumularam no Banco Central. A partir de 1979, 1980, nós da divisão passamos a advertir o governo brasileiro do grande montante de empréstimos, e para alguns itens que não precisavam de financiamento algum, como a exportação de cacau, café e outros produtos primários. Mas havia muitos interesses em torno do Ministério da Fazenda e do Ministério do Planejamento, onde eram titulares Ernane Galvêas e Delfim Netto, respectivamente, que conseguiam obter esses empréstimos do Banco Central. Na DE-II existia o Grupo de Coordenação de Comércio com os Países Socialistas da Europa Oriental, cuja presidência era de Ivan Batalha, chefe do Departamento da Europa, e eu o secretário executivo. A divisão acompanhava a deterioração da situação econômica e financeira da Polônia e ficamos com receio de possível suspensão dos pagamentos e da crise que poderia desencadear. A situação interna polonesa entrou em uma fase crítica, quando os problemas econômicos do país se somaram à crise do petróleo, e sem recursos a Polônia começou a deixar de pagar o Banco Central brasileiro. Diante da gravidade da crise, o Itamaraty, por meio da Coleste, encaminhou ofícios para o Ministério da Fazenda, do Planejamento e Banco Central comunicando que a *exposure* do Brasil estava muito grande, e que sugeríamos fosse formado um grupo de trabalho para reexaminar toda a situação. Porém, nada foi feito. E a conjuntura se agravava. Até que, em 1982, a Polônia parou de pagar o Brasil e houve uma tremenda repercussão pública. A visibilidade da Coleste funcionou. O regime militar ainda continuava e ninguém entendia nada de Leste Europeu, apenas nosso setor. Preparei toda a informação para o então ministro Ramiro Saraiva Guerreiro ir ao Congresso explicar o assunto, e fui eu também depor em audiência pública na Câmara dos Deputados. O presidente João Figueiredo tinha sido operado e o vice-presidente Aureliano Chaves era o presidente interino. O presidente Aureliano Chaves disse a Guerreiro que a melhor informação preparada dentro do governo havia sido a nossa, do Itamaraty, o que deixou Guerreiro satisfeito. Pouco depois, fui promovido a ministro de segunda, em 1984.

MS: E depois ele promove o senhor novamente.
RB: É verdade. O Centro de Pesquisa e Documentação de História Contemporânea do Brasil (CPDOC), da FGV, tem toda a documentação sobre a crise das "polonetas". Quem quiser escrever, ou se interessar sobre a dívida da Polônia com o Brasil, no futuro, terá de ler a informação que a DE-II preparou na-

quele momento. Houve muita repercussão no Congresso e fora dele, além do debate público entre o então embaixador em Varsóvia, José Osvaldo de Meira Penna, e eu, porque Meira Penna queria trocar a dívida por navios fabricados na Polônia. Eu achava que não devíamos fazer isso. Enfim, saiu no *O Estado de S. Paulo*, primeira página, "ministro Rubens Barbosa critica embaixador Meira Penna". Foi uma época muito conturbada. O movimento com esses países cresceu, e o comércio aumentou exponencialmente.

Há outro episódio emblemático que quero registrar. Em 1982 ou 1983, estou na minha sala e recebo um major da Escola Nacional de Informações (EsNI), com uma carta do general Torres, então comandante da escola, me convidando para falar sobre o Movimento Comunista Internacional (MCI). A doutrina oficial do SNI, do governo brasileiro, rezava que o MCI era um perigo, pela ameaça de exportação da revolução tanto dos países da Europa Oriental como de Cuba. Enfim, toda essa ameaça da revolução comunista aqui na América Latina e no Brasil. Eu disse ao major que agradecia muito o convite, mas que eu achava que não deveria ir, porque acompanhando há tantos anos a evolução dos países comunistas, eu tinha chegado à conclusão de que o MCI não mais existia, ou estava muito enfraquecido. Que havia o movimento de Enrico Berlinguer, na Itália, e que alguns países comunistas como a Hungria e Cuba estavam falidos e por isso não existia mais a possibilidade de exportação da revolução. Apenas o grupo militar insistia nisso, completei, e por isso não achava conveniente falar na EsNI sobre esse tema, que poderia até provocar constrangimento para sua direção. O major tentou de novo, repetindo que o general queria que eu falasse. Mantive firme minha recusa agradecendo, mas declinando o convite. No dia seguinte ele voltou, dizendo que o general sabia da minha posição, mas não abria mão da minha presença e que eu teria de preparar uma monografia sobre o tema. E marcaram uma data. Preparei uma *plaquette* mostrando o enfraquecimento do MCI, publicada por eles posteriormente. No dia marcado fui à EsNI. O local estava cheio, o general, todos os analistas e gente da direção. Começamos às nove horas da manhã, foi uma briga tremenda até uma hora da tarde. Expus a minha opinião e a defendi. E o general foi duro, contra, rebatendo. Quando acabou a reunião, num conflito geral, falei para o major: "Olha, está tudo bem, mas acho que minha carreira foi para o espaço". Mas continuei fazendo o meu trabalho. Fiquei na Coleste até 1983, quando fui promovido e designado para trabalhar na assessoria de Relações com o Congresso. Anos depois, estava no Copacabana Palace numa reunião com o Fernando Collor. Encontrei-me com o Pedro Paulo Leoni Ramos, que durante o governo Collor era o secretário de Assuntos Estratégicos, e enquanto conversávamos se aproximou uma pessoa que trabalhava com ele: era o diretor do Departamento de Inteligência da Secretaria de Assuntos Estratégicos, que havia substituído o SNI, e disse: "Embaixador, o senhor não se lembra de mim. Em 1982, eu estava naquela apresentação que o senhor fez na EsNI sobre o MCI". Comentei que imaginava ter acabado com minha carreira naquele dia, mas ouvi dele outra avaliação, a de que eu não tinha ideia da importância do debate que fiz lá. O general mandou publicar o trabalho que redigi, trabalho esse que virou texto-base na Escola Nacional de Informações e teve a maior influência nas turmas posteriores. Respondi que agora entendia por que eu não tinha sido cassado.

MS: O general lhe chamou porque queria enfraquecer o argumento dominante lá dentro.
RB: É possível. Mas a atuação dele não foi nesse sentido, queria contestar o que eu dizia. Mas, enfim, pode ser que esse tivesse sido seu objetivo.

MS: Mas, se mandou todo mundo ler!
RB: Porque eu defendi as ideias.

MS: Diante da defesa, ele claudicou.
RB: Se eu fosse lá para explicar a força do movimento comunista internacional, eles já estavam doutrinados, seria desnecessária minha presença. No entanto, alguém apareceu e deu uma versão diferente e fez a defesa de uma posição contrária à visão predominante. Aparentemente, fiz isso bem, porque eles acabaram adotando meu trabalho, como um texto da escola. E eu que havia pensado que minha carreira acabaria por ali...

MS: Agora, embaixador, o senhor se lembra se naquele período existia o argumento de que a Guerra Fria estava recrudescendo? O senhor lembra se essa vertente, no Brasil, já era declinante?
RB: Não, ainda existia um núcleo duro no governo. Nessa época, começou um movimento que se chamou "distensão", divulgado pelo cientista político norte-americano Samuel Huntington. Aliás, acabei de ler o livro *O punho e a renda*, do Edgar Telles Ribeiro, em que comenta que a abertura no Brasil, explicada como um movimento de sístole e diástole, foi influenciada por Huntington. E é verdade, porque o Huntington enviou seu livro para o

A PRIMEIRA CHEFIA — COLESTE...

Golbery do Couto e Silva que começou a influir para levar adiante o mesmo processo por aqui. Inspirado na transição com avanços e recuos, o processo caminhou e resultou na abertura política e nas eleições diretas no final do governo Figueiredo. E Telles Ribeiro nota que a inspiração americana para realizar a abertura no Brasil teria que ver com o programa nuclear, que desde 1975 era negociado pelo Brasil com a Alemanha. A construção da primeira usina nuclear brasileira foi com a Westinghouse, de origem americana, mas o programa nuclear começou a ser desenvolvido com a Alemanha. Os militares eram muito fechados, assim como grupos nacionalistas, além de outros setores que favoreciam a construção de artefato nuclear. Uma das maneiras que os EUA teriam operado para contornar a dificuldade de convencer os militares foi com a distensão, com a abertura. E, se isso foi verdade, a operação teve sucesso porque o presidente Collor de Mello acabou pondo um ponto final no programa nuclear.

MS: Exatamente. E o Sarney matou o programa secreto, o paralelo.
RB: Matou também. Acho que, naquela época, ainda havia, sim, uma preocupação grande dos EUA com o programa.

MS: Ou seja, a Guerra Fria acabou antes dentro do Brasil do que na relação Estados Unidos-União Soviética. Em 1982, 1983, o senhor podia falar livremente sobre isso, sem perder a carreira.
RB: Parece difícil acreditar, mas foi o que aconteceu em relação ao debate na EsNI. Apesar de a base doutrinária da escola ter sido o combate ao MCI no contexto do clima de Guerra Fria, no fim do governo militar essa orientação ficou um pouco esmaecida porque, internamente, prosperou a decisão de iniciar o processo de abertura lenta, segura e gradual.

MS: Vamos falar um pouco sobre a sua volta para Relações com o Congresso. Isso foi o que o senhor fez no início da carreira, em 1963, e retorna depois, em 1983.
RB: Exatamente. No início da carreira, em 1963, trabalhei no gabinete do ministro em Brasília, com o embaixador Wladimir Murtinho, como seu assessor, e fiquei encarregado das atividades de Relações com o Congresso (SRC). Em 1983, voltei a trabalhar no serviço de Relações com o Congresso, exercendo a chefia e ampliando meu relacionamento na área política. Fiquei nessa função por pouco tempo.

MS: Em 1983, isso significava o quê?

RB: Não significava muita coisa. Era um lugar de prestígio, chefiado por embaixadores. O SRC acompanhava os temas de interesse do Itamaraty e assessorava os embaixadores nas reuniões da Comissão de Relações Exteriores quando eram examinados antes de assumir postos no exterior. Nada de grandes emoções nessa área.

MS: E, em 1984, o senhor vai para o Palácio com Figueiredo, no Programa de Desburocratização?

RB: É verdade. Naquela época, o Delfim Netto era ministro da Fazenda e Carlos Viacava, presidente da Carteira de Comércio Exterior do Banco do Brasil (Cacex). Viacava pediu ao João Geraldo Piquet Carneiro, presidente do Programa de Desburocratização, para formar, dentro do programa, uma unidade a fim de tentar simplificar a burocracia no comércio exterior. Piquet me convidou, e saí mais uma vez do Itamaraty. Trabalhávamos, Piquet e eu, no anexo do Planalto. Fiquei pouco mais de um ano, até ser nomeado chefe de gabinete do ministro Olavo Setúbal. Eram reuniões com Banco Central, Cacex, Ministério da Fazenda e muitos mais. Fiz um levantamento completo de toda a burocracia, com horários e ineficiências, mas esse esforço ainda não estava maduro. Muitas das mudanças propostas por nós no programa só vieram a acontecer com o presidente Collor, com o então presidente da Cacex, Namir Salek, responsável por introduzir uma série de medidas facilitadoras de comércio. No período em que estive no programa, de todas as modificações sugeridas após um ano de grandes esforços, apenas foi possível reduzir de 80 para 60 os campos a serem preenchidos pelos empresários nas guias de importação. Foi o máximo que conquistamos na luta para diminuir a poderosa burocracia. As medidas de desburocratização do governo Collor continuaram com o presidente FHC. Mas muitos pontos ficaram pendentes até hoje e o desmonte burocrático levará tempo para ser efetivado.

Chefia de gabinete — ministro Olavo Setúbal

MS: Como foi o convite para virar chefe do gabinete do ministro?

RB: Quando houve a eleição direta, o presidente eleito Tancredo Neves havia conversado com o presidente do Banco Itaú, Olavo Setúbal, para ser seu ministro da Fazenda. Porém, na composição final do governo, Francisco Dornelles quis ser o ministro da Fazenda, e confirmou a Setúbal que Tancredo Neves indicaria ele, Dornelles, para comandar a área fazendária e queria que Setúbal fosse o ministro das Relações Exteriores. Setúbal respondeu que nunca havia passado na frente do Itamaraty, como ele poderia ser ministro das Relações Exteriores? Mas foi o que aconteceu. A ligação minha com o Setúbal vinha pela família da Maria Ignez, porque eram contraparentes. Assim, logo que foi escolhido, Setúbal me chamou para ser chefe de gabinete.

MS: Setúbal chegou a ser convidado pelo Tancredo Neves?

RB: Setúbal estava articulado com Tancredo, e Sarney manteve tudo o que ficara estabelecido pelo presidente tragicamente desaparecido. Setúbal estava se preparando para ser o ministro da Fazenda, mas, na última hora, Tancredo mudou, indicou o sobrinho dele na Fazenda, e convidou Setúbal para o Itamaraty. Tudo foi decisão do Tancredo. E, no Itamaraty, essa situação era complicada, e continuou assim, porque o segundo posto no Itamaraty é a secretaria-geral. E eu fui indicado pelo novo ministro antes do secretário-geral. Lembro-me que o então secretário-geral, embaixador Carlos Calero Rodrigues, me chamou para dizer que havia uma situação inédita, pois eu havia sido indicado chefe de gabinete, antes do secretário-geral haver sido escolhido, e que eu poderia ter influência sobre isso. Recomendou-me cuidado porque isso poderia criar problema para o futuro. Agradeci o conselho e tomei todo o cuidado. O embaixador Paulo Tarso Flecha de Lima estava em campanha para ser chefe da Casa Civil do Tancredo ou governador de Brasília. Soube desses esquemas, mas houve muita intriga, inclusive informações que Ulysses Guimarães teria levado ao presidente eleito, Tancredo Neves. E Tancredo acabou não atendendo a essas pretensões do Paulo Tarso, que acabou sendo nomeado secretário-geral. Pelas informações que me chegaram, Setúbal foi muito pressionado pelo empresariado da Federação das Indústrias do Estado de São Paulo (Fiesp) para a nomeação do Paulo Tarso, pelo fato de ser o chefe do Departamento de Promoção Comercial, e ter bom trânsito entre o grupo. No entanto, a nomeação do Paulo Tarso começou a demorar, porque Setúbal não estava muito seguro. Até o Francisco Dornelles me ligou pedindo para eu falar com o Setúbal a fim de acelerar e resolver a situação. Passaram-se vários dias, não lembro quantos, mas a conjuntura permaneceu indefinida e difícil, porque eu era o único da carreira indicado, publicamente, para um cargo. Nada se resolvia sobre o secretário-geral. Decidi falar com o Setúbal e insisti que era urgente uma deliberação favorável ao Paulo Tarso. Por fim, ele se decidiu e escolheu o novo secretário-geral. Como havia a rivalidade entre ele e mim, de conhecimento de todos no Itamaraty, o embaixador Carlos Calero me chamou novamente a fim de me fazer um alerta sobre o futuro do nosso relacionamento e o efeito disso sobre o MRE. Desde o início da gestão Setúbal, a situação foi bem tensa. Setúbal, como homem de empresa, tinha um assessor, José Eduardo Campos de Oliveira Faria, professor da Faculdade de Direito, que trabalhava com ele na presidência do Itaú, a quem solicitou redigisse o discurso de posse. Entretanto, discursos no Itamaraty sempre são preparados pelos diplomatas. Mas José Eduardo escreveu o discurso e Setúbal me entregou, com o pedido de que fosse ajustado, nos detalhes, pelo Itamaraty. Tirei uma cópia, mandei para o Paulo e fiquei com o original comigo. Paulo Tarso já estava nomeado e trabalhando como secretário-geral. Como era previsível, houve um problema sério, porque Paulo Tarso quis mudar todo o discurso, com o que eu não concordava. O barulho foi enorme. O discurso de posse saiu a três mãos: o assessor José Eduardo, os diplomatas que trabalhavam com o Paulo Tarso e eu, que sugeri várias modificações para que o discurso ficasse o melhor possível dentro daquilo que o ministro Setúbal queria.

MS: Mas era um debate substancial?

RB: Substancial, sim.

CHEFIA DE GABINETE — MINISTRO OLAVO SETÚBAL

MS: O senhor lembra quais eram as diferentes posições?

RB: Depois de tantos anos, não lembro dos detalhes. Era um simples discurso de posse, com ênfase em assuntos políticos internos e externos. Logo em seguida, mais uma pedra no caminho. Olavo Setúbal resolveu criar o que ele chamava de "conselho de assessoramento do ministro" (CAM), algo como um *board*, como se fosse em uma empresa, o que também se chocava com a cultura do Itamaraty. Lá, a hierarquia sempre foi muito clara, era o ministro, o secretário-geral, subsecretários e chefes de departamento que tomavam as decisões. Setúbal decidiu formar o *board* integrado pelo secretário-geral, pelos subsecretários e pelo chefe de gabinete. Com a criação do conselho, Setúbal colocava a alta chefia da Casa em pé de igualdade. É claro que o Paulo Tarso, antes das reuniões, como era o chefe hierárquico dos subsecretários, os convocava e vinha para a reunião com uma posição mais ou menos acertada, e coerente com suas ideias. Mas, comigo não havia coordenação. Na prática, eu atuava como uma espécie de contraponto ao Paulo Tarso, estimulado pelo ministro Setúbal. Paulo Tarso, desde o começo, quis controlar as ações e as atividades de Olavo Setúbal, como depois ocorreu com o sucessor dele, o ministro Abreu Sodré. Naquela época, Paulo Tarso era o diplomata mais influente, com mais força política no Itamaraty.

MS: De onde vem a força política que o Paulo Tarso Flecha Lima tinha, além da conexão com Antônio Carlos Magalhães?

RB: Paulo Tarso era muito competente e trabalhador. Por vários anos, esteve à frente do Departamento de Promoção Comercial e criou uma base política interna grande, tanto política congressual como política empresarial. Abriu um caminho que eu de certo modo trilhei mais tarde. A nossa base era fora do Itamaraty; também criei a minha base fora do ministério, e Paulo foi o primeiro a desenvolver apoios dentro e fora do ministério. O principal respaldo político era o do Antônio Carlos Magalhães, que, influente, falava com Sarney, com Tancredo, com todo mundo, e defendia Paulo Tarso. De fato, ele teve muita força em vários governos, inclusive os militares, por causa do Antônio Carlos Magalhães. Mas não lhe faltava competência, pois, se assim não fosse, de nada adiantaria ter essa força toda. E havia um grupo de diplomatas muito fiel a ele, que o ajudava.

MS: Quem fazia parte desse grupo, o senhor lembra os principais nomes?

RB: Era um grupo grande e leal, que ele formou aos poucos: Júlio César Gomes dos Santos, Carlos Augusto Santos Neves, Maria Stela Pompeu Brasil

Frota, entre outros. Esses diplomatas fizeram boa parte da carreira trabalhando sob suas ordens no Departamento de Promoção Comercial, e chegaram até ministro e embaixador com ele. E com esses apoios Paulo Tarso inclusive conseguia recursos financeiros para o Itamaraty, para fazer o que necessitava.

MS: Como era a relação entre o Olavo Setúbal e o Paulo Tarso?

RB: Paulo Tarso quis influir, logo no começo, com o discurso de posse, depois com a comissão de assessoramento, mas apesar das restrições que colocava, teve de aceitar as decisões do ministro. Na primeira reunião do grupo, o "conselho de assessoramento do ministro", Paulo Tarso e o embaixador Marcos Azambuja, subsecretário de Administração, trouxeram grande plano de viagens de Setúbal ao exterior. Assim, a primeira sugestão do secretário-geral a um ministro político, de fora da carreira, foi um plano de viagem, que afastaria o ministro de Brasília e faria com que ele permanecesse no exterior o máximo de tempo possível. Essa foi uma técnica empregada em relação a todos os ministros não diplomatas que passaram por lá. Conversei longamente com dr. Olavo, expliquei o funcionamento da máquina do Itamaraty, como trabalhava o secretário-geral Paulo Tarso; referi-me às tentativas que levaria adiante com o objetivo de fazer prevalecer suas posições e deixei claro que poderia servir de anteparo, mas para isso precisaria do seu apoio irrestrito. Fui muito claro, dizendo que, se eu não tivesse seu apoio, eu não me sustentaria. Setúbal respondeu que daria todo apoio e que eu estava lá para isso e para servir de ligação entre ele e o secretário-geral. O programa de viagem sugerido começava com os Estados Unidos. A percepção era de que, como o ministro era um banqueiro, visto como um político liberal, de direita, a primeira opção óbvia era visitar Washington. Estava previsto uma viagem por mês, de forma que o ministro nunca estaria em Brasília, e Paulo Tarso ficaria como ministro interino. Depois da apresentação do plano, Setúbal perguntou o que eu achava. Não hesitei em opinar que o ministro (dr. Olavo, como eu o chamava) deveria examinar bem a proposta, porque ele era recém-chegado, não tinha conhecimento do trabalho no Itamaraty, e, se começasse a viajar, não dominaria os assuntos e a agenda dos setores principais e nem poderia acompanhar o que se discutia no ministério. No final, acrescentei um argumento que acredito tenha sido a origem de outros acontecimentos que surgiram adiante. Disse que a primeira viagem do ministro não deveria ser a Washington, pois, por ser banqueiro, a ida aos EUA no início da gestão poderia ser explorada politicamente contra ele. Por isso, na minha opinião, a primeira viagem que ele deveria fazer seria para a Argentina, porque permitiria examinar a proposta de cooperação que o presidente argentino Raúl Alfonsín deixara com o presidente João Figueiredo e que o governo militar havia engavetado. O embaixador Francisco Thompson Flores Neto, que era subsecretário econômico, e sempre muito cauteloso, concordou que a primeira viagem deveria ser para a Argentina, mas que ele deveria estudar a proposta da programação no exterior, examinar e numa próxima reunião tomar a decisão. Evidentemente, Paulo Tarso não gostou de minha intervenção contrária ao seu interesse, logo na primeira reunião do conselho. A proposta de viagens ao exterior acabou nessa reunião. Setúbal decidiu fazer a primeira viagem à Argentina.

MS: Antes de contar a briga, conta qual era o papel que o Alfonsín tinha deixado com Figueiredo e que ficou engavetado. Era o que o projeto?

RB: A Argentina começou o projeto de abertura política interna antes do Brasil. No final do governo militar, era o último ano do presidente João Figueiredo, o presidente Alfonsín encaminhara documento propondo um acordo de comércio Brasil-Argentina, sugerindo uma parceria estratégica. Tudo o que ocorreu depois com a criação do Mercosul foi um desdobramento da iniciativa de Alfonsín. O presidente Figueiredo não tinha querido dar continuidade à proposta porque havia muitas desconfianças dos militares brasileiros em relação à Argentina. A crescente rivalidade Brasil-Argentina ganhou corpo na época dos governos militares nos dois países, com a questão do compartilhamento das águas na construção da hidrelétrica de Itaipu, das suspeitas quanto aos programas nucleares e outros mais. O presidente Alfonsín, para tentar desarmar esse "clima", apesar do governo militar no Brasil, havia formulado e enviado essa proposta a Brasília. Figueiredo não levou adiante a ideia, mas o Itamaraty tinha conhecimento dela e sabia de seu conteúdo.

MS: E já incluía acordos nucleares? Ou era um acordo macro?

RB: Já incluía tudo, era uma série de acordos. Quando Setúbal assumiu o ministério, cheguei a comentar a existência dessa proposta e que poderíamos organizar a primeira visita ao exterior à Argentina, e assim retomar a iniciativa de Alfonsín. A Subsecretaria Econômica, chefiada pelo embaixador Francisco Thompson Flores, recuperou toda a documentação e deu prosseguimento aos estudos. Naquela época, a retomada das negociações comerciais com a Argentina, para se chegar ao acordo mais amplo, passava necessariamente por um detalhe muito importante: a compra do trigo argentino pelo Brasil. Nesse mesmo momento em que a negociação interna acontecia, houve forte resistência do ministro da Agricultura, Pedro Simon, do Rio Grande Sul, então o principal estado produtor de trigo no Brasil. Sugeri a Setúbal propor ao presidente Sarney uma reunião ministerial, a fim de arbitrar esse entrave, e resolver a pendência no tocante à pretensão argentina com a compra do trigo. A questão não se limitava ao Pedro Simon, também o vice-presidente Aureliano Chaves e o então ministro da Indústria e Comércio tinham restrições à proposta, porque havia sido incluída também a compra de petróleo da Argentina. Fizemos toda a preparação interna no Itamaraty para a reunião com o presidente Sarney. A reunião aconteceu no Palácio do Planalto e Sarney bateu o martelo a favor do Setúbal, contra a posição de Simon. O ministro foi à Argentina em missão da qual também participei, e a grande negociação bilateral foi aberta. Ficou combinado que, no fim do ano, em novembro, os dois presidentes se encontrariam, simbolicamente, em Iguaçu, e nessa oportunidade foi assinado o protocolo nuclear, último ato importante da gestão Setúbal, que pouco depois se despedia do Itamaraty onde ficou menos de um ano.

MS: O senhor se lembra do teor da conversa do Alfonsín com Tancredo? Alfonsín encontra o Tancredo. Então eu não sei, já há uma mudança com o Tancredo, que o Sarney herda?
RB: Não sei, acho que não, porque naquele momento havia grande movimentação com a formação do governo e a posse do presidente. Não teria dado tempo para conversas aprofundadas sobre a proposta, visto que estamos falando em poucos meses antes da posse. De março até novembro, dois outros acontecimentos foram marcantes.

MS: Mas o senhor ia falar da briga com Paulo Tarso que deu a viagem à Argentina.
RB: Não, me referia à disputa com Pedro Simon. Paulo Tarso teve que aceitar a mudança no programa de viagens ao exterior. Mas dois outros episódios importantes dessa fase tiveram também efeito sobre a rivalidade e deram o tom dos desencontros. O primeiro foi uma reunião ministerial do então Acordo Geral de Tarifas e Comércio (Gatt), em Estocolmo, a respeito de eventual acordo sobre serviços, e o segundo, uma reunião de ministros em Lima, durante a posse do presidente Alan García, quando foi criado o Grupo de Contadora para evitar uma intervenção dos EUA na Nicarágua. O ministro Setúbal percebeu desde o início, pela maneira objetiva e pragmática com que enfren-

tava as situações, que não teria condições de comandar tanta demanda dos mais diversos assuntos e decidiu guardar dois ou três temas para seu acompanhamento e transferir o *management* de toda a rotina para o secretário-geral. Setúbal acompanhava os assuntos com a Argentina, a relação com os Estados Unidos e o Gatt, áreas em que se sentia à vontade. No entanto, eu insisti para que ficasse também com questões internas de promoção e remoção, que ele relutou muito. Para o Itamaraty, a Casa, o poder é simbolizado pela promoção e remoção. O resto é política externa, com decisões submetidas à hierarquia profissional e todos executam a ordem superior. Sempre lembrava ao ministro Setúbal que não era a melhor política deixar o Paulo Tarso tratando dessas questões de forma independente, e que o chefe da Casa também deveria interferir nas nomeações e promoções. Nesse particular, houve um fato concreto que exemplifica bem a disputa de poder no Itamaraty naquele momento. Compete ao secretário-geral elaborar a lista dos candidatos à promoção. Existe uma comissão de promoção, que procede à votação dos elegíveis, mas quem submete os nomes ao ministro é o secretário-geral, presidente da referida comissão. O chefe de gabinete também era um dos membros da comissão. Nesse tempo, as promoções aconteciam duas vezes ao ano, uma em junho e outra em dezembro. Na promoção do meio de ano, Paulo Tarso elaborou a lista e despachou com o ministro Setúbal. Quando Paulo Tarso terminou a reunião, Setúbal me chamou e disse que ele havia deixado os decretos com as promoções e pediu que eu remetesse os atos para a Casa Civil. Todos os decretos estavam assinados. Juntei a pasta, fui para o meu gabinete e comecei a ver os nomes dos promovidos. No gabinete, aguardava a promoção a ministro o conselheiro Carlos Moreira Garcia, diplomata que, entre outras funções, fazia toda a logística das viagens do ministro, competente e sério, que acabara de ser preterido. O secretário-geral não o havia incluído porque ele trabalhava comigo, e colegas mais jovens, que estavam atrás, passariam à frente dele. Na mesma hora, peguei todos os decretos e voltei para o gabinete de Setúbal. Fui direto ao ponto dizendo que, se ele encaminhasse aquelas promoções para a Casa Civil, ele teria de preparar mais um decreto, o da minha exoneração. Surpreso, dr. Olavo perguntou o que tinha havido. Expliquei que um oficial de gabinete, Carlos Garcia, que ele apreciava muito, fora preterido por quatro, ou cinco outros colegas mais jovens e que aquilo seria uma desmoralização para ele e para mim. Se aceitasse isso, eu não poderia continuar como chefe de gabinete. Eu nem cheguei a conversar antes com o Carlos Garcia, fui direto tratar com o Setúbal. O ministro disse que ia resolver a questão com o Paulo Tarso.

Quando ele pediu para chamar o secretário-geral, eu quis sair da sala, mas ele me mandou permanecer para escutar a conversa. Disse calmamente que, no tocante às promoções, estava tudo bem, mas que havia apenas um problema mencionando que um diplomata do gabinete não estava entre os promovidos. Paulo Tarso argumentava do outro lado e, depois de mais de cinco minutos de justificativas, Setúbal terminou a conversa dizendo que o Carlos Garcia iria ser promovido e que um dos nomes seria retirado para a inclusão do oficial de gabinete. E eu ao lado, assistindo. A conversa acabou assim. Retirei um nome, nem sei mais quem era, e coloquei o Carlos. A repercussão foi muito forte e o Paulo Tarso ficou furioso, pois se tratava de uma disputa de poder. A casa soube do ocorrido e soube também que eu estava por trás da mudança. Então, era uma tensão constante.

Outro incidente relacionou-se com negociações multilaterais na OMC, durante a Rodada Tóquio. Havia uma negociação sobre serviços em curso e o ministro Setúbal começou a ter ideias próprias que se chocavam com as posições da máquina burocrática do Itamaraty. Diplomatas que acompanhavam o tema resistiam às ideias do ministro, entre eles Paulo Nogueira Batista, então embaixador junto ao Gatt, em Genebra, Clodoaldo Hugueney, chefe do Departamento Econômico, e o secretário-geral Paulo Tarso. O ministro Setúbal foi chefiando a delegação a uma famosa reunião do Gatt em Estocolmo, na qual iria ser discutida a questão de serviços. Como Setúbal tinha uma visão liberal de tudo, era favorável à abertura, inclusive nessa área, e por isso era favorável à regulamentação de serviços, contra a opinião da máquina, em especial, de Paulo Nogueira e Clodoaldo Hugueney. A delegação era integrada pelo ministro de Estado, por Clodoaldo, Paulo Nogueira e por mim, porém, no recinto da reunião, em Estocolmo, era permitida apenas a entrada de uma pessoa, o ministro. Discutimos toda a agenda com o Setúbal e ele entrou sozinho na reunião. Quando saiu, perguntamos como tinha sido o encontro e o que havia acontecido. Setúbal respondeu que os ministros haviam aprovado o início da negociação do General Agreement on Trade in Services (Gats), que era tudo que o Itamaraty não queria. Paulo Nogueira e Clodoaldo armaram forte discussão comigo e pediram uma reunião com o ministro. Tive de interferir para realizar a reunião interna solicitada, mas foi uma situação muito desagradável. A decisão, porém, estava tomada e as regras para a negociação ficaram para ser divulgadas em seguida, com a oposição do Paulo Nogueira que queria impedir o avanço das tratativas. Não lembro bem dos detalhes, porque Paulo Nogueira estava em

Genebra e eu não acompanhava o assunto. Clodoaldo, em Brasília, atuava a favor da posição obstrucionista. Internamente, o Itamaraty trabalhava na direção contrária ao Gats, mas Setúbal manteve sua decisão. Anos depois, o Gats foi aprovado e a posição inicial de Setúbal prevaleceu.

MS: O que não foi ruim para o Brasil.
RB: É isso. O Gats sairia inevitavelmente, Setúbal só se antecipou e atuou contra a máquina burocrática. Em mais uma ocasião momentosa, ele também se posicionou contra a máquina do Itamaraty. Tratava-se da decisão de aderir ou não ao Grupo de Contadora, criado para evitar a intervenção dos EUA na Nicarágua, dominada pelos sandinistas. Quatro países se uniram: México, Venezuela, Panamá e Colômbia, sob a liderança do México, para tentar negociar uma saída política. Na posse do presidente peruano Alan García, em 1985, Setúbal foi designado pelo presidente Sarney para representar o governo brasileiro, e eu fui o único escolhido para acompanhá-lo, porque ele nunca viajava com uma comitiva grande. Trata-se de posição também contrária à cultura do Itamaraty, pois com o ministro sempre viajava o chefe de departamento e outros funcionários diplomáticos. Em geral, apenas eu viajava, ou às vezes alguém de apoio. Nessas ocasiões, o pessoal do Itamaraty mandava os documentos, eu levava e despachava com o ministro. Depois da solenidade de posse no Congresso, Allan Wagner Tizón, ministro do Exterior do Peru, convidou Setúbal, Enrique Iglesias, chanceler do Uruguai, e Dante Caputo, chanceler da Argentina, para uma reunião, a fim de discutir a criação do Grupo de Apoio de Contadora. A burocracia do Itamaraty era frontalmente contrária, porque a Nicarágua ficava fora da nossa área direta de influência e, portanto, o Brasil não tinha interesse e não deveria se intrometer nessa questão, assunto para americanos e mexicanos. Setúbal chegou antes no local da reunião junto com os outros ministros e eu cheguei logo depois na companhia do assessor do ministro Dante Caputo, Raúl Alconada Sempé, quando a conversa já tinha avançado. Caputo havia redigido uma frase curta de três linhas, criando o grupo de apoio. Quando cheguei, Setúbal me mostrou o texto perguntando minha opinião. Refletindo de certa maneira a posição do Itamaraty, observei, primeiro, que o Brasil era contra a participação no grupo de apoio e, segundo, que deveríamos ser um pouco mais específicos quanto ao seu funcionamento: qual a periodicidade dos encontros, quem convoca, onde serão as reuniões. Diante dos outros ministros, sem citar a posição do Itamaraty, observei que a proposta estava muito vaga. Dante Caputo ouviu e

virando-se para o ministro disse que o Itamaraty vinha para dificultar, que isso não era possível e que aquela era uma decisão política. Setúbal olhou para mim, disse que estava de acordo, que o Brasil concordava e que a proposta estava aprovada. Os ministros se despediram e no carro, só o ministro e eu, perguntei se ele havia se dado conta do que acontecera. Ele contestou simplesmente que o Grupo de Contadora fora aprovado, que era um gesto importante e que o Brasil participaria. Respondi que não era só isso, que ele havia mudado a política externa brasileira, que o Itamaraty iria me crucificar porque achariam que eu não havia conseguido impedir a decisão que ele acabara de tomar. Ainda sugeri que seria bom que ele conversasse com o presidente Sarney, porque poderia haver algum rumor sobre o assunto no Palácio do Planalto. Preocupado, assim que chegamos ao hotel, Setúbal ligou para o presidente Sarney. Comentou o que houve, disse que por ser algo novo pensou que seria importante para o Brasil projetar nossa ação na América Central e que por isso havia aprovado a proposta dos outros três países. Depois dessa conversa, Setúbal me contou que o presidente Sarney havia concordado com a nova posição brasileira e que estava tudo perfeito. Preocupado, notei que ele teria de me respaldar em nossa volta, porque haveria muita cobrança e iriam querer saber como eu havia deixado isso acontecer. Setúbal procurou me tranquilizar, mas as críticas internas foram muito fortes e o incômodo contra minha posição por ter deixado acontecer a criação do grupo parecia não ter fim.

MS: Quem chegou para o senhor e falou?

RB: Paulo Tarso, seus assessores e outros. A questão ainda teve um desdobramento. Logo em seguida, marcaram a primeira reunião do grupo de apoio. Normalmente, no processo interno do Itamaraty, a área competente prepara uma informação sobre determinado assunto, que é examinada pela secretaria-geral e encaminhada para o ministro que a aprova e envia ao presidente da República para a decisão final. A informação sobre a reunião do Grupo de Apoio de Contadora foi feita, coordenada pelo embaixador Marcos Azambuja, que tinha posição contrária à participação do Brasil. O texto chegou ao gabinete defendendo o fim da comissão e que não devia haver reunião. Li tudo com cuidado, e de imediato falei com o setor responsável pela redação, que o ministro iria participar da reunião e que o grupo de apoio estava formalizado. Ressaltei que a informação para o presidente pedia que o grupo fosse extinto, o que obviamente o ministro não iria aceitar, e por isso eu não mostraria o texto a ele. Concluí dizendo que haveria duas possibilidades: ou a área política modificaria a informação ou eu reescreveria o texto no gabinete. Mandei de volta a informação, que foi refeita na linha do que era a política de Setúbal. Durante toda a gestão de Setúbal a tensão era muito forte porque o gabinete tinha de controlar a substância, não a forma. Muitos anos depois, encontrei o então chefe de gabinete de Paulo Tarso, Carlos Augusto Rego Santos Neves, que desabafou dizendo que tinha saudades daquele tempo em que a gente brigava pela substância e que nos governos petistas as diferenças no Itamaraty eram por coisas menores. Esses episódios caracterizam bem a relação que o Setúbal manteve com a Casa e a participação do chefe de gabinete para fazer com que o ministro não fosse esvaziado e, em alguns casos, desautorado. Desempenhei ainda algum papel político, porque o Setúbal, mais ou menos em novembro, dezembro, começou a ser pressionado pelo pessoal da Aliança Renovadora Nacional (Arena),[1] para ser candidato ao governo de São Paulo. Ele ficou muito tentado, mas eu procurei demovê-lo dessa ideia. Promovi uma série de reuniões entre ele e o então senador Fernando Henrique Cardoso, e com pessoas que eu conhecia, a fim de dissuadi-lo, e ele apoiar outro candidato. Eu achava que, primeiro, para o Itamaraty era muito ruim, porque ele faria lá uma grande administração, e, segundo, por ser uma decisão política equivocada. Queriam envolvê-lo, e ele deixaria o ministério para nada. Houve até um dia muito especial durante essa articulação da Arena, quando a secretária entrou no meu gabinete e disse que na sala de espera estava um grupo de sete ou oito políticos da Arena de São Paulo para falar com o ministro. Entrei no gabinete ministerial e, dirigindo-me a ele, disse que o pessoal da Arena havia chegado, mas que não poderia deixar de dizer que no Itamaraty havia muitos picaretas, mas nunca eu vira tantos picaretas por metro quadrado juntos, na sala de espera. Ele me olhou surpreso e perguntou por quê. Respondi que a associação com aquele grupo não era possível e que ele não poderia se envolver com esse pessoal, sem uma perspectiva concreta. Pediu-me para deixar o grupo entrar. Meses depois, Setúbal foi marginalizado na convenção do partido para a escolha do candidato ao governo de São Paulo. Era um domingo, eu estava em Brasília quando Setúbal me telefonou para contar que eu era a primeira pessoa fora de São Paulo que ele ligava depois da convenção da Arena. Ele havia resolvido retirar a candidatura para concorrer ao governo.

---

[1] Queria me referir ao PDS.

Comentei que ficava triste por ele, porque, realmente, sair do Itamaraty para o que aconteceu era uma pena, mas que eu tinha certeza que a experiência não daria certo. Concluí dizendo que, para mim, o resultado não surpreendia, e só lamentava por ele. Anos depois, ele me disse que cometera dois erros políticos na vida: o primeiro foi não aceitar ser candidato ao Senado, aqui por São Paulo, em 1974.

MS: Que ele teria levado.

RB: Ele teria de se filiar ao MDB, que ele não queria. No lugar dele foi indicado Orestes Quércia, que ganhou a eleição para o Senado em 1974. Setúbal reconheceu que devia ter aceito o convite. E o segundo grande erro político foi ter saído do Itamaraty. Comentei que, se ele tivesse ficado, revolucionaria o Itamaraty e seu método de trabalho, e ainda se colocaria politicamente para ser, pelo menos, candidato a vice-presidente da República na eleição seguinte, o que também foi jogado fora.

MS: Dois dos exemplos mais interessantes que o senhor deu na briga do Olavo com a Casa têm a ver com a política brasileira em relação à região. E, no período do governo Sarney, há uma transformação brutal na atitude do Brasil em relação à América Latina.

RB: A origem de toda essa transformação pode ser encontrada na gestão de Setúbal à frente do Itamaraty. Observei também, em artigos que escrevi, que a inflexão do Brasil em relação à região ocorreu, na minha visão, na reunião de Lima quando se criou o Grupo de Apoio de Contadora. Se fosse outro diplomata que estivesse acompanhando o ministro, isso talvez não tivesse acontecido. Como um político, um homem de visão, afinado com a realidade, ele percebeu que o futuro do Brasil estava vinculado à região. Até então, o Brasil mantinha uma atitude distante, brigava com a Argentina, não queria saber da Nicarágua. E o *turning point* da nossa relação, de alheia e distante com a América Latina, sobretudo com a América do Sul, foi a partir daí.

MS: Não foi Saraiva Guerreiro, a partir da resolução de Itaipu?

RB: Não, porque aí se tratava de um conflito entre vizinhos, que precisava ser decidido. Podia-se resolver o conflito com a Argentina, mas ainda havia a rivalidade entre os militares. Não foi possível, naquele momento, avançar no processo de integração, pois a desconfiança entre os militares existia em toda a região.

MS: Vamos falar um pouco da construção da confiança, no governo Sarney, com Alfonsín. Como é que se negociou todo o processo que leva a Iguaçu? Porque Foz do Iguaçu é importantíssimo.

RB: Eu posso me referir apenas até esse fato, porque nesse período eu estava na chefia do gabinete.

MS: Fala um pouquinho da sua participação em relação ao acordo comercial com a Argentina e ao Protocolo de Iguaçu.

RB: Naquela época eu era chefe do gabinete do ministro Olavo Setúbal, e foi ele quem levou adiante a ideia, proposta pela Argentina, de realizar um acordo bilateral com o Brasil. No fundo, a integração regional foi um projeto cuja origem é política, com o Alfonsín na Argentina, com Sarney e com Setúbal, responsáveis pela mudança de posição e pelo início do exame do acordo proposto. O Itamaraty teve de absorver a decisão presidencial. Depois da visita de Setúbal a Buenos Aires, foram assinados uma série de acordos, entre eles o nuclear para reduzir a desconfiança grande e recíproca entre Brasil e Argentina, no tocante ao programa nuclear. E a Argentina, naquela época, estava até na frente do Brasil. Do ponto de vista do Brasil, havia interesse em ter algum tipo de entendimento para dividir o conhecimento com a Argentina, e numa salvaguarda de confiança recíproca. Nesse período, como chefe de gabinete, eu acompanhava o geral, não o detalhe. Houve essa reunião de Iguaçu, cujo objetivo principal era a questão de Itaipu. Era um assunto de energia, ligado a esse protocolo de Iguaçu, que regulamentava, justamente, a cooperação Brasil-Argentina nessa área nuclear.

MS: Como foi isso?

RB: Foi com enorme dificuldade interna.

MS: Mas do Itamaraty também?

RB: Não vou citar nomes, mas havia muitos colegas que atuaram como baluarte da integração regional a partir de 1985, que eram contra o processo de integração regional começar com a Argentina. Houve embaixadores que tiveram posição contrária à aproximação porque achavam que a Argentina não era séria, que não cumpriria os acordos, e que os outros países também não eram confiáveis, conforme afirmavam nas reuniões internas do Itamaraty. Vários, que depois viraram paladinos da integração naquele primeiro momento, se opuseram. Nessa época, houve forte resistência da máquina do Itamaraty para levar o processo adiante, pois achavam que a Argentina não iria fornecer o trigo que o Brasil necessitava e que não devíamos ficar na dependência dos argentinos no tocante ao fornecimento de derivados de petróleo. Quanto à integração energética, a negociação da venda de gás da Bolívia começava a ser revivida. Enfim, não existia uma filosofia, como existe hoje, de integração. E, nessa fase, também comecei a escrever para os jornais e a defender minhas ideias sobre a integração regional. Em um dos livros de Fernando Henrique Cardoso,[2] ele se refere ao conceito de América do Sul e registra que o ministro Lampreia e eu pensávamos como ele. Mas é fato que estive envolvido diretamente, sempre a favor dessas políticas nas decisões de visitar a Argentina em primeiro lugar, de levar adiante o acordo comercial proposto por Alfonsín e na decisão de criar o Grupo de Apoio de Contadora. Sempre defendi que o Brasil pudesse desempenhar papel destacado na região. Mais tarde, designado para representar o Brasil na Associação Latino-Americana de Integração (Aladi), em Montevidéu, reforcei meu apoio a essa política. Com o presidente FHC aumentou ainda mais essa prioridade. Lampreia tinha algumas reservas, mas eu, desde o começo, quando trabalhava com Setúbal, fui favorável à América Latina como prioridade na política externa.

MS: O senhor foi também na primeira viagem do Setúbal para a Argentina? Como era o clima?
RB: Sim, acompanhei o Setúbal na visita à Argentina e o clima foi sempre, em todas as reuniões, muito positivo, porque o Brasil afinal reagia à proposta deles de aproximação comercial.

MS: Agora, na hora em que vocês chegaram, a decisão já tinha sido tomada pelo Sarney de que o Brasil aceitaria, pelo menos em parte, o gesto argentino de aproximação?
RB: Sim, até mais do que isso. Sarney havia decidido que o Brasil compraria o trigo da Argentina, porque, naquela época, esse era o início dos entendimentos, não havia um arcabouço conceitual integracionista. O país começava a negociar um acordo comercial com a Argentina, o Programa de Integração Comercial e Econômica (Pice), que passava pela compra crescente do trigo produzido por lá. Essa era a negociação principal, embora estivesse incluída também a compra de outros produtos.

---

2   Refiro-me ao livro *A arte da política: a história que vivi*, de Fernando Henrique Cardoso, publicado pela Civilização Brasileira.

MS: De onde veio essa ideia do Sarney? Do Setúbal?

RB: O ministro Setúbal foi o grande propulsor da aproximação com a Argentina. No começo do governo, o presidente Sarney estava ainda tateando porque não havia uma linha política clara. Setúbal preparou as informações no Itamaraty e explicou tudo ao presidente, que aprovou a linha da chancelaria.

MS: Na literatura, dizem que parte do motivo pelo qual o Brasil pôde aceitar a aproximação com a Argentina foi porque naquele período a proposta de Buenos Aires se deu num contexto em que aquele país estava em franca decadência. O gesto do governo argentino era, na realidade, um pedido para poder se vincular, de alguma maneira, a um Brasil com o qual o equilíbrio de poder já tinha sido quebrado há algum tempo. O senhor concorda com essa ideia?

RB: Do ponto de vista da Argentina, pode ter sido. Mas, do ângulo do Brasil, eu diria que foi mais o início de uma ação estratégica em relação à região. Embora ainda sem uma percepção e uma política definida.

MS: Ou seja, foi *step by step*, tentativa e erro?

RB: Eu acho que havia algo disso. No início de governo, foi uma opção política importante, com o propósito do governo civil de pôr fim à rivalidade com a Argentina, fragilizada em decorrência da derrota na Guerra das Malvinas. Naquele momento delicado, o ministro Setúbal decidiu aceitar esse desafio. Na visita à Argentina, ele manteve reunião de trabalho com o presidente Alfonsín e com diversos ministros do governo.

MS: O senhor lembra quem foi nessa viagem ao lado de vocês?

RB: O embaixador Francisco Thompson Flores.

MS: Quem era nosso embaixador lá?

RB: João Hermes de Araújo.

MS: Do lado argentino estavam presentes o chanceler Dante Caputo, e o Alconada Sempé, que era a pessoa do Caputo para a América Latina. O senhor lembra quem mais?

RB: Houve reunião ampla com vários ministros, e o da Agricultura e da Energia, por causa das negociações sobre o petróleo e derivados. Não era um encontro entre o Itamaraty com o San Martin, a chancelaria argentina. Nessa oportunidade, o protocolo de cooperação começou a ser discutido. O acordo assinado continha mais de 20 anexos, todos em fase de negociação, com várias áreas de governo.

MS: Inclusive o nuclear?
RB: O acordo nuclear não foi discutido. O presidente Alfonsín conversou com o presidente Sarney depois dessa reunião e propôs um encontro para tratar de energia. Foi de Sarney a sugestão de o encontro se realizar em Itaipu, porque seria um lugar carregado de simbolismo. Tiraram uma fotografia com Itaipu ao fundo, acertaram os detalhes e foi então assinada a Declaração de Iguaçu, que versava sobre a cooperação nuclear, que resultou na criação da Agência Brasileiro-Argentina de Contabilidade e Controle de Materiais Nucleares (Abacc). A partir daí, a comissão mista Brasil-Argentina passou a monitorar e dar garantias de que nenhum dos dois países desenvolveria nada. Mas esse trabalho foi desdobrado paralelamente, ou seja, a área econômica tratava desses protocolos e a área multilateral cuidava do Protocolo de Iguaçu, assinado, com toda pompa e circunstância, em novembro de 1985. Setúbal saiu logo a seguir, em fevereiro de 1986. Portanto, aconteceu no tempo do Setúbal, eu acompanhei, mas não tive atuação direta alguma, porque era tratado na área multilateral.

MS: Abacc vem depois. São as visitas técnicas.
RB: É verdade. Mas ali a semente foi plantada.

MS: Nesse quesito nuclear, há dois tipos de evidência: do lado argentino e do brasileiro. De um lado, já se sabia que boa parte da motivação de Alfonsín era o fato de que ele tentava amarrar os militares responsáveis pelo programa secreto de desenvolvimento nuclear, e que o presidente também vinha recebendo informações de que o Brasil estava muito mais avançado do que a Argentina.
RB: O que não era verdade.

MS: E que o Brasil teria feito uma compra de urânio enriquecido da China, o que poderia sinalizar que o país estava disposto a avançar em relação à nuclearização. Do lado brasileiro, a evidência que se tinha é que, quando o governo tomou conhecimento das dimensões do programa secreto argentino, houve a decisão de mandar suspender parte do programa paralelo, mas não tudo. Tanto é assim que a Constituição, em 1988, diz que o país não faria uso de energia atômica para fins bélicos, apenas para fins pacíficos.
RB: Era o problema do Irã de então. É preciso lembrar que já fora negociado o acordo nuclear com a Alemanha. E nós havíamos desenvolvido o ciclo nuclear

completo, com o embaixador Paulo Nogueira Batista, na Empresa Nuclear Brasileira (Nuclebras). Já existia a usina de hexafluoreto, com toda a estrutura montada. A Argentina tinha essa informação. Por isso, acho que houve interesse recíproco, estimulado por Sarney para estabelecer a confiança mútua, de modo a não permitir uma corrida nuclear aqui na região.

MS: De onde vem essa ideia, que é muito sofisticada? Sarney não era uma pessoa que tinha experiência internacional.

RB: É, mas havia também pressão americana. Nessa época, no começo do governo Sarney, é verdade, mas acho que eles entendiam que fazer um acordo sério com a Argentina correspondia à inclusão do componente militar, sem esquecer que havia o problema do programa de lançamento de foguetes na Argentina. Agora, o Brasil sempre quis preservar a sua margem de manobra, então foi feito o gesto, mas o programa continuou a ser desenvolvido. De qualquer modo, creio que existia essa consciência de que a questão nuclear era importante. Tanto que, logo depois do acordo comercial, veio o nuclear.

MS: Nesse período em que o senhor é o responsável, ocorre um desenvolvimento paralelo das relações com a Argentina, crucial, a questão nuclear. É a decisão de transcender a rivalidade, de começar as visitas técnicas mútuas, é todo o processo que leva à formação da Agência Brasileiro-Argentina de Contabilidade e Controle de Materiais Nucleares (Abacc). Isso continua na década de 1990, quando os dois países aderem ao Tratado de Não Proliferação de Armas Nucleares. Existia alguma compreensão estratégica de que o seu trabalho agira paralelo ao trabalho do negociador nuclear?

RB: Naquela época, havia pretensões de fazer um artefato nuclear, tanto da Argentina como do Brasil, e lembro que em novembro de 1985 foi assinada a Declaração de Iguaçu. Havia a convicção de que o programa com a Argentina tinha que incluir o desarmamento de espíritos na área nuclear. Sarney falava nisso, o que continuou após essa Declaração de Iguaçu, que resultou na criação da Abacc. A origem está nesse protocolo, de 1985, com Sarney e Setúbal.

MS: Na cabeça do Sarney, a negociação pela integração comercial e o desarmamento dos espíritos andavam juntos?

RB: Andavam juntos, porque achava que isso facilitaria a integração, desarmaria os espíritos.

MS: O senhor se lembra quem era o negociador do Itamaraty, o seu par na questão nuclear nesse período?

RB: Não me lembro, porque era chefe de gabinete, não entrava nas negociações dos departamentos. Esse protocolo foi negociado na área de Nações Unidas, que cuida de assuntos nucleares.

MS: Claro. Quem conversava com Sarney sobre política externa?

RB: Os assessores do presidente Sarney foram, no início, Rubens Ricupero e depois o Luiz Felipe de Seixas Corrêa. Diferente dos governos do PT, naquela fase o assessor diplomático era um funcionário de carreira, que, se não estivesse de acordo com certas políticas ou decisões, não questionava as posições do Itamaraty, mas afinava sua posição com a chancelaria, e levava uma solução consensual para o presidente. Quer dizer, era um homem da Casa no Palácio do Planalto. Em 2011, havia um homem do Planalto dentro do Itamaraty.

MS: No começo do governo Sarney, a questão da dívida externa e a da redemocratização eram dominantes. Vocês chegaram a ir a Washington com Setúbal?

RB: Estivemos sim em Washington.

MS: O senhor se lembra qual era a atitude do Sarney em relação a Ronald Reagan? Qual era o sentimento, a emoção dentro do Palácio do Planalto, em relação aos Estados Unidos, nesse período de 1985?

RB: O fato mais relevante foi a crise relacionada com a lei de informática.

MS: E é por isso que, quando o Setúbal sai, não tem outra chance para o senhor senão sair do Itamaraty também.

RB: Quando o Setúbal pediu demissão, sugeri a ele para eu ser nomeado subsecretário da Administração. Já com o ministro Abreu Sodré, pouco tempo depois de minha posse na Administração, o Paulo Tarso me chamou, num sábado de manhã, para me comunicar que, em vista de nossas divergências, ele achava melhor colocar na Administração — que lidava com as pessoas e com os recursos financeiros do ministério — alguém da confiança dele, mas que me mandaria para outro cargo de igual nível. Talvez ele tivesse pensado que eu reagiria negativamente, mas respondi agradecendo pelo gesto e que eu estava de acordo com minha transferência para outra função no mesmo nível. Contaram-me, posteriormente, que ele ficou surpreso com a minha reação, porque imaginou que eu fosse protestar e buscar quem me apoiasse fora do Itamaraty. Soube também que o Paulo Tarso havia telefonado para algumas pessoas, comentando que eu havia aceitado a mudança e até agradecido, e perguntando o que estava por trás da minha atitude. Ele me nomeou subsecretário multilateral, encarregado, entre outros temas, da ONU. Dias depois, soube o que se passara nos bastidores. Renato Archer me contou que Paulo Tarso havia ligado para o Ulysses Guimarães, porque o presidente Sarney disse a ele que eu tinha apoio direto do Ulysses, pois frequentava sempre a casa dele, e que eu era capaz de criar algum problema. Por isso, Paulo teria ligado para o Ulysses Guimarães para dizer que eu ia sair da Subsecretaria Administrativa, mas que seria nomeado para outro posto do mesmo nível, de subsecretário multilateral. Teria dito que ele não se preocupasse, que a mudança não traria prejuízo algum para mim. Porém, ele não conseguiu falar com o Ulysses. Renato Archer perguntou o que Paulo Tarso queria e que ele mesmo transmitiria para o Ulysses.

MS: E o senhor fica na Subsecretaria Multilateral muito pouco tempo?
RB: Após a saída do Setúbal, houve esse episódio e mais outras desavenças internas, inclusive um incidente com meu sogro, o embaixador Sérgio Corrêa da Costa.

MS: Qual foi?
RB: Aconteceu em 1985. Meu sogro deixava a embaixada em Washington. Naquela época, era de praxe, hoje não é mais, enviar telegrama de elogio ao diplomata depois de tantos anos de serviços prestados com o reconhecimento do ministro do Exterior. O telegrama de cumprimentos do ministro chegou ao meu sogro, mas um mês depois. Cerca de 15 dias antes da saída, ele deu um *briefing* de rotina para os correspondentes de jornais brasileiros em Washington e o Paulo Sotero, então correspondente da *Gazeta Mercantil*, publicou parte da conversa, que fazia comentários sobre a posição do governo no tocante à disputa com os EUA na área de informática. O Paulo Tarso não gostou e mandou uma verdadeira reprimenda.

MS: Por quê?
RB: Foram comentários em que qualificava a posição oficial. O secretário-geral enviou um telegrama desaforado para Washington, escrito pelo então ministro Carlos Augusto Santos Neves, que era o chefe de gabinete da secretaria-geral. Maria Ignez e eu soubemos e ficamos chocados. Corrêa da Costa tinha

uma boa relação com Paulo Tarso e Maria Ignez, igualmente, que se encontrava com frequência com Lúcia Flecha de Lima, não quis mais falar com o Paulo Tarso. À época, eu era subsecretário multilateral e fui ao gabinete do Paulo Tarso reclamar dos termos em que a comunicação foi elaborada, no momento da saída de Corrêa da Costa e depois do envio dos cumprimentos elogiosos. Mantendo sua crítica, Paulo Tarso disse que ele não podia ter dado a entrevista. Eu também me afastei, fiquei sem despachar por bom tempo e decidi sair para o exterior. Como o Consulado-Geral em Nova York estava vago, pedi para ser transferido para lá. O Paulo Tarso, rapidamente, removeu o Carlos Augusto Santos Neves, a fim de fechar o posto e impedir minha ida. Por meio de minha *network* particular, soube que o Paulo Tarso queria me mandar para o Consulado-Geral em Milão, sem relevância para minha carreira. Conversei com alguns amigos, entre eles Carlos Castello Branco, conhecido jornalista de Brasília. Expliquei que estava havendo uma perseguição, que eu queria ir para Nova York e tinha sido preterido e que então estava sendo designado para o Consulado-Geral em Milão. Em vez disso, gostaria de ir para a Associação Latino-Americana de Integração (Aladi), em Montevidéu, posto que havia sido prometido havia algum tempo para o embaixador José Botafogo Gonçalves, mas que Paulo Tarso não efetivava a nomeação. Logo que soube de minha pretensão, Paulo Tarso convidou o embaixador Botafogo. Castelinho, como era carinhosamente conhecido, falou com o presidente Sarney sobre minha remoção para Montevidéu. O presidente Sarney concordou e falou com o ministro Abreu Sodré, que me chamou para dizer que o presidente mandara fazer minha designação para a Aladi, em Montevidéu. Agradeci ao ministro e perguntei se poderia comunicar ao Paulo Tarso. O ministro Sodré autorizou-me a falar com o secretário-geral, já que tudo estava resolvido. Fui em seguida ao gabinete do Paulo Tarso para dizer que o Sodré havia me chamado a fim de me comunicar que o presidente Sarney havia mandado fazer minha remoção para Montevidéu. Paulo Tarso reagiu dizendo que não poderia ser, porque o posto já estava fechado com Botafogo. Respondi que aquilo era problema dele com o ministro Sodré, pois ele havia me convidado, eu tinha aceito e ele me autorizou a informá-lo. Fui para Montevidéu e lá fiquei cerca de três anos.

MS: E Botafogo? Ficou chateado com o senhor?

RB: Botafogo foi para o Consulado-Geral em Milão. Ele é muito competente, foi embaixador e depois ministro. Foram sete ou oito meses de grande tensão na relação com Paulo Tarso. Mesmo tendo saído para o exterior, esse problema continuou.

Secretário internacional — Ministério da Fazenda

MS: Antes de o senhor ir para Montevidéu, o senhor foi secretário de Assuntos Internacionais da Fazenda?

RB: Fui sim, em 1987. Antes da minha remoção para Montevidéu, eu estava como subsecretário multilateral, encarregado de cuidar dos assuntos da ONU. Propus ao Paulo Tarso que fosse criada uma missão em Genebra para tratar do desarmamento, e que seria uma saída honrosa para mim. No passado, a missão existiu, foi extinta e eu estava ressuscitando a ideia. Eu iria para Genebra como representante para o desarmamento, direitos humanos e na Organização Internacional do Trabalho (OIT). Paulo Tarso concordou, pediu para eu redigir a exposição de motivos, que o presidente Sarney aprovou. Minha designação saiu, fui a Genebra escolher a casa e ainda estive no Congresso para ser sabatinado. Nesse mesmo dia, após a sabatina, à tarde, Luiz Carlos Bresser-Pereira, nomeado ministro da Fazenda, ligou para me convidar para ser secretário de Assuntos Internacionais da pasta. Maria Ignez não aprovou por ter de continuar em Brasília. Aceitei o convite e, mais uma vez, o Paulo Tarso ficou muito contrariado comigo e chegou a dizer à Maria Ignez que eu havia "dado uma banana" para o Itamaraty. Ponderei a ele que o convite era para ficar no Brasil, que eu estava abrindo mão de receber em dólar no exterior, para trabalhar e servir o governo. Fui trabalhar no Ministério da Fazenda e o embaixador Marcos Azambuja, logo em seguida, foi designado em meu lugar como embaixador em Genebra. Na secretaria internacional da Fazenda, estava entre minhas atribuições tratar de temas do Banco Mundial, do Banco Interamericano de Desenvolvimento (BID) e da dívida oficial do Brasil no Clube de Paris. A dívida com os bancos privados era assunto de que o Fernão Bracher cuidava. Os assuntos comerciais, como a Cacex, estavam também sob minha responsabilidade. Logo que entrei na Fazenda, a primeira providência foi procurar a documentação relativa à dívida externa na gestão anterior, do ministro Dilson Funaro, quando tinha havido a suspensão do pagamento dos juros. Para minha surpresa, não encontrei um único documento. Liguei para o Paulo Nogueira Batista Junior e para o embaixador Álvaro Gurgel de Alencar Netto, que tinham sido os meus antecessores, pedindo a documentação aprovada pelo presidente Sarney. Recebi as informações e os documentos da gestão anterior e o Paulo Nogueira Batista e o Álvaro Gurgel me deram um *briefing* completo, que me permitiu reconstituir tudo o que havia sido proposto e aprovado. Na primeira viagem oficial que fiz à França para visitar o Clube de Paris, encontrei o Jean-Claude Trichet, ainda secretário do clube, que depois foi presidente do Banco Central Europeu, mas à época era assessor internacional do Ministério da Fazenda, meu contraparte. Conversando com ele, ouvi que estava satisfeito com a mudança ministerial no Brasil porque na última reunião do clube, em que meus antecessores estiveram presentes, ficou decidido que não seria redigida a ata da reunião em vista dos termos que foram empregados pelos representantes brasileiros a respeito do sistema financeiro e dos credores. Pouco antes, na Coleste, eu havia sido o primeiro funcionário brasileiro que participou de reunião do Clube de Paris como credor, por causa das "polonetas". A pedido do Ministério do Planejamento, o Itamaraty autorizou que a missão fosse chefiada por mim. Depois, como secretário de Assuntos Internacionais do Ministério da Fazenda, sentei como devedor no clube em duas ou três reuniões.

MS: O senhor chegou a ler a narrativa do Bresser sobre a negociação da dívida?
RB: Eu não li, mas gostaria de ler, porque lembrei a ele um episódio importante que ocorreu na primeira viagem do ministro da Fazenda aos EUA. Nesse momento, como secretário de Assuntos Internacionais da Fazenda, acompanhei o ministro Bresser-Pereira, o embaixador Ramiro Saraiva Guerreiro, negociador indicado pelo Itamaraty, Fernão Bracher e Marcílio Marques Moreira, embaixador nos EUA. Esse episódio marcou profissionalmente minha carreira. Depois de reunião na embaixada com o embaixador Marcílio, fomos para o departamento do Tesouro dos Estados Unidos, cuja entrada ostenta imponente escada de mármore. Enquanto subíamos, Marcílio se virou para o ministro Bresser e disse que a escada já havia derrubado muitos ministros da Fazenda e que ele queria sugerir que na saída do encontro, onde estariam

concentrados os jornalistas, que um de nós fosse designado por ele para ser o porta-voz do resultado da reunião. Seria melhor que o ministro Bresser não falasse, porque poderia trazer problemas. Bresser ouviu com atenção e concordou. Subimos, passamos pelos jornalistas na entrada e nos dirigimos para a sala de reunião no momento em que James Baker, o secretário do Tesouro, estava chegando. Bresser foi cumprimentar Baker e sentou-se no meio da delegação brasileira. Enquanto se dirigia para o outro lado da mesa, Baker disse para Bresser que havia sabido que o ministro brasileiro tinha visitado o Congresso e conversado no Senado (tratava-se de Bill Bradley, que era a favor da negociação), e também que havia conversado com economistas (Jeffrey Sacks) e que eles estavam dando ideias sobre a negociação, o que ele considerava muito bom. Quando Baker se sentou, disse, batendo forte, na mesa: *"But minister, I want you to know that the real power is here"* (Mas ministro, quero que o senhor saiba que o poder real está aqui). O ministro Bresser ficou paralisado e afundou na cadeira. Baker foi muito dura com o ministro da Fazenda, porque Bresser queria conversar sobre a possibilidade de securitização da dívida, ideia ainda de certa forma acadêmica, e que ele já havia discutido de público em reunião econômica, em Viena. Baker, com isso, se havia inteirado da proposta compulsória para os bancos. Bresser, na reunião, admitiu que, em vez de obrigatória, poderia ser uma proposta voluntária, mas o secretário do Tesouro não quis nem examinar a ideia, dizendo que era totalmente inaceitável (*non starter*). Soubemos depois que Baker tinha investimento pessoal da dívida brasileira no Chemical Bank, do qual ele era acionista. Terminada a reunião com um impasse total, Bresser se retirou e nós saímos atrás. Quando passamos pelos jornalistas — TV Globo, *Gazeta Mercantil*, Reuters —, o ministro resolveu dar entrevista, em vez de pedir a alguém do grupo para conversar com a imprensa. Fiquei do lado do Fernão Bracher ouvindo e a primeira frase dita por ele foi que a ideia da securitização não tinha sido aceita e que o secretário do Tesouro tinha dito que ela era *non starter*. Olhei para o Fernão Bracher e comentei que no dia seguinte essa frase seria a manchete de todos os jornais no Brasil e que Bresser tinha se complicado. Foi o começo do fim do ministro Bresser. E o mais paradoxal é que a ideia era muito boa, tanto que mais tarde se transformou no Brady Plan proposto pelo sucessor de James Baker.

MS: O Brady é isso, é a securitização.

RB: Era isso. Brady aproveitou a ideia de Bresser-Pereira, que começou a tratar do assunto publicamente antes de discuti-lo com o governo de Washington.

MS: Ele escreveu uma série de *papers* narrando cada um dos encontros.

RB: Passei um fim de ano com Bresser em uma casa de praia do Fernão Bracher, quando o ex-ministro comentou comigo que escreveria toda sua experiência na negociação da dívida, a pedido do Banco Mundial. Sugeri que ele não poderia deixar de mencionar esse episódio da reunião no Tesouro com James Baker. Bresser perguntou a que episódio eu estava me referindo, pois não se lembrava de nada especial. O ministro havia apagado tudo da memória. Freud explicou o porquê... Comentei que ele tinha de contar essa história, que havia marcado profundamente minha carreira, pois foi uma prova de poder explicitado ali, no momento, e que, até então, eu nunca havia presenciado forma de exercício de poder tão dura como havia ocorrido com ele naquele dia. Bresser agradeceu por eu ter lembrado o episódio e disse que o incluiria no relato. Até gostaria de saber se ele, de fato, mencionou a reunião com Baker.

Representante permanente junto à Associação Latino-Americana de Integração (Aladi)

MS: Vamos falar muito brevemente da Aladi? Qual era a agenda? O que o embaixador brasileiro fazia na Aladi?

RB: Quando cheguei a Montevidéu, meu antecessor na Aladi tinha sido o embaixador Fernando Paulo Simas Magalhães. A influência da Aladi está no fato de permitir que os acordos comerciais, em âmbito regional, sejam negociados de conformidade com a chamada cláusula de habilitação do Gatt (artigo 24), que autoriza países em desenvolvimento a negociar acordos comerciais sem estender as preferências tarifárias aprovadas para todos os outros países, como previsto pela cláusula da nação mais favorecida. Apesar desse caráter negociador relevante, a Aladi, que, em 1980, deixara de ser a Associação Latino-Americana de Livre Comércio (Alalc) para transformar-se em Associação Latino-Americana de Integração (Aladi), sempre teve um papel marginal, nunca deixou de ter uma posição secundária no contexto da política comercial externa brasileira. Nos três anos em que servi como representante brasileiro na Aladi, tentei fazer com que o organismo tivesse um papel mais influente na negociação comercial. Inclusive, cheguei a propor que a Aladi fosse o fórum de negociação para os acordos comerciais com países fora da região, como os EUA e Canadá, visto que sua norma permite apenas acordo com os 10 países-membros, 12 agora, com Cuba, além de países extrarregionais do Caribe e da América Central. Cheguei a propor que a Aladi fosse o fórum de negociação para os acordos com os Estados Unidos e com o Canadá, no contexto da Free Trade Area of the America (FTAA), a Área de Livre Comércio das Américas (Alca), que começava a ser discutida.

Por meio de acordos de transporte, procurei dinamizar a Aladi e cheguei a negociar o acordo de transporte da hidrovia Paraná-Paraguai, além de uma série de outros acordos, como o de energia. Tenho proposto, inclusive, que o Brasil aprofunde os acordos negociados com a Aladi, porque no âmbito da associação o país pode negociar acordos bilaterais com todos os países--membros, mesmo depois da entrada em vigência do Mercosul. Argentina, Brasil, Paraguai e Uruguai puderam negociar fora do Mercosul, bilateral-mente, com os demais países sul-americanos e o México, o aumento das margens de preferência tarifárias. Portanto, a Aladi representa uma válvula de escape, para o aprofundamento dos acordos comerciais na região. Como mencionei, colaborei no início dos entendimentos para a implementação do Tratado de Assunção, que criou o Mercosul, cujo acordo de comércio tive ocasião de firmar mais tarde como embaixador na Aladi. Foram 5 mil páginas que rubriquei e assinei durante vários dias, porque todos os anexos, com os produtos e as margens de preferência, são referendados na Aladi, para posterior submissão e conhecimento do Gatt. No fundo, a Aladi é um tabelião, funciona como um notário. Nos governos do PT, a Aladi ganhou uma função mais ampla, visto que o embaixador na associação passou a ser o representante permanente do Brasil no Mercosul, tendo sido formada uma comissão de correpresentação, como eu já havia proposto. Muitos anos se passaram antes que esse poder tenha sido concedido ao representante junto à Aladi. Os embaixadores José Jerônimo Moscardo e Paulo Nogueira Batis-ta foram meus sucessores. Paulo Nogueira e eu conversávamos muito e ele percebeu a importância da integração regional. Aliás, minha ligação com a integração data daí, 1985, com Setúbal, e depois 1987 a 1990 na Aladi. Es-crevi um livro sobre isso: *América Latina em perspectiva: a integração regional, da retórica à realidade*, que é um trabalho original, elaborado com os arquivos da representação em Montevidéu. E eu me convenci da importância para o Brasil do mercado regional, da influência que o Brasil deveria ter na região e do peso político que isso podia representar para o país. E, a partir daí, toda a minha ação foi a favor do Mercosul. Ainda em Montevidéu, propus a criação do Departamento de Integração Latino-Americana. Depois de criado, fui o primeiro chefe do Departamento de Integração. No início do Mercosul, eu ajudei muito. E o próprio dr. Olavo Setúbal, quando presidente do Itaú, resolveu comprar um banco na Argentina e abrir uma representação em Bue-nos Aires, me ligou para dizer que o Mercosul estava consolidado pois o banco iria se instalar na capital argentina.

MS: O senhor poderia falar um pouco sobre o início do governo Fernando Collor de Mello e como isso foi recebido no seu posto na Aladi, em Montevidéu?

RB: Começo a partir do momento em que Collor foi eleito e resolveu ir a Montevidéu. Eu soube da viagem e falei com o senador André Franco Montoro, ativo entusiasta da integração regional. Comentou que iria conversar com Collor e sugerir que fizesse uma reunião na Aladi. A visita não estava prevista porque era uma viagem bilateral ao governo uruguaio. Montoro falou com Collor, que resolveu ir a Montevidéu para uma sessão solene da Aladi. Há um episódio curioso nessa ida ao Uruguai, porque, evidentemente, o embaixador que estava no posto não gostou quando Collor avisou que visitaria a Aladi, e por isso colocou muitas dificuldades. Ele até me excluiu do voo de Montevidéu para Punta del Este, onde aconteceria um almoço entre os dois presidentes, mas, enfim, tudo correu bem. Essa é uma pequena história, mas a visita de Collor marcou um compromisso dele com o processo de integração regional. Houve inúmeras discussões visto que, naquela época, o Brasil já tinha iniciado o processo de aproximação com a Argentina, e também o processo de integração no Cone Sul passava por estudos e debates; estava ainda em uma fase embrionária, mas começava com apoio integral do presidente Collor. Fiquei em Montevidéu até 1991 e já havia sugerido ao Itamaraty a criação de um departamento de integração. No governo Collor, na área comercial, ocorreu a abertura unilateral da economia, com forte reação da indústria. Eu, em Montevidéu, sofri pressão da indústria para não ajudar na abertura, para não rebaixar tarifas.

Departamento de Integração e Coordenação do Mercosul

MS: Conta para a gente como foi o convite para entrar para o Departamento de Integração Latino-Americana? Qual era a lógica do departamento nessa época?

RB: Bom, eu estava como embaixador na Aladi e segui, desde 1986, 1987, os movimentos de integração regional, sobretudo os acordos do Brasil com a Argentina. E, logo depois do acordo Brasil-Argentina, Pice, com muitos protocolos adicionais, acompanhei as negociações para o Mercosul. Percebi que naquele momento se iniciava uma pressão muito grande para se avançar no processo de integração regional, e passei a sugerir ao Itamaraty a criação de um departamento, que se dedicasse apenas à integração regional.

MS: Quem era responsável pelo Mercosul dentro do Itamaraty?

RB: No Itamaraty, eram responsáveis por essa área o então ministro Celso Amorim e o ministro Samuel Pinheiro Guimarães. Samuel chefiava a divisão da Aladi e o Celso o Departamento Econômico. Nessa fase, vi crescer o movimento de integração regional e o Brasil incluído nele desde 1985. Com o ministro Olavo Setúbal, houve a inflexão da política externa brasileira para a aproximação dos países latino-americanos. Nos anos 1989 e 1990, tentei convencer o Itamaraty que era essencial criar um departamento de integração regional. Fernando Collor fora eleito presidente, o ministro do Exterior era Francisco Rezek e o embaixador Marcos Azambuja, o secretário-geral. Eu achava que o processo de integração estava crescendo, que a existência do departamento seria bem-sucedida e irreversível. Depois de muito insistir, conversei com o secretário-geral, com quem mantinha laços de amizade, que não era possível adiar a discussão do assunto e que eu já havia mandado subsídios para tanto, mas a decisão não saía. Diante da minha insistência, afinal, Azambuja cedeu e disse que falaria com o ministro para eu ser chamado para explicar a proposta em Brasília. Foi a primeira vez, depois de quase seis, sete meses, que foi aberto um espaço para eu defender minhas ideias. Em Montevidéu, no aeroporto, prestes a embarcar, comprei o *Jornal do Brasil* e vi, na primeira página do mesmo dia, que eu viajava para o Brasil, manchete noticiando que o presidente Collor havia criado o Ministério da Integração Regional, a ser dirigido pelo deputado Carlos Chiarelli. Logo que cheguei a Brasília, recebi um telefonema da Presidência da República. O então ministro Otto Maia me informava que o embaixador Marcos Coimbra, secretário-geral da Presidência, ligaria para pedir-me que fosse do aeroporto diretamente ao Palácio do Planalto, sem passar pelo Itamaraty. Perguntei ao Otto Maia, que trabalhava com Marcos Coimbra, o motivo da convocação e fiquei sabendo que seria convidado para ser o secretário-geral do ministro Chiarelli. Em vez de ir para o Palácio, me dirigi ao Itamaraty. Cheguei e fui direto à secretaria-geral para ver o Marcos Azambuja. Na reunião, disse que estava chegando de Montevidéu para falar com o ministro e queria avisar que o Palácio do Planalto havia me chamado para conversar com Marcos Coimbra. Azambuja respondeu que eu estava lá para comunicar que aceitaria ser o secretário-geral do Chiarelli. Disse-lhe que, apesar de nossa amizade, ele não me conhecia e o fato da minha presença ali era apenas para informá-lo que eu não iria ao Palácio do Planalto, mas queria falar com o ministro de Estado, porque, como ele sabia, eu insistia há meses para organizar esse departamento, a fim de evitar o que estava acontecendo com a nomeação do ministro da Integração Regional. Saí da secretaria-geral e fui recebido pelo ministro Rezek. Contei do chamado que recebera do Palácio, mas que eu não responderia, porque depois da minha insistência não tinha nenhum sentido eu aceitar uma posição contrária ao Itamaraty. Expliquei em detalhe ao ministro Rezek minha concepção sobre a criação do Departamento de Integração e ele ao final me disse que iria conversar com o presidente Collor. Indicou-me uma sala ao lado do gabinete e pediu-me para colocar no papel tudo o que lhe falara. Respondi, abrindo minha pasta, que não seria necessário porque tudo o que dissera a ele eu havia enviado há seis meses para o Itamaraty, e entreguei cópia do trabalho preparado por mim. Pediu-me que ficasse no ministério, porque depois da conversa com o presidente me ligaria. À tarde, o ministro Rezek me chamou; comunicou-me que o presidente havia concordado em criar o departamento, mas que havia colocado uma condição: que eu voltasse para Brasília a fim de chefiar o novo departamento, já que eu havia proposto sua formação. Aceitei e ressaltei que achava realmente essencial e estava disposto a ajudar o Itamaraty. A história, contudo, não termina aí porque houve muito mais nos bastidores e os conflitos começaram. A Presidência convocou uma reunião entre o Itamaraty e os funcionários do recém-criado Ministério da Integração, com o propósito de definir as respectivas áreas de competência. Fui chamado pelo ministro Rezek para me falar da reunião, dizer que ele não iria, e que queria que eu fosse no seu lugar e resolvesse tudo que precisava ser resolvido. Ponderei que seria difícil no meu nível, mas ele insistiu. Estavam na reunião Chiarelli, o pessoal da Presidência, Otto Maia, entre outros, e com base nessas conversas processou-se à criação do ministério. Consegui aprovar no Itamaraty algumas linhas de atuação e fui para a reunião no Palácio, onde propus a divisão das competências. Durante dois ou três dias, o Carlos Chiarelli e o Marcos Coimbra telefonavam para acertar detalhes até que as atribuições ficassem definidas. Esse foi um momento bem tenso, com a criação do Departamento de Integração e o início do Mercosul. O presidente Collor deu muito apoio enquanto permaneceu no Palácio do Planalto. Chiarelli ficou desgastado, porque Collor só ouvia o Itamaraty e acabou o ministério esvaziado.

MS: O senhor mandava telegramas? Nesses seis meses anteriores à criação do departamento, como o senhor fazia as sugestões ao Itamaraty?
RB: Não sugeria oficialmente. Enviava comunicações particulares e falava com o embaixador Azambuja, para quem enviei também os papéis que eu preparara.

MS: O senhor sabe se o seu papel original chegou às mãos do Palácio antes desse pedido do Palácio para o senhor ir lá?
RB: Não chegou, porque o então secretário-geral, embaixador Marcos Azambuja, não tinha dado curso à proposta. Sempre tratei desse tema com o Itamaraty, de maneira institucional, pois achava que o processo de integração iria ganhar corpo e a integração viria de qualquer maneira. A negociação regional ganharia espaço, porque havia uma massa crítica a partir do acordo com a Argentina e depois do acordo do Mercosul, que precisava ser desenvolvido. O crescimento da área era inexorável, apesar de a burocracia no Itamaraty relutar em aceitar a realidade, talvez porque não quisessem abrir espaço para alguém.

MS: É uma briga burocrática, ou também tem um componente de resistência profunda no Itamaraty a essa ideia de integração que, à época, prometia ser muito profunda?

RB: Creio que era um misto desses dois fatores. Havia gente a favor da ideia e outros contra, mais por uma questão burocrática de disputa de um espaço, que seria muito representativo. Além da ciumeira, sabe-se a resistência que existe nas instituições em geral, se a ideia não parte dela. Como a ideia veio de fora, visto que eu estava em Montevidéu e não na máquina burocrática, não quiseram abrir espaço, mas o ministro Rezek se convenceu e acabou com a oposição.

MS: Marcos ficou feliz ou ficou irritado?

RB: Não sei. Quem ficou agastado foi o embaixador Clodoaldo Hugueney, chefe do Departamento Econômico, porque iria perder parte de sua área. Fui ao Departamento Econômico para me reunir com o Clodoaldo. Secamente, informou-me que, a partir daquele momento, ele não mais cuidaria dos assuntos de integração, e que eu deveria assumir essa responsabilidade. Respondi que não havia ainda a remoção e ouvi que esse era um problema meu, visto que eu havia sugerido a criação do departamento e que ele não queria mais cuidar desses assuntos. Entregou-me uma lista manuscrita de temas e de tudo o que estava pendente para eu resolver. Redigi papéis, fui negociar, definir as competências, e o departamento foi criado. Como eu ainda estava lotado em Montevidéu, fiquei por um tempo na ponte aérea. Em 26 de março de 1991, o Tratado de Assunção é assinado. Então, comecei a trabalhar em duas frentes: em Montevidéu e no Departamento de Integração Latino-Americana.

MS: Collor manteve o Ministério da Integração com o Chiarelli?

RB: Sim, Collor manteve o Ministério da Integração, mas houve uma questão prática. Chiarelli não tinha infraestrutura, não tinha pessoal, viajava muito para pronunciar discursos, mas pouco ou nada tratava da substância, que ficou sob encargo do Itamaraty. Comecei a tratar dos temas do departamento ainda em Montevidéu, na ponte aérea Montevidéu-Brasília, com as duas atribuições, até sair a remoção que me permitiria voltar para Brasília. Herdei salas e uma lista enorme de temas para cuidar, com apenas dois diplomatas. Tive de começar a montar a equipe e a estruturar o departamento e as novas divisões, como a do mercado comum e a da Aladi com os respectivos atos legais. Permaneci no Departamento de Integração Latino-Americana, que cresceu rapidamente, coordenando todas as atividades e tudo o que estava afeto ao Mercosul. Nos governos do PT, houve um fracionamento e o Mercosul passou a ser dirigido por três secretarias, quatro departamentos e muitas divisões. Não por sugestão minha, o ministro Rezek resolveu criar uma Subsecretaria de Integração. Fui promovido de chefe de departamento para subsecretário, e no meu lugar no departamento indiquei o então ministro Sérgio Florêncio. Passei a chefiar a Subsecretaria de Integração, Promoção Comercial e Cooperação, que depois foi ainda mais ampliada e se transformou em uma supersecretaria. Quando o então ministro Fernando Henrique Cardoso assumiu o Itamaraty, criou também, sem interferência minha, a Subsecretaria de Comércio Exterior, de Integração e Assuntos Econômicos. No final de meu trabalho à frente desse setor, fui removido para a embaixada em Londres. O departamento que começara com duas pessoas se transformou em uma subsecretaria com mais de 60 diplomatas, e tratava de todos os temas da área econômica e comercial, em especial do Mercosul, do Gatt e de tudo que significava negociação econômica.

Nesse momento com o presidente Collor, com a abertura logo no começo do governo, houve muita pressão em Montevidéu. Alguns setores, como o petroquímico e o automobilístico, não queriam nenhuma abertura. Representantes das multinacionais iam ao meu escritório a fim de pressionar para evitar a ampliação da abertura, de modo que ficasse preservada a reserva de mercado. Isso é interessante porque, quando voltei, cobrei essa postura publicamente em palestras, ao mencionar que, quando eu estava como embaixador junto à Aladi, em Montevidéu, sofria pressão de empresas multinacionais americanas e europeias para manter a reserva de mercado, enquanto os governos no Gatt pressionavam o Brasil para abrir o mercado. Esse foi um momento muito tenso, com a criação do Departamento de Integração e o início do Mercosul. O presidente Collor deu muito apoio enquanto permaneceu no Palácio do Planalto.

MS: O senhor acha que, do ponto de vista dos interesses do Brasil, no que veio a seguir, essa opção de manter a integração dentro do Itamaraty foi a mais acertada?

RB: Acho que foi acertada porque, se o Ministério da Integração fosse mantido, seria necessário colocar gente do Itamaraty para ajudar o ministro. Naquela época, esse assunto era praticamente desconhecido. Ninguém sabia direito o que a América Latina poderia representar para o Brasil. Tenho um exemplo concreto do que estou falando. Participei de reuniões como embaixador junto à Aladi em Montevidéu, para examinar a entrada do Uruguai e do Paraguai no Mercosul, pois no começo era apenas Brasil e Argentina. Julio María Sanguinetti fez muita pressão para entrar, a fim de não ficar isolado. O presidente do Paraguai, Andrés Rodríguez, que sucedeu o presidente Alfredo Stroessner, também trabalhou para a entrada do Paraguai no Mercosul. O Departamento de Integração ficou contra, porque percebíamos as enormes diferenças entre os quatro países, o que poderia criar dificuldades, como acabou acontecendo, mas a área política do Itamaraty era a favor.

MS: Mas não seria o caso de ter instrumentos para tentar controlar as confusões?
RB: Bom, mas não funcionou mesmo nos governos petistas. Esses mecanismos não deram certo e o Mercosul ficou paralisado. Até triangulação com a China através da Argentina houve. Era uma insensatez.

MS: Por que é que a coalizão entre multinacionais instaladas no Brasil e grandes empresas brasileiras não conseguiu barrar a abertura comercial? Ou, o senhor diria que, em boa medida, conseguiu barrar, que se não fosse essa resistência a abertura teria sido muito mais brusca?
RB: Teria sido mais rápida. Alguns setores conseguiram segurar, porque até hoje, para o setor petroquímico e o setor automotriz, a tarifa consolidada ainda é 35%.

MS: Ou seja, é relativamente fechada a economia ainda?
RB: No Brasil havia uma situação especial. O Japão tinha uma tarifa de 1.000% para arroz. A Noruega, para salmão e para bacalhau, tem não sei quantos por cento. O açúcar nos Estados Unidos tinha 150%. Aqui no Brasil são três setores (automobilístico, brinquedos e petroquímico), e no governo petista, com a apreciação do câmbio, essa proteção tarifária praticamente desapareceu. Portanto, a tarifa era muito alta, mas alguns setores conseguiram manter reserva de mercado. Naquela época, o outro setor era o da informática. Acho que é uma contradição, porque eu recebia esse pessoal em Montevidéu, mas não tinha poder de decisão. Quem decidia era Brasília, mas eu podia influir dando informações.

MS: Como funciona a pressão do ponto de vista prático? O sujeito chega para o governo e diz o quê, exatamente?
RB: As alegações mais comuns se referiam ao custo da produção, que era muito alto e que, se a tarifa fosse rebaixada de 35% para 10%, as empresas iriam quebrar e teriam de demitir.

DEPARTAMENTO DE INTEGRAÇÃO E COORDENAÇÃO DO MERCOSUL

Eduardo Jordão de Achilles Melo: O senhor falou que recebeu pressão também no sentido da integração?

RB: – Havia o interesse político do Itamaraty e do embaixador Celso Amorim, que era então o chefe do departamento.

MS: O Itamaraty acreditava?

RB: Era um fato político. Celso Amorim acreditava, inclusive ele acabou aceitando a entrada do Paraguai e do Uruguai.

MS: O senhor se lembra se àquela época havia algum tipo de argumento, por parte desses países, para que o arranjo institucional tivesse um componente de supranacionalidade?

RB: Claro, desde o começo, por parte dos países menores, o Uruguai e o Paraguai. A Argentina não. O Brasil foi e é contra até hoje. Agora, havia alguns pontos que eu, desde o começo, também quis influir para mudar. Acho que uma das razões do emperramento do Mercosul é a inexistência do voto ponderado. O processo decisório no Mercosul se dá por consenso. Muitos acham que para o Brasil é bom, porque, como o processo de decisão prevê a unanimidade, se o Brasil ficar contra, consegue vetar qualquer proposta contra seus interesses. Acontece que, no governo Lula, como o Brasil apoiava tudo o que era proposto pelos países-membros, formou-se consenso com a aprovação do Brasil para pontos que, na minha opinião, não eram de interesse do país. Por exemplo, compramos a questão da assimetria, aceitamos as perfurações da "tarifa externa comum" (TEC), além de algumas iniciativas tomadas pela Argentina, como o mecanismo de ajuste competitivo, claramente ilegal.

MS: Quando começa o buraco do Mercosul?

RB: Acho que as dificuldades do Mercosul começam quando da criação da "tarifa externa comum", no protocolo de Ouro Preto, aprovado no fim de 1994. Eu tinha acabado de sair do departamento em meados de 1994. Não estava mais à frente das negociações, mas fui chamado, e acompanhei as negociações finais da TEC.

MS: O senhor foi contra a tarifa externa comum?

RB: Não participei da negociação porque tinha saído. A racionalização que fizemos foi que o Tratado de Assunção era um tratado comercial, era um tratado de abertura, de liberalização econômica, de coordenação de política macroeconômica. Havia metas, o Tratado de Assunção previa que, em fins de 1994, seria criado o mercado comum. Isso foi negociado pelo embaixador Celso Amorim. Era uma meta irrealista. Quer dizer, era muito difícil, como estipulou o tratado, que em três anos pudéssemos sair de uma área de livre comércio, nem isso, de uma zona preferencial tarifária, como o caso da Aladi, para um mercado comum. Houve então uma racionalização e para não mudar o tratado foi introduzida a ideia de etapas para se alcançar a integração plena. A primeira etapa previa a consolidação do Mercosul, para depois se chegar à união aduaneira em 1994, no caminho da etapa final. A questão da integração foi muito discutida. Mesmo na constituinte, o deputado Nelson Jobim, um dos coordenadores, nos procurou para tratar da integração regional. A Constituição, no artigo quatro, redigido pelo senador André Franco Montoro, define que o objetivo do Brasil é estabelecer uma integração regional, uma comunidade de nações, que durante o governo Lula foi materializada com a criação da Comunidade dos Estados Latino-Americanos e Caribenhos (Celac). Havia um ceticismo enorme, a área econômica não tomava conhecimento do processo de integração, nem o governo brasileiro como um todo, era um projeto político-estratégico do Itamaraty.

MS: Quem no Itamaraty inventou isso?

RB: Quem inventou não sei, o embaixador Celso Amorim era o chefe do Departamento Econômico e coordenou toda a negociação. No entanto, se alguém quiser buscar a origem histórica desse processo, deve examinar a gestão do ministro Olavo Setúbal, quando foram desbloqueadas as discussões econômicas e comerciais com a Argentina. Ele ficou menos de um ano no Itamaraty e no fim de novembro assinou a Declaração de Iguaçu sobre a cooperação nuclear e Pice com a Argentina, com pouco mais de 20 protocolos. Esse é o embrião do Mercosul, porque os presidentes Raúl Alfonsín e José Sarney resolveram fazer um mercado comum Brasil e Argentina. A iniciativa dessas movimentações foi da Argentina, nós reagimos um pouco.

MS: O senhor acha que é um cálculo político no sentido de acalmar a Argentina e compor com ela, ou tem um componente de visão do que poderia ser a integração sul-americana? É reativo ou é propositivo?

RB: Na minha opinião, não é nem uma coisa e nem outra. Acho que foi uma reação ao atrito crescente com a Argentina durante o governo militar, quando houve situações incríveis, a começar com a questão dos recursos hídricos, enfim, tudo que aconteceu com as negociações do Tratado de Itaipu e as desfeitas do presidente Alejandro Lanusse ao presidente Ernesto Geisel. Havia a hipótese de guerra entre os dois países no período dos militares. Acho que, quando o governo se tornou civil, a Argentina estava um pouco mais adiantada na questão nuclear. Alfonsín havia sido eleito e começou uma reação a tudo que era percebido como negativo pela ação dos militares. Sarney defendia o fim dos atritos com nossos vizinhos. Acompanhei uma conversa no Ministério do Exército entre o general Leônidas Pires Gonçalves e o ministro Setúbal, para tratar da aproximação com Buenos Aires. O ministro do Exército foi direto ao ponto, dizendo para o ministro Setúbal que a aproximação era uma loucura, que não podíamos confiar, que eles iriam nos atrapalhar, e que nós não tínhamos nenhum interesse naquele país. A reunião faz parte da história. Havia, de fato, oposição, porque era a herança do governo militar e o ministro Leônidas refletia a ideia do antagonismo com a Argentina. Portanto, abrir as portas para o diálogo e o entendimento era algo novo, que ficaria como ponto positivo para Sarney. Desde o começo, associei-me a essa iniciativa.

MS: O senhor se lembra se Leônidas chegou a ir falar com Sarney sobre isso?
RB: Imagino que sim. Se ele chamou Setúbal para ter essa conversa, creio que deve ter compartilhado com Sarney sua opinião. Nunca perguntei, mas acho que sim. O presidente Sarney manteve a decisão.

MS: A ideia do Collor de criar o Mercosul e de avançar com o Mercosul nesses termos não foi um plano, uma ideia que veio da Presidência da República, ou é uma proposta que veio do Itamaraty?
RB: A integração começou com impulsos políticos da Presidência e o Itamaraty passou a instrumentalizar. No entanto, ganhou vida própria no Itamaraty, onde se iniciou o processo de integração com a Argentina e os documentos foram muito debatidos e ajustados. O Pice é de 1986. Aí ficou criada a massa crítica. Falava-se de integração, de fazer um mercado comum com a Argentina, e o programa adquiriu dinâmica própria, liderada pelo Itamaraty, sob a direção do embaixador Celso Amorim. Quando Celso saiu do Departamento Econômico, entrou o embaixador Clodoaldo Hugueney, e eu ingressei após a assinatura do acordo.

MS: Como era a relação entre o presidente Collor e o presidente Carlos Menem? Facilitava o processo ou complicava o processo?
RB: Acho que era neutra. Não me lembro de nada marcante.

MS: Francisco Rezek cumpria algum papel nesse sentido?

RB: Ele teve participação expressiva na criação do Departamento de Integração Latino-Americana, que mais tarde transformou-se em Subsecretaria de Integração, Promoção Comercial e Cooperação. Não permaneceu muito no cargo. Depois, o ministro Celso Lafer assumiu e sempre apoiou o processo de integração com a Argentina.

MS: Embaixador, nesse período, tem pressão dos Estados Unidos pela abertura comercial? Tem pressões além das pressões normais no âmbito do Gatt?

RB: Não. Na época que saí, no fim de 1993, houve a reunião de Miami para criação da Iniciativa para as Américas, que ia desaguar na Área de Livre Comércio das Américas (Alca), e o então presidente eleito Fernando Henrique Cardoso acompanhou o presidente Itamar. Não fui a favor da ida de FHC já eleito, aos Estados Unidos, e disse isso a ele. Nesse momento, os ruídos contra o Mercosul passaram a ser ouvidos e os Estados Unidos vieram a se manifestar contra. Depois a oposição dos EUA se reduziu, mas houve críticas até 1997, na reunião de Belo Horizonte, porque, no começo, eles achavam que atrapalharia a negociação da Alca. Pouco a pouco, as restrições foram superadas e o governo de Washington acabou absorvendo o Mercosul. Quando eu estava na capital americana como embaixador, passaram a dar apoio total, inclusive em relação à primeira reunião dos presidentes sul-americanos em 2000.

MS: Qual foi o papel do ministro Marcílio nesse período? Sempre achei que fosse a área econômica que teria levado a ideia de integração para a frente, contra uma resistência do Itamaraty.

RB: O Itamaraty, para poder incluir a área econômica nas negociações, criou uma reunião de ministros da Fazenda e depois organizou outra reunião de presidentes de bancos centrais, com o propósito de envolver a área econômica, que não queria tomar conhecimento de nada. Essa atitude influenciava nas medidas contrárias à integração tomadas pelo Banco Central. Falávamos que não havia uma cultura de integração, que a burocracia não aderira à integração. Isso continua. Lembro-me do então presidente Lula ter dito, um ano antes de sair da Presidência, que havia gente dentro do governo ainda contra o processo de integração, e citou a Receita Federal. Isso com Lula, em 2010. Portanto, a área econômica nunca aderiu, de fato, à ideia de integração porque, como não existe o princípio da supranacionalidade, torna-se praticamente impossível subordinar a política econômica brasileira a interesses dos outros. O desgaste maior aconteceu com a desvalorização no final do governo FHC. Eu não estava mais no Departamento de Integração. O ministro Pedro Malan não podia divulgar nem transmitir para nossos parceiros que o Brasil desvalorizaria sua moeda. Embora reafirmasse a negativa, a decisão foi anunciada e no dia da desvalorização os argentinos ficaram muito incomodados, sentindo-se traídos. Mas como Malan informaria que ia desvalorizar? Esse é um exemplo extremo, mas a área econômica, inclusive o Ministério da Indústria, da Agricultura, não tinham posição unificada em relação aos avanços da integração regional no Mercosul.

EJAM: O Ministério da Fazenda era contra porque se chocava com a ideia maior de liberalização?

RB: Não. A Fazenda se chocava porque o ministério não queria ter nenhum compromisso de coordenação de política macroeconômica. Quando foi criado o grupo de ministros e de presidentes dos bancos centrais, uma das primeiras funções obrigatórias era a de harmonizar as estatísticas, que em alguns casos nem sequer existiam. Uma condição primária que levou anos para se efetivar, porque os outros Ministérios da Fazenda também tinham a mesma posição. Não era só o Brasil, os outros representantes da área econômica também não queriam saber de coordenar. Naquele começo, os ministros Marcílio Marques Moreira e Pedro Malan estavam preocupados com a situação brasileira, e havia fortes divergências com Domingo Cavallo, ministro argentino da Economia, que queria fazer acordos e falava mal do Brasil na área econômica.

EJAM: O senhor acha que as diferentes políticas de combate à inflação nesse período contribuíam para distanciar?

RB: Contribuíam, pois havia um *timing*. Eu sempre dizia isso, porque, naquele momento, a década de 1990 foi a década perdida, e todos os países tinham um programa de ajuste econômico com o Fundo Monetário Internacional. Então, o tempo econômico entre os países era diferente. Enquanto um país estava saindo de uma renegociação com sua dívida, outro entrava. Nunca os tempos coincidiam. Nunca os dois principais países, Brasil e Argentina, estavam em expansão. Quando o Brasil melhorava do ponto de vista econômico, as exportações na Argentina cresciam, e quando nós entrávamos em crise e o crescimento caía, eles passavam a ter dificuldades. Não havia convergência de política, de exportação. Os interesses começavam a se estabelecer na importação, exportação, serviços, mas não havia forte presença brasileira na Argentina. Em 1990, era crise só, e começando em 1980, foram 20 anos, 15 dos quais de crise. Inclusive, na época da crise da dívida externa dos anos 1980 e um pouco mais adiante, o comércio regional só não acabou por causa do "convênio de crédito recíproco" (CCR) do Banco Central. Não fosse isso, o país nem sequer teria recursos para pagar o comércio externo. Tratava-se de uma moeda escritural, de compensação, que ajudou, visto que o comércio se reduziu significativamente, mas não acabou.

MS: O senhor se lembra se teve algum tipo de discussão com o Fundo Monetário Internacional, nessa época da renegociação da dívida, sobre integração?

RB: Não, o que houve desde o começo foi pressão do FMI para acabar com o CCR, o que Armínio Fraga fez, ao extinguir o CCR, apesar da resistência do Itamaraty. O CCR dava financiamento para as exportações e a garantia era do Banco Central, mas o FMI não concordava, pois dizia que aquilo não era função do Banco Central e por isso teria de acabar. O Itamaraty sempre resistiu a essa pressão e eu mesmo participei de reuniões para tratar desse assunto.

MS: Quando foi criado o CCR? Era uma moeda escriturária para facilitar trocas comerciais?

RB: O CCR foi criado em 1982, e era, sim, uma moeda escritural. Quando se negociou a constituição da Alalc, contratou-se, paralelamente, um convênio, o Acordo de Pagamento e Créditos Recíprocos, exercício muito bem-sucedido. À frente do Banco Central estava Ernane Galvêas, profissional competente, responsável pelo CCR, mas, por pressão americana e do FMI, o Tratado de Montevidéu foi assinado deixando o convênio de fora. No meu livro, *América Latina em perspectiva: a integração, da retórica à realidade*, conto em detalhes, registrando tudo isso. Nele procurei traçar a história da integração regional no seu primórdio, com a documentação original, o único registro existente no Brasil, pesquisado e estudado.

MS: Embaixador, em algum momento há uma virada, e o setor econômico passa a ser favorável à integração? O senhor diria que tem a ver com o Plano Real?

RB: Não participei dessa discussão porque saí em 1994, e dessa época em diante não tomei parte em nenhuma decisão. Porém, minha lembrança é de que a área econômica nunca aderiu plenamente ao processo de integração.

A área econômica aceitava por ser política do governo, porque lá estava o Itamaraty, era diretriz do presidente, mas a resistência continua até hoje, com a Receita Federal que toma medidas contra o processo de integração.

EJAM: Não existiu uma pressão dos interesses privados a favor de um aprofundamento da integração regional?

RB: Em certos setores sim, em outros não. O Rio Grande do Sul ainda é contra, por causa do trigo e do arroz. E alguns setores, como o da petroquímica, a recusa continua até hoje. Há choques de interesses e há contradições entre diferentes setores.

MS: Embaixador, estou tentando ainda entender por que é que o Itamaraty passa a desenvolver esse argumento pró-integracionista? Acho que tem duas possibilidades para explicar, porque há dois modelos de integração: um é pensar a integração como uma plataforma para aumentar a abertura da economia; mas tem uma segunda possibilidade para a integração, que é a integração como defesa comum contra a pressão norte-americana para abrir mais no contexto da Alca, contra a pressão da Europa em negociações comerciais. Como se encaixam essas duas leituras no ideário que começa a se desenvolver no Itamaraty na década de 1990?

RB: Posso responder pelo que ajudei a formular nos três primeiros anos do Mercosul. Naquele momento, nossa articulação tinha a ver com uma visão estratégica, geopolítica. Percebíamos que o Mercosul era o primeiro passo para a formação de uma área de livre comércio na região, não de mercado comum, que não acreditávamos, mas de um movimento de atração dos demais países para a órbita do Mercosul. Essa visão antagônica aos Estados Unidos foi desenvolvida durante o governo Lula, com a criação da União das Nações Sul-Americanas (Unasul) e de todos os outros órgãos sem a participação americana. Formou-se a Celac, espécie de Organização dos Estados Americanos (OEA) sem os Estados Unidos, instituiu-se o Conselho de Defesa Sul-Americano sem os Estados Unidos. Trata-se de uma visão política e ideológica que veio depois, visto que naquela época não havia esse aspecto, pelo menos enquanto eu estava lá, até a negociação da tarifa externa comum e a negociação da Alca. O Itamaraty e o governo defenderam o Mercosul, para impedir que ele se desfizesse com a Alca, mas não era uma atitude contra a Alca, ou contra os Estados Unidos, era a defesa do Mercosul. Nas reuniões em que estive presente, resguardar o Mercosul era a prioridade.

MS: Essa concepção geoeconômica e estratégica do Mercosul, como plataforma para consolidar as economias, para atrair os países da região para o eixo industrial brasileiro, a gente não vê isso com o Fernando Henrique Cardoso também?

RB: Já ia falar sobre isso. A consolidação dessa visão veio com o ministro Celso Lafer e o presidente FHC.

MS: Não com Luiz Felipe Lampreia e Fernando Henrique, mas com Celso Lafer e Fernando Henrique mais tarde?

RB: Mais com Celso Lafer, sem dúvida. O ministro Luiz Felipe Lampreia não confiava muito, mas aderiu plenamente, mais tarde. Aliás, foi Lampreia quem mais defendeu o Mercosul na reunião de Belo Horizonte. O Itamaraty acreditava que os argentinos nunca aderiram, de fato, ao processo de integração, porque tinham uma visão de curto prazo. Ao contrário, o governo brasileiro, desde o começo e durante a negociação do tratado, tinha essa visão de projeção do Brasil na região. O Mercosul é muito recente. A mudança que ocorreu com o ministro Setúbal foi no fim de 1985, o acordo com a Argentina é de 1988, o Mercosul é de 1991. Portanto, estávamos formando um conceito da presença brasileira na área, porque o país "dava de costas" para a região, como dizíamos. A partir de 1985 é que o Brasil se volta para a América Latina, e com resistências dentro do Itamaraty, que julgava ser contrário ao nosso interesse, e que devíamos negociar com a Europa, com os Estados Unidos. Essa cultura foi se formando e engrossando ao mesmo tempo. Ponderei isso várias vezes com o ministro Celso Lafer, que favorecia a continuação das negociações com a Alca e, no final, quando tudo estivesse acordado e concluído, promoveríamos a avaliação, indicando o que se tinha conseguido, para então aderir ou não ao tratado. Eu insistia que isso era difícil, porque no momento em que a negociação estivesse terminada, iriam surgir muitos interesses, e o governo brasileiro se sentiria forçado a assinar o acordo, independentemente de se julgar se era bom ou mau. Minha percepção em relação à Alca, já como embaixador nos Estados Unidos, era de que o Brasil não podia aceitar a estratégia americana de avançar os entendimentos, a partir do momento que Washington mudou de posição. Os Estados Unidos, no começo da negociação até o ano 2000, 2001, diziam que tudo estava em discussão, porque o Brasil mantinha alguns interesses concretos, como a questão *antidumping* e subsídios na área agrícola, o que naquela época era uma questão muito forte no contexto das discussões. Os EUA relutaram em criar um grupo de agricultura, mas criaram o grupo de propriedade intelectual. Era como um rolo compressor e o Brasil tentando segurar o ritmo dos entendimentos. Ocorria isso no governo FHC e, com a tática do Celso Lafer de negociar até o fim, as ações avançavam. Há ponderações oficiais minhas de Washington, em que dizia que teríamos de parar, porque o grupo de agricultura e outros, como o de *antidumping* e de subsídios, não foram criados e que, por isso, não poderíamos prosseguir com as negociações.

MS: Isso já no governo Lula?
RB: Não, no governo FHC porque a oposição à Alca, que é reivindicada pelo governo Lula, começou com FHC. Como embaixador em Washington, eu não tinha nenhum poder decisório, mas, visto que a negociação era feita com os Estados Unidos, eu opinava, e o embaixador Celso Amorim lá de Genebra também se manifestava. Cabe o registro de um fato menor, mas importante. Chegou o momento em que a Alca tinha que decidir sobre cortes tarifários, sobre que base os cortes incidiriam. O Itamaraty defendeu que os cortes deveriam incidir sobre a tarifa aplicada, enquanto Celso Amorim e eu defendíamos a outra posição, ou seja, que os cortes incidissem sobre a tarifa consolidada, o que fazia razoável diferença. A tarifa consolidada máxima é 35%, a tarifa aplicada em alguns setores é 10%, 15%. Então, era uma diferença muito grande e Celso Amorim fez uma comunicação sobre o assunto que apoiei. O Celso Amorim não tinha nada a ver com a negociação como eu, mas tinha a ver com o Gatt. Celso Lafer acabou aprovando que, na Alca, a redução de tarifa incidiria sobre a tarifa aplicada. Minha posição foi derrotada, mas também a Alca não vingou. Com isso o Mercosul saiu fortalecido. Fui um dos que propôs ao presidente Fernando Henrique fazer a reunião de presidentes da América do Sul. A primeira aconteceu em setembro de 2000. Resumindo: acho que o período do governo Collor teve sua importância, porque houve a assinatura do tratado, a criação da subsecretaria no Itamaraty e ainda a abertura unilateral, na área comercial. Do ponto de vista da integração regional, o período também tem crédito, pois consolidou esse acordo. Sempre repetia, quando estava na subsecretaria, que o processo de integração no Mercosul era um processo que vinha de vários governos: começou com o Sarney, passou pelo Collor, Itamar e Fernando Henrique. Acho que o Mercosul é um exemplo concreto da importância da continuidade na administração pública. Eu estava na Aladi à época do Sarney, voltei para Brasília com o presidente Collor e continuei com o presidente Itamar Franco. Os presidentes e os ministros mudavam, mas no Itamaraty havia continuidade. Uma vez me perguntaram sobre o sucesso do

Mercosul e respondi que atribuía o êxito, no início, à continuidade de política, na verdade política de Estado, porque desde o Sarney até o governo do PT, na retórica pelo menos, o Mercosul estava no topo da prioridade da política externa brasileira. Fui a pessoa que ficou em todos esses governos como coordenador nacional. Havia uma liderança funcional, diferente do que ocorreu nos governos petistas, quando prevaleceu a pulverização do processo decisório. Lembro-me que cada vez que mudava um ministro, eu fazia uma rodada de informação com o novo ministro da Agricultura, da Indústria, para explicar como funcionava o processo de integração e o Mercosul. Era um ponto de referência fixo. Fiquei três anos, com três presidentes, quatro ministros do Exterior, vários ministros da Indústria, vários ministros da Agricultura, uma série de ministros da Fazenda, sempre informando, explicando o processo de integração. Quer dizer, todos compraram a visão da projeção do Brasil na região e do entendimento com a Argentina.

MS: Como se explica que sucessivos presidentes, vindos de tradições tão diferentes como são Sarney, Itamar, Collor, Fernando Henrique e até Lula, se atraíam pelo Mercosul?
RB: Acho que entenderam, porque, como esse era um projeto político do Itamaraty, como já mencionei, os outros ministérios não tinham interesse.

MS: Como é que se vende um projeto desses, tão pretensioso, ao presidente da República?
RB: Não houve necessidade de se vender o projeto. O projeto de aproximação com a Argentina veio de cima para baixo, era Sarney e Setúbal. Essa condição se mantém nos outros governos, porque o Itamaraty era quem formulava e dava continuidade.

MS: Itamar alguma vez duvidou da importância de manter o entendimento?
RB: Nunca!

MS: Nem o Collor?
RB: Não.

MS: Nem o Fernando Henrique?
RB: FHC aderiu totalmente ao projeto integracionista. Quando FHC assumiu o Ministério das Relações Exteriores, ele resolveu concentrar toda a área

econômica na Subsecretaria de Comércio Exterior, de Integração e Assuntos Econômicos à minha revelia; eu não queria, por ter certeza que haveria problema interno. Como eu previra, diziam que eu estava por trás da mudança, mas a decisão foi do ministro Fernando Henrique Cardoso. Como estava concentrando o Gatt, o Mercosul e toda a parte econômica, o ministro Fernando Henrique decidiu implementar a ideia da fusão. Quando se separa o conceito de América Latina de América do Sul, pelo menos na minha visão, cria-se um conceito estratégico; diferencia-se a América Latina do seu entorno imediato, e se ressalta que os interesses brasileiros têm que se concentrar na América do Sul. Oficialmente, isso começou como política com o ministro Fernando Henrique.

MS: O senhor se lembra quais eram as pessoas que não acreditavam no projeto de integração do ponto de vista das ideias? Ou seja, a ideia dominante hoje em dia é, de novo, a de que não dá jogo fazer coisas integrando demais com a Argentina.

RB: Nos governos do PT, a retórica foi favorável à integração. Defendiam a ideia de que a integração seria positiva para o Brasil, mas não era a visão da maioria no Itamaraty. Celso Amorim e Samuel Pinheiro Guimarães eram favoráveis. Eles tinham um grupo que os seguia, podia ser até que não acreditasse, mas acompanhava. Na minha opinião, sempre houve no Itamaraty essa ambivalência em relação à Argentina e à região. Eu não tinha nenhuma restrição à Argentina e a minha posição sempre foi muito clara, com uma visão objetiva sobre o que era bom para o Brasil. No entanto, havia embaixadores que serviram no país e que tinham restrições à cooperação com a Argentina. Depois, todos eles foram servir na Argentina como embaixadores. Eu, como nunca servi na Argentina, nunca tive nenhuma restrição. O que a Argentina defendia ou era bom para o Brasil ou não era bom para o Brasil. Se fosse bom para o Brasil, o país deveria aceitar; se não fosse bom, era recusado. O então deputado José Serra tinha também restrições ao Mercosul.

MS: Qual é o argumento central de Serra em relação à integração regional?

RB: Creio que ele não é contra a integração regional, ele é contra as limitações que o Mercosul, como uma união aduaneira, impõe ao Brasil. Ele foi contra desde o começo e tem sido coerente nas suas críticas. Eu acreditava na importância do Mercosul e defendia porque era a política do governo, mas só até certo momento. Nos governos petistas, fiquei muito crítico quanto ao rumo que o Mercosul tomou. Acho até, e já escrevi isso também, que não tinha sentido o processo negociador para o Brasil, porque o próprio governo brasileiro começou a esvaziar o Mercosul; inclusive o presidente Lula, que tanto o defendeu antes. Acho que o Mercosul, como foi tratado pelos governos petistas, não interessava mais ao Brasil, por uma série de razões que não cabe aqui discutir. Não interessava mais ao Brasil ter obrigações de uma união aduaneira. José Serra achava isso desde o começo. Na Reunião de Cúpula do Mercosul, em dezembro de 2010, o presidente Lula ficou pouco tempo com os demais presidentes, e os ministros Celso Amorim e Guido Mantega e o presidente do Banco Central, Henrique Meirelles, não compareceram. Então, houve um esvaziamento político do Mercosul. De fato, não interessava mais ao Brasil ficar restringido na negociação externa de acordos comerciais que os outros países não cumpriam e o Brasil tinha de cumprir. A tarifa externa comum era desrespeitada por todo mundo e as regras do Mercosul não eram cumpridas, ao contrário, eram descumpridas, como estava fazendo a Argentina.

MS: Quando é que o senhor começou a mudar de opinião em relação ao Mercosul?

RB: Comecei a achar que o Mercosul não representava mais um instrumento de política externa e de política comercial para o Brasil em 2002, no momento em que a Argentina passou a descumprir claramente suas regras, através das restrições e do pedido para fazer o chamado mecanismo de ajuste competitivo. O ministro Fernando Henrique não aprovou isso; a aprovação se deu posteriormente com o presidente Lula. Samuel Pinheiro Guimarães e o Celso Amorim consideraram a relação com a Argentina estratégica, e que a integração latino-americana — isso foi expressamente mencionado nos documentos produzidos por ambos — dependia de associação estreita com a Argentina, por meio de uma aliança, que dependia de paciência estratégica por parte do Brasil. Para isso, o Brasil tinha que ceder em tudo o que a Argentina pedisse. Achei que essa atitude não era de interesse do Brasil, porque passamos a adotar uma atitude passiva, e a aceitar qualquer medida que a Argentina tomasse na área econômica. Adiante, essa passividade extravasou para a área política, porque o governo argentino se colocou contra o Brasil na negociação de Doha e nas tratativas para a ampliação do Conselho de Segurança das Nações Unidas. Na América Latina, a Argentina se associou com Hugo Chávez, contra o Brasil, inicialmente. Em outras palavras, o custo-benefício ficou negativo, ou seja, o custo para o Brasil era muito mais alto que o benefício recebido. No governo FHC houve alguma tentativa de limitar esse excesso de protecionismo da Argentina, mas, quando aconteceu a desvalorização do real, a Argentina se sentiu afetada por não ter sido avisada previamente e a relação ficou conturbada. A partir de 2002, 2003, quando a crise argentina se agravou e as medidas restritivas aumentaram, se viu que não era possível continuar a aceitar todas as políticas claramente contrárias ao Mercosul. Piorando ainda mais a situação, nos documentos oficiais do governo petista, foi reconhecida a formação de um eixo Brasil, Argentina, Venezuela. Como seria previsível, ocorreu uma coalizão contra o Brasil e seus interesses. A Comunidade Sul-Americana de Nações (Casa), projeto do governo brasileiro, se transformou na União de Nações Sul-Americanas (Unasul), por pressão do presidente Chávez. A Argentina propôs a inclusão da Venezuela de Chávez no Mercosul e o Brasil aceitou de imediato, com pleno apoio de Lula. Depois, o Brasil propôs a entrada da Bolívia no Mercosul, que, naquele momento, não aceitou, felizmente. O Mercosul ficou descaracterizado por completo, além de não existir vontade política de fazer com que pudesse avançar nos aspectos comerciais. Como resultado, o Mercosul se transformou num fórum de debates políticos e sociais. E José Serra viu isso desde o começo e, com coerência, continuou a posicionar-se contra a negociação no âmbito do Mercosul.

MS: Com quem Serra conversava sobre isso?
RB: Não sei. Acho que, se tivesse sido eleito presidente, haveria uma forte pressão para acabar com o Mercosul como união aduaneira. Não deixaria de existir, por completo, porque o ônus político de uma decisão como essa seria enorme. Talvez pudesse se tornar uma área de livre comércio, como muitos propunham.

MS: Como o senhor conheceu José Serra? Como foi a evolução do relacionamento?
RB: Conheci José Serra na mesma época que conheci FHC, em 1978. Serra era deputado, Fernando Henrique era senador, e estávamos sempre juntos. Quando o então ministro Fernando Henrique foi para a Presidência, continuei na área econômica do Itamaraty, e tinha contato com Serra também por causa do Mercosul, órgão que sempre sofreu dele pesadas críticas. Houve até um episódio curioso, quando o Serra escreveu, na revista *Exame*, um artigo que criticava o então ministro do Exterior Fernando Henrique Cardoso e todos os negociadores do Mercosul. Eu era subsecretário e negociador do Mer-

cosul e disse que deveríamos ter alguma reação. FHC respondeu pedindo para eu fazer um artigo rebatendo Serra item por item. Escrevi o artigo, FHC aprovou e no número seguinte da *Exame* o artigo foi publicado, rebatendo todos os argumentos de Serra. Nossos contatos permanecem e conversamos muito, até hoje, e o assunto Mercosul aparece com frequência.

MS: As negociações com a Argentina naquele momento eram feitas pelo seu Departamento de Integração Latino-Americana e depois subsecretaria?
RB: Cuidávamos apenas da parte econômica, comercial. A parte política ficava com o Departamento Político das Américas e isso, às vezes, provocava desentendimentos com a área sob nossa competência. Eu vou dar um exemplo concreto, duas situações não em relação à Argentina, em relação ao Paraguai. Primeiro, o Departamento Político foi responsável pela inclusão do Paraguai e do Uruguai no Mercosul, contra as recomendações da área econômica. Quem negociava naquela época era o chefe do Departamento Econômico, o ministro Celso Amorim. Quando eu cheguei de volta de Montevidéu, em junho de 1991, o Tratado de Assunção já tinha sido assinado em março.

MS: Celso Amorim era a favor da entrada de Paraguai e Uruguai?
RB: Desconheço se era a favor, mas era o negociador como chefe de departamento e aceitou a entrada. Era uma decisão superior, porém o Departamento das Américas sempre foi a favor. Quando assumi o Departamento de Integração, houve diversos exemplos de discordância de políticas. O Departamento Político na época apoiava e os governos do PT continuaram apoiando a pretensão do Paraguai de construção de uma segunda ponte ligando os dois países. Fiquei contra a construção, com o argumento de que, se existiam milhões de dólares de contrabando, com duas pontes as chances eram de dobrar o contrabando. Apesar da minha posição contrária, prevaleceu a decisão política, a favor de construir a ponte. Houve outra discordância séria quando o departamento recebeu uma nota da embaixada do Paraguai pedindo medidas enérgicas da polícia, porque um contêiner que vinha da Ásia havia sido roubado e desviado para São Paulo. O contêiner era contrabando e o acordo da Zona Franca de Santos entre Brasil e Paraguai, que obrigava os contêineres que saíam do porto a fazer uma rota preestabelecida, negociada, até a fronteira em Porto Iguaçu e depois Assunção, tinha sido descumprido. Portanto, houve conivência de todos os lados, do Brasil e do Paraguai. Eu me recusei a tomar a providência solicitada, por entender que era um desvio de contrabando, já

que o contêiner deveria ter seguido para o Paraguai e foi desviado, ilegalmente, para São Paulo. Cheguei até a propor que o Brasil examinasse a denúncia do acordo com o Paraguai.

MS: Quem lhe segurou?
RB: A área política foi contra e prevaleceu, com a alegação de que a relação com o Paraguai era especial, que havia o acordo de Itaipu e outros argumentos. Outra discórdia foi o tratamento dado à hidrovia Paraná-Paraguai. Dei opinião em memorando para a área política pedindo que o assunto passasse a ser tratado pelo Departamento, porque a hidrovia passa por cinco países e era um projeto emblemático de integração. Houve um memorando longuíssimo do chefe do Departamento das Américas, embaixador Fernando Reis, em que reduziu o assunto a uma questão burocrática, pois não queria perder o controle e a representação do Brasil no Comitê Intergovernamental da Hidrovia. Os interesses maiores do Brasil de dinamizar a hidrovia ficaram em segundo plano.

MS: Quem ganhou?
RB: A decisão foi a favor da posição do Departamento das Américas, porque o assunto Bacia do Prata sempre foi político. Propus a revisão desses acordos, pois era preciso ter uma visão de futuro. Inclusive, escrevi isso publicamente, e penso que, enquanto o tratamento dos assuntos sobre a hidrovia Paraná-Paraguai estiver na mão de burocratas de terceiro escalão, como ainda acontecia nos governos do PT, tudo iria continuar do jeito que estava. Deveria ser criada uma autoridade internacional como acontece no Reno ou no Danúbio, a fim de buscar investimentos para projetos de desenvolvimento regional ao longo da hidrovia. Na mão de burocratas, isso não vai acontecer nunca. Naquela época eu já tinha esse pensamento. Era uma disputa menor com o Departamento Político, cuja visão era muito mais conservadora, muito mais política tradicional, bilateral com o Paraguai, com o Uruguai, com a Argentina.

MS: Quando o senhor volta para o Brasil, o que aconteceu com Celso Amorim, que era responsável por essa parte até então?
RB: Penso que foi para o exterior e tornou-se representante junto à missão em Genebra.

MS: Tem uma interpretação sobre esse início do Mercosul que diz que o Mercosul, na realidade, era a consolidação das preferências brasileiras, é isso que

94 Um diplomata a serviço do Estado

vinha originalmente contra a proposta argentina, que era uma proposta na qual o Brasil teria de fazer mais concessões de autoridade à instância comum. O senhor se lembra dessa dinâmica? Como é que era isso na prática?

RB: Essa tem sido uma discussão permanente no Mercosul. Tenho pensado a esse respeito, e em artigo de 2011 fiz um balanço dos 20 anos do Mercosul.[3] No início do Mercosul, as circunstâncias que prevaleciam eram muito diferentes das existentes nos governos do PT. E, no começo do Mercosul, o primeiro impulso foi fazer um prolongamento do acordo Brasil-Argentina, com um prazo nada realista de se chegar a um mercado comum em 1994. Portanto, naquele momento em que o Mercosul ainda era uma zona de livre comércio, não cabia discutir uma autoridade supranacional, o que só poderia acontecer quando existisse um mercado comum. Nem com união aduaneira é possível, porque não há, como prevê o tratado, uma coordenação macroeconômica, livre movimentação de pessoas, de bens, de capital, nada disso existia em 1991. Desde esse tempo, os argentinos, depois os uruguaios e os paraguaios, sempre quiseram uma autoridade supranacional, com o objetivo de segurar o Brasil. Todos esses países tinham interesse de curto prazo em relação ao Mercosul, diferente do Brasil, cujo interesse estratégico era de médio e longo prazo. Essa foi uma grande disputa desde o início. Fortalecer o Cone Sul para depois integrar a América do Sul, fazer uma área de livre comércio em toda a região. E o Mercosul era fundamental, assim como a relação com a Argentina com quem já havia o acordo comercial (Pice).

MS: Na origem, já existe esse plano de ter uma área de livre comércio da América do Sul?

RB: O Brasil começou a negociar logo o acordo com a Comunidade Andina (CAN), questão sempre discutida, desde o início, com vistas a se formar um grupo com instituições intergovernamentais ou supranacionais. Nunca defendi essa ideia.

MS: E a Argentina sempre quis?

RB: Todos os países-membros do Mercosul queriam, porque era uma maneira de conter o Brasil. Sempre me opus por questões de princípio, não por razões políticas. Como já comentei, isso só poderia ocorrer com a criação de

---

[3] Refiro-me ao artigo "Mercosul 20 anos depois" publicado no jornal *O Estado de S. Paulo*, 12 de abril de 2011.

um mercado comum, sem o mercado comum, torna-se impossível a entidade supranacional. Por exemplo, o Tratado Norte-Americano de Livre Comércio (Nafta) não prevê essa situação. Na Europa, instituições comuns e supranacionais foram criadas depois de ter havido um mínimo de integração. Portanto, discutir essa questão com que objetivo?

MS: Por que temos dificuldades de chegar à tarifa externa comum em 1994? De onde vinham as resistências principais ao modelo original do Mercosul?

RB: A verdade é que nem sequer havia oposição articulada, porque ninguém acreditava no processo de integração. Lembro que, logo após ter assumido, em 1991, a coordenação nacional do Mercosul, marquei uma reunião em São Paulo a fim de conversar com os empresários paulistas. Com o apoio da Fiesp, ocorreu uma reunião com as principais indústrias e representantes do setor financeiro, como Antônio Ermírio de Moraes e Olavo Setúbal. Disse a esse grupo representativo de personalidades do meio empresarial que havia pedido a reunião com o objetivo de explicar para todos o que era e o que o governo pretendia no Mercosul, que essa política não era poesia de diplomata, era política de governo para valer e que o processo iria avançar. Enfatizei que queria mostrar como é que o Mercosul funcionaria. Antônio Ermírio, Olavo Setúbal e outros consideravam o Mercosul uma brincadeira que não daria certo. Esse era o clima, no começo, junto ao setor privado. Por isso acho que o Mercosul foi muito importante, não apenas porque conseguimos negociar a tarifa externa comum, mais ou menos modelada com as prioridades brasileiras, mas também por ter sido exercício de treinamento para os empresários. Em 1993, quando assumi a coordenação dos trabalhos do Gatt, pedi para realizar encontro na Fiesp a fim de explicar a Rodada Uruguai, já em andamento. Compareceram 10 pessoas. Uma segunda reunião foi agendada e 30 pessoas apareceram. Naquele momento, os empresários brasileiros não tinham noção da importância das negociações comerciais, mas a partir do Mercosul essa percepção começou a mudar. Em 20 anos, houve profunda transformação na maneira como os empresários se envolvem nas negociações comerciais. Considero que pude dar uma contribuição grande nesse aspecto, porque, primeiro, procurava os empresários para explicar como funcionavam as negociações, segundo, convocava reuniões com todos os ministérios e mais o setor privado para coordenar posições, e, terceiro, utilizei em larga medida a imprensa. A *Gazeta Mercantil* ajudou muito, porque dava ampla cobertura a tudo que acontecia no Mercosul. Diplomata tem medo de falar com jornalista, mas eu não tinha receio algum e conversava regularmente com eles. Depois, outros canais da mídia escrita e falada perceberam que eu facilitava esse acesso e começaram a me procurar. Então, tudo o que acontecia no Mercosul estava na imprensa, porque era um fato comercial, não tinha nada de política, era apenas negociação. Isso ajudou a divulgar o Mercosul. Quer dizer, mudou a mentalidade empresarial graças ao Mercosul. No governo do PT, o Mercosul foi perdendo cada vez mais seu objetivo inicial na área comercial e econômica. Não acontece o mesmo na área política, porque os governos do PT deram ênfase aos aspetos político e social. Outro papel valioso desempenhado pelo Mercosul foi o de educar os empresários na internacionalização, e grande parte da burocracia, porque essa sim até então resistia à negociação da integração. Não existia uma cultura integracionista no Brasil e nem em nenhum outro país da região, mas se formaram levas de negociadores do Mercosul. No final dos meus três anos à frente desse processo, mais de 200 pessoas dentro do governo, em todos os ministérios, tratavam do Mercosul. Assim, começou a se formar uma geração de burocratas, que viam o Mercosul como uma possibilidade real. Isso não permeou nos altos escalões do Banco Central, da Receita Federal e do Ministério da Fazenda que tomavam medidas contrárias ao processo de integração. E na Argentina, nos governos Kirchner, a ministra do comércio Débora Giorgi adotava medidas restritivas, protecionistas, contra o espírito e a letra do Tratado de Assunção. A integração é um processo longo e que vai demandar ainda muito tempo. Quanto ao Mercosul, depois desses anos todos nos governos petistas, estava perdendo substância econômica e comercial. Em 1997, 1998, o pico do crescimento do intercâmbio com os três outros países representava 17% do comércio exterior brasileiro. Nos governos do PT, com um volume de comércio muito mais alto, em 2010, fechamos o comércio intra-Mercosul em 45 bilhões de dólares, o que representa duas vezes o valor de 1997, mas as trocas se reduziram a 9% do comércio exterior. Assim, o Mercosul estava perdendo influência relativa dentro da política comercial brasileira. Não havia discussões, nem providências para corrigir essa tendência. Havia reclamação pública contra as restrições e licenças prévias argentinas em 600 produtos brasileiros, mas não se criticava o desrespeito ao Tratado de Assunção. Isso significava que o Mercosul estava se diluindo. Acho que, se os enganos não forem corrigidos, o grupo vai passar por um processo de "aladização", quer dizer, será um fórum inócuo de discussão comercial. Minha observação é de que as instituições que ajudei a criar, ou seja, mecanismo de solução de controvérsia, tarifa externa comum, depois o Parlamento, o Grupo Mercado Comum, o conselho, a secretaria, esses órgãos perderam força.

MS: Em algum momento esses órgãos tiveram força?

RB: Tiveram sim. Fizemos o cronograma de Las Leñas, em 1992, tentativa de colocar pelo menos um período limitado de tempo para execução de um programa de trabalho. Essas medidas não foram totalmente implantadas porque, a partir de 1995, depois da criação da tarifa externa comum, todos os países da região, inclusive os quatro do Mercosul, se viram diante de grave crise econômica, por causa dos problemas econômicos na Ásia e na Rússia. Entramos em crise, tivemos planos de ajuste, desvalorização da moeda, e tudo se complicou. A partir da tarifa externa comum, quando o processo ficou mais intenso, também as crises se aprofundaram. E após os programas negociados com o FMI, o *timing* dos planos econômicos era diferente entre os países-membros. A negociação do Mercosul era conduzida pelo Itamaraty e ao longo do processo, sobretudo nos governos do PT, foi havendo uma redução da prioridade política. Na realidade, nenhum dos quatro países tinha então vontade firme de corrigir os rumos do Mercosul. Seria preciso medidas fortes para colocar em vigência as normas criadas, entre elas a redução das listas de exceção da "tarifa externa comum" (TEC), a fim de tornar perfeita a união aduaneira, porém o que se viu foi exatamente o contrário.

MS: O espírito de 1991, o espírito de Las Leñas em 1992, depende de quem? De onde vinham as ideias e o ímpeto para fazer aquilo?

RB: De todos os países. Por isso digo que era essencial o Itamaraty ser o ponto focal com unidade de comando.

MS: Entretanto, no Itamaraty, não havia outros que queriam desacelerar o Mercosul?

RB: Sim, mas não na área comercial, cuidada pela Subsecretaria de Integração. Éramos nós que preparávamos tudo, fazíamos a informação para o presidente e o presidente apoiava e mantinha as decisões.

MS: O senhor conversou com Collor sobre o Mercosul?

RB: Conversei muitas vezes com o presidente. Inclusive, vou contar um episódio interessante. Eu era chefe do departamento, ainda não era subsecretário, foi logo no começo do Mercosul, depois de voltar da Aladi, na presidência de Fernando Collor. Logo de manhã cedo, o Murilo Portugal, então na Casa Civil, me ligou e pediu que eu fosse imediatamente para o Palácio, pois o presidente Collor estava me chamando para participar de uma reunião ministerial com o setor privado. O presidente da Associação Brasileira da Indústria de Computadores e Periféricos, Carlos Rocha, disse na reunião que o Brasil assinara um acordo lesivo aos nossos interesses. Como eu estava chefiando o departamento, Collor queria que eu explicasse o que tinha acontecido. Por acaso, estava informado do assunto por ter sido embaixador na Aladi. Embora tivesse lembrança de tudo, procurei documento para confirmar alguma informação concreta, mas cinco minutos depois Murilo Portugal ligou de novo para insistir na minha ida, porque o presidente estava à espera. Na sala oval do Palácio do Planalto estavam os ministros Marcílio Marques Moreira, ministro da Fazenda, e Dorothea Fonseca Furquim Werneck, que se levantou para me dar o lugar. O presidente Collor disse que havia sido dada informação de que o acordo de informática, assinado recentemente, era lesivo aos interesses brasileiros e perguntou o que eu teria a dizer. Entrei aos 44 minutos do segundo tempo, frio, o grupo já discutira durante uma hora, eu desconhecia o que falaram antes, e não sabia de nada. Por haver tido conhecimento do assunto, respondi que, como embaixador na Aladi, eu acompanhara a negociação e que o setor tinha sido oportunamente consultado. Todas as associações interessadas haviam sido consultadas e com o assentimento delas assinamos o acordo, que previa o que era objeto de reclamações. Concluí afirmando que nada fora feito à revelia do setor. O presidente da associação me contestou dizendo que não era verdade porque eles não foram consultados. Respondi ao presidente que todas as consultas e as respostas estavam nos arquivos, e que nós poderíamos levantar esses documentos. Endureci a resposta na frente do presidente e na frente da pessoa que me contestava, fornecendo todas as informações detalhadamente. Mais tarde, o ministro Marcílio Marques Moreira comentou que eu tinha sorte e estava informado de tudo. O presidente Collor era assim, inesperado, chamava até um chefe de departamento para uma reunião ministerial. Se eu não soubesse responder adequadamente, poderia ter acabado com minha carreira. Foi um momento dramático.

MS: No caso argentino, também houve essa continuidade nesse momento inicial? Quem foram os interlocutores no seu nível em Buenos Aires?
RB: Quando eu coordenava a negociação, minha contraparte como coordenador nacional pela Argentina era o secretário de Comércio, Félix Peña. Nossa primeira ação foi a de desarmar uma grande disputa no setor papeleiro. Naquele momento, questões desse tipo não chegavam aos presidentes, eram resolvidas no nosso nível. Nos governos do PT, qualquer dificuldade chegava

às mãos dos presidentes, o que dificultava a decisão, porque introduziam considerações políticas. No início, eu me articulava com o Félix Peña, ele vinha ao Brasil ou eu ia a Buenos Aires. Fazíamos reuniões com os setores e arranjávamos uma fórmula para resolver as pendências. No meu tempo, os assuntos técnicos eram tratados em nível técnico.

MS: Como foi seu *rapport* pessoal com o Félix naquele início?
RB: Ótimo, somos amigos até hoje. Formamos uma dupla perfeita, era excelente o trabalho conjunto. Las Leñas saiu por causa disso, nós propusemos a ideia, o Itamaraty aprovou e Félix Peña deu todo apoio.

MS: Las Leñas é o cronograma de implementação?
RB: Las Leñas foi um cronograma para a implementação das medidas que estavam pendentes de execução nos países-membros do Mercosul. Decisões tomadas em 1991 e 1992 não avançavam. Por isso fizemos a proposta, aceita por Félix Peña e os outros coordenadores. A quatro mãos, Félix e eu decidimos quais medidas entravam e em que prazo. Levamos para a reunião do Conselho do Mercosul na Argentina, em Las Leñas, e os presidentes aprovaram. Não veio do presidente para nós, nós levamos ao presidente. É justamente isso que estava faltando nos governos do PT. Não havia os *inputs* das divisões, dos departamentos, a orientação vinha de cima, quando deveria ser o contrário. Naquela época, havia uma coordenação e, a partir do presidente Lula, a negociação no Mercosul passou a ser pulverizada dentro do Itamaraty, com várias cabeças. Depois do meu período, assumiu o embaixador Botafogo Gonçalves, sucedido pelo embaixador José Artur Denot Medeiros e outros, antes do governo Lula. Uma série de itens, como regra de origem, não eram tratados pelo Itamaraty. A competência era de ministérios econômicos, mas havia uma coordenação, cuja liderança cabia ao subsecretário de Integração Regional.

MS: Diante da complexidade do Mercosul, o senhor ainda acha possível existir, hoje em dia, uma coordenação do Mercosul dentro do Itamaraty?
RB: Acho que é possível sim. A estrutura que passou a existir no Itamaraty no governo do PT dificultou essa coordenação, por isso as competências anteriores deveriam ser restabelecidas. Convocávamos 50 pessoas, todos opinavam e fazíamos uma ata da reunião com a posição conjunta dos ministérios. Em três anos, houve três governos, com isso tivemos de conversar com os novos

ministros, a fim de defender a continuidade da política. Quem fazia isso era o subsecretário, não era o secretário-geral. No governo do PT, passaram a ser muitos diplomatas de nível mais baixo. Cada ministério organizou a sua área, mas no início do Mercosul havia uma unidade de pensamento liderada pelo Itamaraty. Falava-se de centralismo democrático. O Mercosul precisava de novas iniciativas. O governo brasileiro com Celso Amorim, em 2003, e em 2010, para revitalizar o Mercosul, propôs uma série de medidas que não saíram do papel porque não havia quem comandasse esse processo. Em negociações complexas, como o Mercosul, era imprescindível ter alguém que liderasse o processo negociador.

MS: Então talvez a ideia original de Collor de ter um ministério lá com Chiarelli não fosse ruim hoje em dia?

RB: A ideia era ruim do ponto de vista do Itamaraty. Do ponto de vista estrutural, é o que acontece no comércio exterior. O ministro do comércio exterior, na prática, é o ministro da Indústria e Comércio, que não tinha meios para levar adiante a pauta exigida. Então, não adianta criar atribuições paralelas, era preciso fortalecer as já existentes. O Itamaraty também enfraqueceu suas estruturas, sem falar da multiplicação de órgãos regionais que debilitaram, substantivamente, o Mercosul.

MS: Além de Félix, quem mais eram suas contrapartes nesses anos iniciais?

RB: Lembro de Juan Schiaretti, que mais tarde foi governador de Córdoba. Eram os secretários do Comércio que atuavam como meus contrapartes. No governo brasileiro eram os secretários internacionais, secretário de Política Econômica, o secretário de Política Agrícola, o secretário de Comércio Exterior do Ministério da Indústria e Comércio e muitos técnicos. Contava ainda com o Instituto Nacional de Metrologia, Qualidade e Tecnologia (Inmetro) e outros no tocante às negociações sobre regras e padronização.

MS: Embaixador, uma das marcas mais profundas do governo Collor, em política externa, é a queda das tarifas de importação. Collor baixa unilateralmente sem negociação. Como isso foi recebido por vocês, e de que maneira afetou o seu trabalho nessa função?

RB: Esse assunto não era minha área. Eu atuava apenas na integração e isso era tratado pelo Departamento Econômico, chefiado pelo embaixador Clodoaldo Hugueney. Essa atitude afetou sobretudo as negociações do Gatt, por-

DEPARTAMENTO DE INTEGRAÇÃO E COORDENAÇÃO DO MERCOSUL 101

que o Brasil tinha decidido abrir a economia, unilateralmente, com a redução significativa das tarifas. Quando eu assumi o departamento, a tarifa externa brasileira média era 55%. No governo do PT, a tarifa efetiva era 4%, 5%, e a do Mercosul, a nominal, na média, era 11%, 12%. Houve então um impacto grande na economia e o Itamaraty resistiu. Sabia que o grupo do Departamento Econômico era contra, mas eu não tive nada a ver com isso, porque não era minha atribuição.

MS: Olhando para trás, o senhor acha que foi bom, ou acha que dava para ter negociado algo?
RB: Não dava para negociar porque, naquele momento, começava a Rodada Uruguai. Na minha opinião, fixamos na Rodada Uruguai um nível tarifário alto, 35%, a chamada tarifa consolidada, que não dificultou a abertura, efetivada de toda maneira. Houve excessos, como a questão da informática que, claramente, criava uma reserva de mercado e foi prejudicial ao Brasil. Existiram algumas vantagens e também problemas setoriais, que foram afetados, mas essa era a tendência. O presidente Collor antecipou o momento de abertura comercial brasileira para o mundo. Essa abertura unilateral incomodou o empresariado. Não sei o que ele pretendia com essa decisão.

MS: Não era para modernizar a economia e controlar a inflação?
RB: Isso é o que o governo Collor dizia, mas na prática a abertura foi feita sem nenhuma preparação, deu-se à força; ao serem anunciadas as medidas, não havia estudos técnicos aprofundados. A partir daí, passaram a ser feitos trabalhos de análise e avaliação.

MS: Nem estudos havia?
RB: Algum trabalho deve ter sido feito, mas não foram realizados estudos para verificar qual seria o impacto na economia brasileira e no comércio exterior. Nem teria havido muito tempo para esse trabalho, porque o presidente Collor ficou no governo por curto período. Depois que ele assumiu, em seguida congelou o salário e abriu a economia. Olhando de uma perspectiva histórica, ele estava correto porque a abertura da economia era inevitável. Com o Mercosul, isso iria acontecer porque as tarifas abaixariam a zero. Como o governo divulgava, buscava-se a inserção competitiva do Brasil no mundo, o presidente Collor antecipou o processo sem preparação alguma, mas foi então que começou a abertura econômica do Brasil para o mundo.

MS: O senhor concordaria com a ideia de que a atitude brasileira em relação ao Mercosul, naquela origem, tem menos a ver com usar o Mercosul como um trampolim para liberalizar e globalizar a economia brasileira, e muito mais a ver com a ideia de utilizar esse arranjo regional como escudo de defesa contra o lado mais perverso da economia internacional, contra a desigualdade fundamental do comércio internacional, numa situação em que o Brasil estava muito enfraquecido?

RB: Não, naquela época acho que havia uma visão estratégica. Para o Brasil, era bom manter os parceiros do Cone Sul juntos, porque isso viria a favorecer a integração sul-americana.

MS: Era para favorecer a integração sul-americana ou era para ter uma frente comum que Brasília pudesse usar em negociações, em rodadas?

RB: Essa era a ideia dos argentinos, dos paraguaios e dos uruguaios. Não era a ideia brasileira.

MS: Ou seja, a visão estratégica a que o senhor se refere é criar um espaço na região em que o capitalismo brasileiro, muito melhor sucedido do que o argentino e mais competitivo, pudesse encontrar espaço?

RB: É isso que conseguimos: foi aberto o caminho para o Brasil. E os investimentos brasileiros começaram a crescer na região. Essa era minha percepção e o que tentávamos passar dentro do governo. Não havia a preocupação com a globalização, isso foi uma racionalização *a posteriori*. O Paraguai e o Uruguai não entrariam nunca nas salas de negociação onde o Mercosul entrava. Mesmo a Argentina entrava, enquanto Domingo Cavallo era o ministro, isto é, quando o país estava na fase de crescimento. Ademais, a Argentina também não tinha cacife para ingressar onde o Brasil entrava. Portanto, para esses países, o Mercosul é um *asset*, porque podem tentar influir na política brasileira com o objetivo de defender certas vantagens. Os países-membros do Mercosul convenceram o governo brasileiro de fazer promoção comercial conjunta, porque reduzia o custo deles. Eu não sei se no governo do PT continuava a existir, mas havia duas ou três embaixadas e consulados brasileiros dentro dos quais os argentinos trabalhavam. O Mercosul também ajudava a fazer desaparecer a rivalidade com a Argentina. Desde sua origem, o Brasil tinha uma visão estratégica no Mercosul para lidar com a América do Sul, diferente do interesse comercialista da Argentina, do Uruguai e do Paraguai. Esses países se viram atraídos, imediatamente, pelo mercado brasileiro, mas o Brasil tinha uma visão de médio e longo prazo. Era interessante manter esses países juntos, criar um mercado comum cada vez maior para o Brasil. Claro que cada país defendia o seu interesse.

MS: Ou seja, é um interesse comercialista também, nesse sentido estreito?
RB: Sim, nesse sentido estreito, foi mais comercial. Mas também foi estratégico, porque, se tivéssemos seguido um curso normal, sem essas crises todas, teria sido possível efetivar o processo de integração das cadeias produtivas. Teria sido uma ação mais estruturada, como ocorreu no setor automobilístico, que não dependeu dos governos. As empresas automobilísticas organizaram-se em um acordo administrado pelas multinacionais, com grande sucesso. Representou uma das poucas iniciativas que funcionou no Mercosul, pelo comércio administrado pelas multinacionais, que fizeram a integração da Argentina com o Brasil e está começando no Uruguai, e daqui a pouco farão no Paraguai. Todos eles querem uma fatia do mercado brasileiro. Para esses países, o Mercosul era uma porta de acesso desimpedida ao mercado brasileiro, e para o Brasil garantia uma ação estratégica a fim de manter sua influência na América do Sul, seja política, seja econômica, seja comercial. Essa era minha visão, também a da maioria das pessoas envolvidas no Mercosul. No entanto, isso não era explicitado, não se falava. Para nós, estava claro que esses países queriam o mercado brasileiro, mas a estrutura das tarifas favorecia o Brasil, pelo fato de o país ser mais industrializado e os outros bem menos. A estrutura tarifária, na parte industrial, ficou dependente do Brasil. Até hoje, os países-membros reclamam que as tarifas são muito altas, justamente, as vantagens tarifárias que o Brasil obteve nas negociações.

MS: É curioso que o empresariado, nessa origem, não tenha percebido a oportunidade de negócio fenomenal.
RB: No começo os empresários não perceberam. Eles não acreditavam e pensavam que o Mercosul era poesia, conversa fiada que seria abandonada no governo seguinte. Deixei a coordenação do Mercosul em 1994, começava um período de crises na economia global e no México. Na época, esses problemas afetaram o Brasil e talvez por isso verificou-se que a maior resistência ao processo de integração veio da parte dos ministros da Fazenda.

MS: Do Pedro Malan?
RB: De todos, sem exceção, porque, mais à frente, o Mercosul criou uma reunião de bancos centrais, que não existia no começo. E os bancos centrais en-

frentaram um grande problema quando foi extinto o "convênio de pagamento e créditos recíprocos" (CCR), mecanismo financeiro que ajudou a manter o comércio da região na crise da dívida externa, em virtude da oposição do FMI. E não se pode esquecer a influência que o FMI tinha naquela época. Além da oposição do FMI, as regras do Gatt eram invocadas para tentar eliminar o convênio. Alguns setores do Itamaraty também, muito influenciados pelas negociações multilaterais no âmbito do Gatt, não gostavam da ideia, por criar preferências e privilégios comerciais. De fato, era complicado, precisei várias vezes defender o Mercosul, viabilizado pela existência da cláusula de habilitação, o artigo 24 do Gatt.

MS: Por que o FMI resistia à ideia do Mercosul? Por que o FMI era contra, se a princípio isso poderia ser a base de um processo de homogeneização de políticas de bancos centrais, aumentando a transparência?

RB: Eu não disse que o FMI era contra o Mercosul, eu me referi à objeção que eles faziam ao CCR, o convênio de crédito recíproco, mantido pelos bancos centrais no âmbito da Aladi. Armínio Fraga, quando foi presidente do Banco Central, propôs acabar e acabou com o CCR, que, depois, no entanto, foi reestabelecido. Eu fui muito a favor do seu restabelecimento, porque na década de 1980, no auge da crise da dívida externa, o comércio na região só não se reduziu, significativamente, por causa do CCR. Não havia como dispender dinheiro, porque ninguém tinha dinheiro para pagar. Os pagamentos eram feitos através do *clearing* do Banco Central. Os EUA sempre se opuseram, desde quando o CCR foi criado em 1965, à Alalc. Na década de 1990, os Estados Unidos fizeram muitas críticas públicas ao Mercosul por causa da Alca. O Brasil queria manter o Mercosul independentemente da Alca, mas os EUA queriam que o grupo fosse absorvido pela Alca. Depois, na década de 2000, deixaram de criticar o Mercosul visto que as empresas multinacionais estavam se beneficiando e a Alca tinha desaparecido. Durante as negociações hemisféricas, em 1997, em reunião em Belo Horizonte, ocorreu forte discussão entre Luiz Felipe Lampreia e Charlene Barshefsky por causa do Mercosul. Havia uma enorme tensão, muitas críticas de protecionismo, de preferência, de discriminação no Mercosul.

MS: Nessa origem, qual era a atitude americana em relação ao Mercosul?

RB: É o que expus. Na década de 1990 foi crítica pública, depois cessou.

MS: O embaixador americano em Brasília ligava para o senhor para dizer algo sobre o Mercosul?

RB: Não, comigo pelo menos não. As críticas aconteceram durante as negociações da Alca. Eu deixei a coordenação do Mercosul no início dos entendimentos hemisféricos. Naquela época, a crítica dos EUA era muito forte nas reuniões dos ministros, nas reuniões internas e mesmo em conferências.

MS: O senhor falou que, logo no começo do governo Itamar Franco, quando Celso Amorim vira chanceler, começam a ter algumas diferenças. Que diferenças eram exatamente?

RB: Havia, basicamente, diferença de estilo, porque nas principais linhas de ação diplomática, como a do Mercosul, não mudou nada. O ministro Celso Amorim conhecia bem o assunto porque foi ele quem negociou o Tratado de Assunção. Na minha área de atuação nada mudou com a saída de FHC.

Embaixador em Londres

MS: O senhor pode falar um pouco sobre como se dá o convite para o senhor ir para Londres?

RB: Depois que o então ministro Fernando Henrique deixou o Itamaraty e foi para o Ministério da Fazenda, permaneci ainda alguns meses na Subsecretaria de Integração com o ministro Celso Amorim e com o secretário-geral, Roberto Abdenur, que dirigiram o ministério no governo Itamar. Não tive nenhum problema com eles. Eles me mantiveram com as mesmas atribuições. Como a nova gestão começou a mostrar diferenças do período de Fernando Henrique, um dia o então ministro da Fazenda me telefonou para me consultar se eu queria ir para o exterior. Respondi que antes de ele sair da chancelaria eu havia conversado sobre minha eventual remoção, e que eu mencionara a possibilidade de ir para Genebra, mas o ministro Lampreia saiu removido para a missão junto ao Gatt. Acrescentei que gostaria de ir para Buenos Aires, escolha natural pelo meu trabalho no Mercosul ou, como terceira opção, Londres. FHC notou que a nova gestão não era do nosso time e que ele achava que eu deveria sair para o exterior. A iniciativa foi do então ministro, não pedi nada. Respondi que concordava e que ele poderia conversar com o presidente. FHC concluiu a conversa dizendo que iria falar com o presidente Itamar. O presidente Itamar queria me mandar para Buenos Aires, dizendo que eu é que estava acompanhando o Mercosul e por isso deveria ir para a Argentina. Ele conversou com Itamar e retornou para mim confirmando que o Marcos Azambuja ficaria em Buenos Aires e que eu iria para Londres. José Aparecido de Oliveira, então prefeito de Brasília, e outros amigos apoiaram a manutenção de Marcos Azambuja em Buenos Aires. Paulo Tarso saindo de Londres foi transferido para Washington.

MS: Os embaixadores passam a mão no telefone e ligam para o senador e pedem assim diretamente: "Senador, eu quero ficar aqui, estou ouvindo um boato de que eu vou sair daqui". O senador faz a troco de quê?
RB: Eu nunca fiz esse tipo de pedido, mas os senadores atendem pedidos, por amizade, por ligações pessoais. Felizmente, não precisei lançar mão desse meio. A única exceção foi quando Paulo Tarso queria me mandar para o Consulado-Geral em Milão. O jornalista Carlos Castello Branco conversou com Sarney, que decidiu pedir ao ministro Abreu Sodré para me designar para Montevidéu, na Aladi.

MS: Como é que se dá sua transição de Brasília para Londres?
RB: Tranquilamente, apesar de a história ser um pouco mais complicada. O presidente Itamar Franco teve problema com três embaixadores, que, na visão dele, não defendiam adequadamente o governo: Rubens Ricupero, Marcos Castrioto de Azambuja e Paulo Tarso Flecha de Lima. Ele pensou até em demiti-los porque havia muita crítica ao Brasil no exterior e o então presidente Itamar achava que os embaixadores não deveriam deixar sem responder, o que não acontecia, na visão dele. Por isso quis tirar Paulo Tarso, Marcos e Ricupero. Marcos Azambuja conseguiu se manter no posto por meio de apoios políticos e ficou em Buenos Aires; Paulo Tarso, que era ligado ao Partido da Frente Liberal (PFL) e a Antônio Carlos Magalhães, era o mais vulnerável e o presidente Itamar resolveu removê-lo de Londres. Aí, vagou Londres.

MS: Como é que alguém "acomoda" um embaixador em Washington?
RB: No Brasil, muitas vezes acontecem fatos assim. O presidente queria demitir os três. Na época, escutei o comentário de que Paulo Tarso havia sido premiado porque saiu de Londres e foi para Washington. Mas deve ter havido influência política, o que era normal. Como de hábito, a mudança demorou um pouco também, em virtude das necessárias acomodações envolvendo os postos que seriam modificados. Assumi Londres por indicação de FHC, então ministro da Fazenda. Por isso, quando se elegeu presidente, sua primeira designação no Itamaraty foi minha remoção para Washington.

MS: Qual era sua relação com o presidente?

RB: Conheci o presidente FHC há muitos anos, em 1978, época da eleição do André Franco Montoro para o Senado, em cuja chapa o então sociólogo Fernando Henrique Cardoso concorreu em uma sublegenda. Fiquei próximo dele, uma vez que, dentro do Itamaraty, eu era uma das poucas pessoas com ligação ao então Movimento Democrático Brasileiro, o MDB, através, justamente, de André Franco Montoro, então líder da oposição. Quando o senador Montoro saiu para candidatar-se ao governo de São Paulo, FHC assumiu seu lugar. Nessa época eu o ajudei, informalmente, no Senado realizando trabalhos e pesquisas, como também ao deputado José Serra e vários outros que começavam a aparecer na política.

MS: Colaborava na parte de política externa ou de modo geral?

RB: Na parte de política externa. Ajudava, preparava informações para ele.

MS: Como era a relação de vocês quando ele se tornou chanceler?

RB: Eu estava como subsecretário-geral de Integração, Promoção Comercial e Cooperação quando ele chegou. Poderia ter sido escolhido secretário-geral, mas houve pedido do Itamar Franco para que FHC colocasse Luiz Felipe Lampreia nessa posição, a fim de liberar a embaixada em Lisboa para José Aparecido de Oliveira. FHC me chamou e disse que havia mudanças nos planos, que o presidente Itamar Franco havia pedido para colocar o Luiz Felipe Lampreia, então embaixador em Lisboa, na secretaria-geral. Acrescentou que queria que eu concentrasse toda a área econômica do Itamaraty. Isso nunca acontecera no Itamaraty, pois a área era dividida com o embaixador Clodoaldo Hugueney, igualmente subsecretário, da outra área econômica. Respondi que achava que iríamos ter um problema, porque haveria reação, além de inventarem que eu estaria por trás dessa decisão. Embora a proposta tenha sido do novo ministro, estava certo de que haveria problemas internos. FHC não se preocupou e confirmou que queria que a área econômica ficasse toda sob minha coordenação. O ministro FHC fundiu, pela primeira vez no Itamaraty, toda a área econômica, e eu fui nomeado subsecretário do Comércio Externo, de Integração e de Assuntos Econômicos. Durante todo o período de FHC como ministro, um ano e pouco, fiquei como seu principal assessor econômico, com responsabilidade sobre as áreas econômica, integração regional, comercial e de cooperação. Quase metade do Itamaraty.

MS: Essa chefia era "mais poderosa" do que o Departamento de Promoção Comercial (DPC) criado pelo Paulo Tarso?

RB: Sim, bem mais. O DPC era um departamento, e a parte a mim confiada era mais ampla, uma subsecretaria, que englobava outras áreas. Foi o período que fiquei com a negociação do Acordo Geral de Tarifas e Comércio (Gatt) e todo o Mercado Comum do Sul (Mercosul). No governo do PT, a área econômica foi dividida, fracionada. Durante o período em que FHC foi ministro, o embaixador Lampreia era seu principal assessor político, como secretário-geral. Assim, houve a mudança, por vontade do ministro. Clodoaldo, como eu previra, não gostou, não quis ser chefe de gabinete, e FHC acabou designando-o para outra função na área de planejamento, a fim de que ele não ficasse isolado. Foi a fase em que mais se fez pelo Mercosul, pois a subsecretaria contava com respaldo do ministro e do secretário-geral. Portanto, foi a época em que mais se criou, formulou e implantou políticas.

MS: Isso não provocou tensões com o Lampreia?

RB: Bom, se provocou, eu nunca fiquei sabendo. Acho que ele percebeu a composição que houve e se ajustou, eu não disputei espaço com ele, ao contrário, me dei muito bem, mantínhamos um bom relacionamento. E esse arranjo deu tão certo que, posteriormente, FHC o nomeou seu ministro de Relações Exteriores.

MS: Como era sua relação com o pessoal da equipe econômica?

RB: Muito boa e positiva. Relacionava-me bem com todos. Naquele momento, o Mercosul começou a crescer e eu era o coordenador nacional e responsável pela ligação com todos os ministérios. Tinha contato direto com os ministros da Agricultura, da Indústria e da Fazenda, em especial. Meu relacionamento era com os titulares das pastas, com os secretários-gerais, enfim, com a máquina dos ministérios, para tratar de assuntos do Mercosul. Também era o contato com o Banco Central, por causa da Associação Latino-Americana de Integração (Aladi), instituição em que servi como representante do Brasil. Minha familiaridade com o tema integração facilitou sobremaneira os acertos e a coordenação interna, propiciando uma série de iniciativas para o desenvolvimento do Mercosul e para dar consistência e maior visibilidade ao conceito de América do Sul. Enquanto estive na coordenação, algumas decisões significativas foram efetivadas, como a de reorientar a compra do petróleo do Oriente Médio para a Argentina. Tudo feito com o apoio e a decisão do Fernando Henrique.

MS: Quais são os embaixadores que são amigos do Fernando Henrique, com quem o Fernando Henrique conversa? Lampreia e Fernando Henrique não se conheciam até eles começarem a trabalhar juntos?

RB: Acho que se conheciam pouco. Hoje, Fernando Henrique tem ótimas relações com muita gente. Acho que conversavam com ele o Lampreia, o Sebastião do Rego Barros, Sérgio Amaral, Celso Lafer. Pouco contato com Ricupero. Os outros têm relação amistosa com ele, mas não sei se com liberdade de discutir política. Luiz Felipe de Seixas Corrêa talvez tenha, e Eduardo Santos, que é hoje embaixador no Paraguai, é muito amigo dele também. O Ricupero ficou meio agastado com ele e ele com o Ricupero, pelas críticas ao presidente. No entanto, Fernando Henrique ficou muito grato a ele, que o sucedeu no ministério da Fazenda; devem se falar e conversar, mas não sei se há intimidade maior.

MS: Não se cogitou a possibilidade de o senhor ser chanceler do primeiro governo Fernando Henrique?

RB: Não, chanceler no primeiro governo não. Ocorreu que, eleito, FHC fez uma viagem ao redor do mundo e passou por Moscou. Lá estava o Bambino, como era chamado o embaixador Sebastião do Rego Barros, então embaixador na capital russa, a quem já conhecia e era próximo; convidou-o para a secretaria-geral. Bambino, certamente, falou do Lampreia, e veio o pedido do Itamar Franco, como me foi contado por Fernando Henrique. De fato, meu nome estava entre os cogitados, junto com o de Lampreia e Bresser-Pereira. O então presidente eleito FHC recebeu Bresser e a mim, mas, por questões políticas e conversas com outras pessoas, acabou escolhendo o embaixador Lampreia como ministro do exterior. Eu estava muito bem porque estava em Londres.

MS: Foi um ou mais encontros com Fernando Henrique, no processo em que decidia quem seria o chanceler?

RB: Encontrei várias vezes com FHC, creio que o último encontro ocorreu na casa dele. Ele não conversava sobre política, ninguém falava de posições no Itamaraty, de coisa nenhuma. Ele nem sequer mencionou que me nomearia para Washington.

MS: O senhor levava papéis para ele, que tinham alguma mensagem, alguma mudança de política externa, que o senhor, à época, acreditava ser fundamental?

RB: Levava sim. Lembro um deles, da minha fase em Londres, menciono agora pois esse assunto esteve em evidência, além de que também é parte da história: a proposta de criação do Bric, o grupo formado por Brasil, Rússia, Índia e China. Deixei com FHC algumas anotações mostrando, inclusive, como seria um encontro entre esses países, onde encontrar, e como o tema deveria ser apresentado. Tinha visão, naquele momento, corroborada pelo fato de me encontrar fora do Brasil, que a economia começava a se arrumar, e, à medida que a economia se acertava, o Brasil passaria a ser visto de outra maneira. E mais, achava que alguma iniciativa de peso, no âmbito global, deveria partir de FHC, visto que possuía prestígio próprio. A crescente projeção externa do Brasil, que aconteceu com Lula, iniciou-se com o presidente FHC. Não é algo que começou com o PT. Resultou da estabilização da economia, e do trabalho de Fernando Henrique, que, quando assumiu o posto mais alto do Executivo brasileiro, era presidente da International Sociological Association (ISA), portanto, nome conhecido internacionalmente. Constatei em Londres e em Washington que ele era uma pessoa eminente no mundo acadêmico, e isso esteve a seu favor no período da presidência. Abro parênteses para uma curiosidade dessa fase: fui um dos primeiros a sugerir o uso da expressão "diplomacia presidencial", como também fui um dos primeiros a empregar o termo na redação de documentos do ministério.

MS: Ou seja, do ponto de vista geopolítico, o que o senhor está dizendo é que a figura do Fernando Henrique era por si só um recurso de poder a serviço do Brasil?

RB: Como foi o Lula, mas por razões diferentes. Como foi o do operário Lech Walesa, na Polônia, uma esquerda moderada. Então, por motivos diferentes, FHC e Lula contribuíram para a projeção externa do Brasil. E é dentro desse contexto que desenvolvi minha convicção de que o Brasil deveria fazer uma grande jogada externa, por iniciativa própria, lançando a proposta do Bric. Coloquei-a no papel em 1995, sabendo que esse grupo seria muito heterogêneo, e não teria unidade, visto que os interesses políticos, econômicos e estratégicos da Rússia, da China, da Índia e do Brasil eram e são muito distintos. No entanto, só o ato do grupo se reunir iria criar um fato político internacional significativo. E sugeri que o encontro não poderia se dar na capital de nenhum dos países, teria de acontecer em Paris ou em Nova York, para ter repercussão. Na época, não existia a denominação Bric e os quatro países eram chamados "emergentes". Mas o que importava era que os quatro se reunissem. Em 2006, o então ministro Celso Amorim tomou a iniciativa de propor a criação do Bric com esses mesmos países.

EMBAIXADOR EM LONDRES

MS: Quando o senhor chega a Londres como embaixador, tem alguma pressão, por parte do Foreign Office ou de qualquer instância do governo britânico, em relação ao TNP? Na posse do primeiro mandato do Fernando Henrique, Lampreia faz uma informação para o presidente da República, contando que o chefe da delegação britânica, Michael Portillo, que veio à época, levantou a questão de uma eventual alteração da posição brasileira em relação ao TNP. Lampreia diz que essa é a primeira vez em muito tempo que um governo estrangeiro levanta o tema com o Brasil. O senhor tem memória disso?
RB: Lembro sim. Acompanhei Michael Portillo na vinda, porque ele era ministro do Trabalho; depois foi ministro da Defesa. Eu soube dessa conversa, mas acho que era uma atitude isolada de Portillo, não era ainda uma campanha do governo britânico, um esforço coordenado. Vários temas foram mencionados e, como diz Lampreia, foi a primeira vez que se citou esse assunto, mas não era ainda pressão. Esse tema foi mencionado ao lado de outros. Era normal que começassem as conversas pelo fato de a Argentina ter assinado o tratado de não proliferação. As atenções se voltaram para que também o Brasil assinasse.

MS: Em algum momento, nesse período da década de 1990, houve pressão?
RB: Não. Eu não sei se Lampreia conta algo sobre isso. Mas acho que foi uma decisão política do ministro Lampreia e do presidente FHC, assim como no Conselho de Segurança. Era um tema falado, mas não era prioritário. Desde o começo do governo FHC se pensou nessa ideia. Mas como ainda havia algumas resistências, o Brasil levou em torno de dois, três anos para assinar o TNP. A decisão não foi tomada às pressas, foi um processo.

MS: Celso Amorim foi contra? Quem mais era contra o Brasil aderir ao TNP?
RB: Celso Amorim foi contra. A máquina burocrática, os militares, todos eram contra, mas a decisão foi política, da cúpula do Itamaraty.

MS: Como é que não conseguiram brecar?
RB: Quando o presidente da República e o ministro decidem, o resultado é uma questão de tempo, da forma de administrar o problema. A não ser que houvesse uma movimentação da opinião pública contra, o que não houve, ficaria muito difícil reverter a decisão. Ninguém ia defender a fabricação do artefato nuclear, não era isso. A posição do Brasil, assinando ou não assinando o TNP, continuou a mesma. O Brasil abriu mão da fabricação, mas não abriu mão do domínio completo do ciclo de fabricação da bomba. Todo o ciclo nu-

clear está construído aqui e na época se cogitava erigir uma fábrica maior de enriquecimento de urânio, porque existe apenas uma, que processava 40 toneladas e atendia às necessidades daquela fase. No governo petista, anunciou-se que o programa brasileiro era construir oito usinas nucleares. Se isso tivesse acontecido, não haveria combustível. Durante o governo militar havia mesmo essa ideia de Brasil grande, de fazer a bomba, que não passava de uma ideia meio ingênua, porque o país não tinha nem recurso, nem capacidade para tanto. Era uma pretensão voluntarista: o Brasil teria de ter a bomba. Caíram na real e viram que essa possibilidade não existia. Agora, a ideia do domínio do ciclo completo nuclear nunca desapareceu. É ver apenas o que existe. E o instrumental para isso foi Paulo Nogueira Batista, que conseguiu levar adiante a política; foi presidente da Empresa Nuclear Brasileira (Nuclebras), e ficou, até o fim, defendendo essa posição. Negociou o acordo com a Alemanha, para a produção aqui do ciclo produtivo. Pelo que me lembro, enquanto eu estava em Londres, não houve pressão nenhuma. Michael Portillo, que era ministro do Trabalho, e mais tarde nos tornamos amigos, quando foi para o ministério da Defesa, esse assunto nunca foi levantado comigo. Tínhamos intimidade, ele podia falar.

MS: O senhor lembra quem era o embaixador argentino em Londres enquanto estava lá?

RB: Eram vários. Um deles, Rogelio Pfirter, que se tornou mais tarde diretor da Organização para a Proibição das Armas Químicas (Opaq), elegeu-se para o lugar de José Maurício Bustani. Deixou o Itamaraty muito agastado, porque foi combinado com a Argentina que nenhum sul-americano seria candidato e o Rogelio, mesmo sem condição para o cargo, candidatou-se, o governo argentino apoiou, e ele foi eleito no lugar do Bustani. Rogelio veio da área nuclear na Argentina, e entrou para as armas químicas.

MS: Naquele período acontece algo muito importante: a Argentina adere ao TNP, sem combinar o jogo com o Brasil previamente, isso que os dois países vinham coordenando a sua relação com a International Energy Agence (IEA) via Abacc. O senhor se lembra se isso gerou mal-estar?

RB: Claro! Gerou grande mal-estar no Itamaraty.

MS: Como é que eles fazem isso e a gente não fica sabendo?

RB: Do mesmo jeito como protestaram quando o ministro Pedro Malan dizia que não haveria desvalorização, e no dia seguinte desvalorizou. Claro que é diferente, porque não se anuncia desvalorização previamente, mas se há um grau de coordenação, de intimidade, não podia deixar de comunicar a pretensão da Argentina. Assim como não podia ter apresentado uma candidatura no lugar do embaixador Jose Maurício Bustani, na Opaq, depois do que aconteceu com os EUA. Eu gostava de lembrar que a diplomacia da generosidade resulta nesse tipo de comportamento.

MS: Quando Fernando Henrique organiza essa reunião no Palácio da Alvorada, 26 de março de 1997, em que cada um fala um pouco sobre o TNP, ninguém vai dizer para o presidente que não, quando, provavelmente, a decisão já estava tomada. Agora, por exemplo, Ronaldo Sardenberg diz que está de acordo em assinar o TNP, se houver contrapartidas na área tecnológica e espacial. Paulo Tarso Flecha de Lima diz a mesma coisa. Não houve essas contrapartidas.
RB: Nem haveria. Mas nesses casos, são posições explícitas com qualificações para não dizer que houve adesão total; foi o que me pareceu.

EJAM: Mas então, por que era a favor? Qual era a lógica por trás?
RB: Já sabiam que a política seria implementada, portanto não dava para ficar contra, a menos que existisse um grupo forte contrário. Mas certamente o ministro Lampreia chamou essas pessoas e conversou com eles, para mostrar que o presidente estava inclinado. E como são pessoas representativas, ninguém iria falar para o presidente e dizer que era contra, porque aquilo era um erro. Se tivessem chamado a oposição, aí seria diferente.

MS: Embaixador, fala um pouco desses encontros que o Fernando Henrique, às vezes, organizava com os embaixadores. Qual era a função desses encontros? É uma tentativa de conseguir apoio e legitimar a decisão, amarrando os principais embaixadores? É uma tentativa do Lampreia de não aparecer sozinho, aderindo àquilo que o presidente manda aprovar?
RB: Acho que é um pouco para legitimar a decisão. Com certeza, o ministro Lampreia tinha ideia formada sobre isso. Participei de uma ou duas reuniões grandes, com as chefias do Itamaraty, com outros embaixadores, com o Banco Central, para discutir integração regional, para discutir Alca, e eu imagino que aconteceram outras. Lembro que em uma delas nós tratávamos a integração e que, na véspera, o Banco Central tomara uma decisão contra a integração regional, que causou enorme reação. Estávamos conversando com o presidente, Lampreia, Gustavo Franco e outros, e eu me dirigi ao presidente assinalando que

nós ali estávamos para discutir o processo de integração regional e o Banco Central tinha acabado de tomar uma decisão no sentido contrário. Gustavo Franco ainda tentou explicar o motivo da decisão. Na prática, o encontro era, em parte, a fim de se tentar unificar o discurso, e para o presidente se informar mais.

MS: Ou seja, serve para informar mais o presidente, embora não sirva para dizer ao presidente que ele está errado.
RB: A menos que ele pergunte. E se ninguém combinou nada, ninguém manifesta sua opinião.

MS: Mas, em geral, essas ideias são combinadas antes?
RB: Normalmente são, nem é preciso combinar, você sabe qual é o sentido do vento. Ninguém vai se opor, gratuitamente. Sobretudo no tema nuclear, dessa gravidade, de grande repercussão. O deputado Ulysses Guimarães dizia que não se faz reunião para decidir. As decisões são tomadas antes. Depois, a reunião acontece a fim de referendar a discussão. É assim! Você não faz uma reunião dessas para decidir o que fazer. Um grupo de pessoas é consultado e fica tudo acertado com antecedência. Até porque se houver alguma reação, pode-se dizer que todo mundo foi consultado e que estavam todos de acordo.

EJAM: Mas se a decisão foi tomada em tão alto nível, de onde vem essa opinião tão forte e tão pessoal do Fernando Henrique em relação à adesão ao TPN?
RB: O presidente FHC foi constituinte e fabricar a bomba é proibido pela Constituição. O ministro Lampreia tem posição formada sobre isso e, evidentemente, ambos devem ter conversado com outras pessoas. Inclusive, posso supor que tenham sondado pessoas de fora. Mas eu não participei desse assunto. Quanto à decisão, é consultando assim que ela se forma. Acho, inclusive, que ele discutiu o assunto quando senador na Constituinte. Em relação ao Conselho de Segurança da ONU, a decisão de não insistir na candidatura brasileira foi correta, no meu ponto de vista, pois não havia, naquele momento, possibilidade de aprovação do ingresso do Brasil como membro permanente. Então, acertaram que o Brasil não ia se empenhar, porque o assunto não estava em debate. No governo do PT, o assunto virou prioridade, embora a matéria nem sequer fosse abordada pelos países-membros. No governo FHC, menos ainda. Contudo, o Brasil sempre teve a pretensão de ser membro do conselho, desde a Liga da Nações.

MS: E nesse período Celso Amorim mandava telegramas de Nova York insistindo que devia, sim, se empenhar.

RB: Pois é, mas Celso Amorim sempre foi a favor dessa posição e não deixou de ser coerente com ela, sem nenhuma base, porque 2005 foi o ano em que havia alguma chance de passar uma reforma geral das Nações Unidas e, especificamente, do Conselho de Segurança. Eram conversas muito frequentes. Café da manhã todo dia. Acredito que o presidente FHC tivesse posição muito cristalina na questão da candidatura do Brasil ao Conselho de Segurança, ou seja, isso só se resolverá quando os Estados Unidos, que são contrários à expansão dos membros permanentes, mudarem de posição; aí sim, o Brasil terá credenciais para disputar, com grandes chances de ser eleito. Não houve espaço para negociar nem a questão do TNP nem a candidatura para o Conselho de Segurança. Quando FHC chega à presidência, os assuntos voltam. O Brasil tinha um entendimento com a Argentina na área nuclear e a Argentina assinou o TNP. Penso que o ministro Lampreia tenha desempenhado um papel destacado na decisão sobre a candidatura ao Conselho de Segurança.

MS: Vamos falar um pouco desse estilo do Lampreia, principalmente comparado ao estilo de Celso Amorim, como chanceleres os dois. Como era com o Lampreia a chefia da Casa e a relação com o presidente?

RB: Lampreia ganhou a confiança do FHC quando foi nomeado secretário-geral, à época eu estava como subsecretário de Comércio Externo, de Integração e Assuntos Econômicos. Eu era um dos cogitados para ser secretário-geral. Portanto, Lampreia conhecia o então ministro Fernando Henrique, mas não tinha intimidade com ele. Mas, por seu estilo direto, franco, seguro, Lampreia ganhou a confiança do presidente. A atuação do Lampreia era muito afirmativa, mas ele era mais cauteloso que o Celso Amorim, apesar de o Celso ser seguro também. Havia uma grande diferença: acho que o Celso Amorim tinha um projeto político, que o Lampreia não tinha. Celso fez a jogada do Lula, tinha pretensão de ser diretor executivo da Organização Mundial do Comércio (OMC), tinha outras ambições e até se filiou ao PT.

MS: Embora muitos digam que Lampreia também tentou ser diretor executivo da OMC.

RB: É, enquanto estava lá, mas, depois que voltou, não falou mais no assunto. Eu, inclusive, fui favorável, disse-lhe que apresentasse sua candidatura. Ele tinha a ideia de que seria vetado pelos americanos. Eu verifiquei em Washington, e não havia nada contra. Comentei que ele deveria tentar e que não haveria restrições de parte do governo americano. Mas ele preferiu não se apresentar. Então, acho que a atitude de um e de outro era bem diferente. Lampreia era muito *by the book* com o presidente FHC. Celso Amorim é mais político e envolvente, sempre dobrando as apostas. E depois, de um lado, havia um presidente que conhecia bem os assuntos, que tinha opinião própria sobre as questões e, do outro lado, havia um presidente que dependia diretamente do Celso e do Marco Aurélio Garcia. Portanto, ali era diferente.

Embaixador em Washington

MS: Embaixador, vamos começar com a sua chegada à embaixada em Washington, em junho de 1999. Como surgiu o convite?

RB: Eu estava em Londres desde 1994, convidado pelo presidente FHC. No final do governo, com a reeleição, havia candidatos, mas nenhum nome mais forte para a embaixada em Washington, pelo menos que eu soubesse.[4] Em virtude do trabalho que empreendi em Londres, falavam-me que eu era um dos candidatos. O presidente FHC tomou posse no dia 1º de janeiro. No dia seguinte, dia dois, estava num *pub* em Londres, tomando uma *pint* (caneca de chope), quando recebi uma ligação do presidente FHC. Dirigi-me imediatamente para casa a fim de atender, com privacidade, o telefonema e recebi dele o convite para assumir a embaixada em Washington, onde estava o Paulo Tarso Flecha de Lima. Havia ruídos tanto no Brasil como junto ao Departamento de Estado americano sobre a embaixada. A questão não era tanto a minha ida para Washington, mas sim como decidir novo posto para o Paulo Tarso. Estava sendo conversada outra embaixada, um lugar adequado para ele. O que se cogitou na época foi Roma. Essa possibilidade se confirmou mais tarde e acertada sua remoção para a capital italiana. A partir do dia dois de janeiro eu estava convidado. O *agrément* saiu um mês depois. Contudo, por causa de

---

[4] O presidente Fernando Henrique Cardoso conversou com o ministro Luiz Felipe Lampreia sobre minha designação. "O Itamaraty não quer que ele vá para Washington, mas vou colocá-lo lá. Durante os anos da ditadura, o Rubens foi muito ligado a nós, ligado ao Montoro, a mim, ele merece ir para lá" (Fonte: *Diários da Presidência 1997-1998*, de Fernando Henrique Cardoso, p. 814).

outras pendências do lado da embaixada em Roma, só assumi a de Washington em junho. Por isso, fiquei seis meses a mais em Londres, antes de chegar à capital americana.

MS: Embaixador, 1999 é um ano crítico para o Brasil do ponto de vista financeiro. Qual era o papel da embaixada nesse período?

RB: Na primeira parte do ano de 1999 eu estava em Londres, e lá minha atuação foi diferenciada pela participação muito intensa em dois momentos que tiveram grande repercussão: o da crise financeira e o da privatização. Conseguimos colocar Londres no mapa. Isso por causa da minha ligação com o presidente FHC, com os ministros Pedro Malan e Sérgio Motta. Poucos no governo, na época, iam ao centro financeiro de Londres, a chamada *City*. Porém, nos cinco anos em que lá estive, a *City* passou a ter um papel diferente para autoridades do governo brasileiro. Passei a insistir com Malan e com Gustavo Franco, então presidente do Banco Central, para visitarem Londres, para conversas com o governo e para participar de seminários promovidos pela embaixada. A partir daí, a *City* começou a ter outro valor nos temas de interesse para o Brasil.

MS: Embaixador, voltando para junho de 1999. Como foi substituir o embaixador Paulo Tarso? Qual era o desafio na chegada à embaixada em Washington?

RB: Bom, para mim o grande desafio era definir a vocação da embaixada. Por onde passei, eu sempre defini a vocação da embaixada, porque cada uma tem suas próprias características e é diferente da outra: uma é econômica, outra é política, outra é cultural, outra é o Brasil potência na América Latina. Em Washington e Londres, o Brasil é um entre mais de 190 países — acho que cabe comparar a uma grande competição — e a questão é como o embaixador pode se destacar. Deparei-me duas vezes com o desafio de substituir Paulo Tarso. E nas duas vezes, por circunstâncias pessoais dele, tive muito espaço para poder atuar. Por quê? No caso de Londres, ele assumiu para permanecer apenas dois anos e ser aposentado, depois do desgaste que enfrentou com o então presidente Fernando Collor. Quando foi chamado para atuar no Iraque, Paulo Tarso reapareceu com plena força e prestígio, mas normalmente, em Londres, iria permanecer por curto período. Aproximando-se o tempo da aposentadoria, por uma decisão política do ministro Francisco Rezek e do presidente Collor, foi mantido em Londres, como embaixador político. Portanto, nos dois primeiros anos na capital inglesa, como todo embaixador em fim de carreira, sua atuação foi diferente da dos anos iniciais. Ganhou uma sobrevida, mas não tinha mais todo aquele *drive*. Quando ele foi para Washington, teve problema de saúde e assim surgiu outra dificuldade para seu trabalho.

Ao chegar a Washington, encontrei uma situação tensa entre a embaixada e o Departamento de Estado, porque Paulo Tarso tinha uma posição muito pessoal em relação às questões Brasil-Estados Unidos. O diálogo que mantinha com os membros do governo americano era muito difícil. De tal modo que, em certas ocasiões, os americanos preferiam contornar a embaixada e mandar emissários diretamente ao Brasil. Soube disso lá, segundo a visão americana, que a comunicação entre os dois países tinha alguns ruídos. Não sei se isso é verdade, e não defendo essa versão. Quando cheguei, havia, de um lado, esse problema de interlocução com o governo americano, e, de outro lado, ainda na minha visão, havia a questão relativa à definição do trabalho a ser desenvolvido pela embaixada. Sei que não é comum o embaixador definir a vocação da embaixada, mas foi o que fiz tanto em Londres como em Washington. Elaborei, antes de assumir o posto, um programa descrevendo qual a política que adotaria, o que pretendia realizar, além de descrever ações concretas do programa. E, nesse programa de trabalho, defini a missão da embaixada, enfim, o que seria feito pela representação brasileira nos EUA. Muito foi feito, com a colaboração do grupo que trabalhou comigo, muito além do que havia sido feito antes da minha gestão. E embaixadores conceituados passaram pela capital americana, como meu sogro e o avô de minha mulher. Vou contar uma história curiosa porque não ocorre facilmente todos os dias. Chegando a Washington, um jornalista americano veio me entrevistar. Comentei com ele o que pretendia fazer, as ideias, as propostas para ampliar a relação Brasil-Estados Unidos, e continuei contando que, com a minha chegada, era a terceira geração de mulheres na família que ocupavam o lugar de embaixatriz; que a avó de minha mulher foi embaixatriz nos EUA, mulher do Oswaldo Aranha, que assumiu o posto em 1932-33, e foi responsável pela compra do prédio que ainda hoje abriga a embaixada; que 40 anos depois, meu sogro, embaixador Sérgio Corrêa da Costa, casado com uma filha do Oswaldo Aranha, foi nomeado e assumiu a embaixada em Washington; que então eu, 20 anos após meu sogro, passava a ocupar também o posto de embaixador na capital dos EUA. O interessante é que tudo aconteceu sem nenhuma ligação política. Nada de influência política, nem qualquer outra. A embaixada em Washington não é projeto de ninguém, é algo que ocorre por circunstâncias. Você pode se preparar e nunca chegar a ser embaixador em Washington. O jornalista comentou que era uma situação peculiar pelo fato de três gerações, a avó, a mãe e a filha, se tornarem embaixatrizes em Washington, DC. Perguntou-me que lição eu tiraria desse fato. Respondi que a lição que tirava disso era que as mulheres nessa família souberam escolher...

Portanto, os dois passos mais significativos foram: primeiro, restabelecer a interlocução, segundo, moldar a vocação da embaixada. No meu ponto de vista, as embaixadas, tanto Londres como Washington, tinham que ser caixas de ressonância para o Brasil. Hoje, o avanço das comunicações, como a telefonia e o celular, facilita o contato entre os presidentes e os ministros, que se tornou quase instantâneo. É preciso estar "antenado" e ligado com o seu país, para não correr o risco de ser rapidamente esquecido. Em Washington, inúmeras vezes, era a embaixada que coordenava esses contatos, providenciava os telefonemas, combinava os horários, por iniciativa da Casa Branca ou por iniciativa do presidente. Desse modo, eu ficava informado, sabia dos contatos que ocorriam entre autoridades. O ministro Eduardo dos Santos exerceu papel destacado no meu trabalho, visto que, antes de eu ir para Washington, era o assessor internacional de FHC. Bastava conversar com ele para estar a par dos contatos do presidente com autoridades nos EUA. Nas embaixadas de maior destaque, o embaixador tem de ter acesso, a fim de não ser superado pelos acontecimentos. Se você não sabe do que trataram os chefes, não é um interlocutor útil. É fundamental estar informado sobre tudo.

MS: Quem eram as pessoas que o governo americano mandava, fazendo o *bypass* do Paulo Tarso?

RB: Eram subsecretários, não sei os nomes. Funcionários graduados do governo, do Departamento de Estado, de outros ministérios, da Câmara de Comércio, que vinham tratar diretamente com o governo brasileiro. Isso aconteceu, segundo me foi dito, várias vezes, mas não há nada documentado. Apenas ouvi relatos de vários desses casos quando lá cheguei. Por isso, meu primeiro desafio era restabelecer a confiança na interlocução da embaixada com o Departamento de Estado. Tratava-se de trabalho sério, porque em países como os Estados Unidos, se você dá um passo em falso, está queimado. Primeiro, procurei estabelecer o maior número possível de contatos nas mais diversas áreas. No começo, isso foi facilitado porque o presidente FHC tinha boa relação com o presidente Bill Clinton; na apresentação de credenciais, pediu-me que comentasse o telefonema e que transmitisse ao presidente norte-americano seu convite para vir ao Brasil na primeira oportunidade. Na época, os dois presidentes

EMBAIXADOR EM WASHINGTON

estavam conversando sobre a "terceira via". Na Casa Branca, falei com o chefe do protocolo que o presidente Fernando Henrique havia ligado e que eu precisava comunicar mensagem dele ao presidente Clinton. O chefe do protocolo relutou, pois o tempo disponível para cada embaixador era curto, apenas três ou quatro minutos. O que aconteceu foi muito interessante. Estávamos no Oval Office, no gabinete presidencial da Casa Branca. O cerimonial reúne um grupo de cinco ou seis embaixadores que devem apresentar credenciais, um após o outro. Aguardávamos juntos em uma sala e, quando chamados, entrávamos. Aproximei-me, cumprimentei o presidente Clinton e apresentei-lhe a carta credencial; Clinton, dirigindo-se a mim, disse que me conhecia, já ouvira falar de mim. Surpreso, perguntei-lhe como, pois eu acabara de chegar a Washington. Ele respondeu que um amigo comum expressara a ele as melhores referências à minha pessoa. Nosso amigo comum era Mack McLarty, ex-chefe da Casa Civil da Casa Branca, que eu havia conhecido antes.

MS: O senhor conhecia o McLarty de onde?
RB: Eu o conheci nos EUA. Era amigo do Paulo Tarso. Logo que cheguei, ele me procurou. Havia sido chefe da Casa Civil do presidente Clinton e tinha negócios no Brasil. Na visita que me fez, falei da relação com FHC, e isso ajudou porque todos sabiam que o que eu falasse era a palavra do presidente, a palavra do Itamaraty. Outro aspecto importante de minha atuação em Washington foi o exercício da diplomacia pública. Acredito ter sido o embaixador que mais falou, publicamente, sobre América Latina, Mercosul, sobre a Organização Mundial do Comércio (OMC). Após os quase cinco anos em que lá estive, todas as reuniões públicas de debate sobre a Rodada Doha contavam com três participantes: o Robert Zeollick, United States Trade Representative (USTR), o embaixador da União Europeia e eu. Quando Zeollick não participava, era seu segundo, Peter Allgeier, que estava presente nas reuniões.

MS: Em Brasília, quem se ocupava disso?
RB: Parte do tempo era o embaixador José Alfredo Graça Lima, depois o embaixador Clodoaldo Hugueney. Mas eu comparecia a todas as reuniões e seminários, pois ocorriam no posto. Inclusive quando o USTR se reunia com empresários americanos, eu era chamado com frequência a fim de dar a posição do Brasil. Nessa época começava a discussão sobre a Área de Livre Comércio das Américas (Alca). O governo mudara, já era o presidente Lula, motivo para eu ser ainda mais requisitado. E eu tinha bastante exposição na televisão, no

124   Um diplomata a serviço do Estado

rádio e nos jornais. E isso ajudou também a colocar o Brasil no mapa. A economia estava bem, o presidente FHC era respeitado. Depois veio o presidente Lula e cresceu a demanda e a curiosidade sobre o Brasil. O país se colocava aos poucos nos EUA, tinha crescente visibilidade. Portanto, o fundamental para mim era estabelecer ou restabelecer a confiança e a credibilidade da embaixada, como interlocução junto ao governo e à sociedade americana.

MS: Para isso, o senhor levou conselheiros seus para a embaixada? Quem era a sua equipe?

RB: Montei, sim, uma equipe. Mantive lá o hoje embaixador Regis Arslanian, que depois foi representante junto à Aladi. Mais tarde, chamei Eduardo dos Santos e Marcos Bezerra Abbott Galvão. Eduardo foi embaixador no Paraguai e hoje é embaixador em Londres e Marcos Galvão foi "esquecido" pelo Itamaraty nos últimos anos. Recebeu promoção graças a Guido Mantega, não pela administração petista à época; também não conseguia voltar para ocupar um lugar no Itamaraty, como era normal por sua alta qualificação. Trata-se de excelente funcionário, foi chefe do gabinete do ministro da Fazenda e foi secretário de Assuntos Internacionais do mesmo ministério, onde prestou serviços relevantes, foi embaixador em Genebra na OMC, em Tóquio, e agora é secretário-geral do Itamaraty. Serviu também comigo o hoje embaixador Roberto Jaguaribe, que foi embaixador na China e agora assumiu a presidência da Agência de Promoção de Exportações (Apex). Esses foram os principais assessores com os quais contei na embaixada em Washington, além da excelente qualificação dos demais membros da equipe. Sempre achei essencial cercar-me de colaboradores competentes, pessoas que, inclusive em certas áreas, eram melhores que eu. Chamei também Paulo Roberto de Almeida, que foi igualmente "esquecido" pela administração petista. Ajudou-me a fazer algo inédito até então: a aproximação com os brasilianistas, com a comunidade acadêmica, com os quais Paulo mantinha muito bom contato. Isso aconteceu logo no primeiro ano da minha chegada. Cheguei em junho e no mês de novembro realizamos o primeiro seminário com o meio acadêmico. O sucesso foi tão grande que não faltaram comentários, com certo espanto, porque nunca a embaixada tinha procurado, nunca a embaixada se aproximara tanto do meio acadêmico e nunca a embaixada organizara tantos encontros e seminários durante os cinco anos em que lá estive. Viajava muito, visitei 30 estados durante os cinco anos, sempre procurando contatos nas áreas política e acadêmica. Por todos os estados que passei, visitei as universidades, fazia palestras em algumas delas, como

EMBAIXADOR EM WASHINGTON

Austin, North Caroline, Columbia, e voltava em outras ocasiões. Criamos um diploma, o Distinguished Brazilian Studies Scholar, que distribuímos para o Thomas Skidmore, ao Joseph Love, ao Werner Baer, ao Joe Tolman, e ao Robert Levine, em caráter póstumo.

MS: O senhor não tinha problemas com o Lampreia?
RB: Não, não tinha problema nenhum com o ministro Lampreia, porque eu recebia informações pelo Itamaraty e pelo Palácio. Eu falava com o presidente FHC diretamente. Depois, ligava para o Lampreia e contava que havia falado com o presidente e relatava a conversa. O embaixador em Washington tem de estar em permanente contato com os tomadores de decisão no Brasil.

MS: É quase *cabinet* (membro do ministério) então?
RB: Sim, é praticamente isso. Quer dizer, essa menção foi uma coisa de retórica do presidente FHC para me agradar. Mas ele telefonava para mim e aconteceu inclusive quando fui mantido em Washington, convidado pelo Lula. Quando o Serra perdeu a eleição, decidi pedir aposentadoria, pois imaginei que seria dispensado pelo novo governo. O presidente eleito Lula, porém, me pediu para continuar. Disse que ficava muito lisonjeado com o convite. Acrescentei que não teria problema dentro do Itamaraty, mas que ele sabia de minhas ligações com o presidente FHC e com o ex-candidato José Serra. Do ponto de vista político-diplomático, naquele momento, eu não tinha divergências com o novo governo no tocante ao relacionamento com os EUA, visto que minha posição sobre a Alca era igual à do PT nas críticas em relação a detalhes da negociação.

MS: O seu contato com Lula era via presidente, diretamente, não era via Marco Aurélio Garcia?
RB: Cabe registrar que, no ano e meio que eu passei em Washington no governo Lula, o assessor internacional Marco Aurélio Garcia não teve nenhuma interferência direta em contato comigo. Nunca recebi telefonema dele, nenhum recado, nem ouvi nada do ministro Celso Amorim, que eu soubesse, cuja origem era o Marco Aurélio. Nada. O trabalho era distribuído entre eles. Marco Aurélio tratava diretamente da América do Sul. O resto do mundo continuava com o Itamaraty. Ao longo do tempo, no governo petista, segundo o que me chegava, o Marco Aurélio ganhou maior espaço. Mas, naquele primeiro ano de governo, como Lula declarou — e também ficou registrado

em vários artigos, para ninguém esquecer a fala do presidente no Itamaraty no dia do Diplomata — que a diplomacia do governo dele era diferente dos governos anteriores, no que diz respeito às relações com os países da América do Sul, porque era desenvolvida com foco duplo: o foco oficial, restrito à relação de governo, era conduzido pelo Itamaraty, e outro, com os partidos de esquerda que detinham o poder, era coordenado pelo Marco Aurélio Garcia. No Brasil, nenhum outro governo teve esse duplo canal de comunicação, que, por sinal, provocou alguns embaraços, visto que não se podia separar o que se conversava com os partidos de esquerda, com os partidos que estavam no poder, daquilo que o Itamaraty tratava com os governos. Marco Aurélio viajava para esses países e muitas vezes, como por exemplo nas reuniões na Venezuela, pelo que eu soube, o embaixador não estava junto, nem era chamado. Para o chefe do posto, tornava-se impossível saber qual a mensagem que era transmitida. No caso dos Estados Unidos, até a minha saída em abril de 2004, não senti, diretamente, nenhuma influência do Marco Aurélio. Mas, com certeza, ele tinha influência e opinava, porque estava ao lado da sala do presidente, apesar de não ter competência formal atribuída a ele pelo próprio presidente para tratar de outros assuntos.

MS: Embaixador, 1999 é um ano crítico para o Brasil do ponto de vista financeiro. Qual era o papel da embaixada nesse período?

RB: Na segunda metade de 1999, como embaixador em Washington, repeti tudo o que fiz em Londres. Convidava as autoridades mais atuantes no governo FHC para seminários sobre o Brasil. Na capital americana era mais fácil por causa do Banco Mundial, do Banco Interamericano de Desenvolvimento (BID) e do Fundo Monetário Internacional, órgãos com os quais os ministros mantêm contatos regularmente. A diferença é que o trabalho de convencimento que exerci em Londres não era necessário em Washington. Aproveitei ainda para fazer algo bem diferente do que antes ocorria, e com resultados positivos. Tínhamos relação fluida com o governo americano, porém ministros e governadores que viajavam a Washington apenas visitavam os organismos internacionais, mas não se encontravam com autoridades americanas. Era algo muito curioso. Então, passamos a marcar encontros com pessoas influentes, do nosso ponto de vista, na administração norte-americana. Na área financeira, acontecia o mesmo: sempre que ministros ou o presidente do Banco Central iam a Washington, eles se encontravam com o Federal Reserve System (FED), e com o U.S. Department of the Treasury.

MS: Esses encontros eram no FED e no Treasury ou eram na embaixada?

RB: Nós visitávamos os organismos, como é de praxe. Ou, quando possível, fazíamos um almoço, um jantar ou um café da manhã, e convidávamos os jornalistas econômicos ou membros do governo de outras áreas para um encontro com essas autoridades.

MS: Qual é a trajetória de sua relação com Pedro Malan e com o Sérgio Motta? Quando foi que vocês se conheceram?

RB: Conheci melhor o economista Pedro Malan em 1987, quando fui secretário de Assuntos Internacionais do Ministério da Fazenda, com Luiz Carlos Bresser-Pereira. Na secretaria internacional da Fazenda, fui encarregado da negociação da dívida oficial no Clube de Paris. Nessa época, Malan estava no Banco Mundial, era amigo do Bresser-Pereira, e toda vez que íamos a Washington conversávamos com ele. Malan era sempre muito cuidadoso, conservador no trato das questões da dívida externa. Marcílio Marques Moreira estava lá, como embaixador. Depois, Pedro Malan foi para o Banco Central. Portanto, tive muito contato com ele por causa do Bresser, e pela minha função na Secretaria de Assuntos Internacionais, bem antes de ele assumir o Ministério da Fazenda, e por longo tempo acompanhei sua trajetória na vida pública. Com Sérgio Motta, meu contato foi facilitado pelo PSDB. Quando ele começou com o programa de privatização, sugeri que não deixasse de ir à Inglaterra, pois o país dera início a um amplo programa com esse objetivo, tanto no setor ferroviário como no sistema de telecomunicações e na área elétrica. Por isso, comecei a fazer estudos que enviava para o Brasil, a fim de fornecer informações de interesse para o programa brasileiro de privatização, então em fase de desenvolvimento. A partir da privatização das telecomunicações, que era a área do ministro Sérgio Motta, da área elétrica e da área do Ministério de Minas, houve crescente interesse de participação de empresas britânicas, em parte por causa da atuação da embaixada.

MS: Ainda em 1999 são lançadas as negociações entre Mercosul e União Europeia. Qual foi a reação em Washington, se é que teve reação?

RB: Não houve nenhuma reação de Washington. Aqui no Brasil, tem-se a presunção de que somos o umbigo do mundo. Qualquer acontecimento ou um fato, por menor que seja, logo se quer saber como reagiram outros países. Não teve reação! No entanto, quando eu perguntava, meus interlocutores respondiam que o processo de integração era muito positivo e que devíamos continuar. O peso regional do Brasil é muito forte. Em tudo que ocorria na região, perguntavam qual era a posição do Brasil. Quando o Brasil decidiu fazer o acordo com o Irã, como de fato aconteceu, acendia a luz vermelha e o governo de Washington passou a acompanhar de perto.

MS: O senhor falou que parte do vínculo entre o Fernando Henrique e o Clinton se devia ao fato de ambos fazerem parte da "terceira via". De fato, em 1999 é o primeiro encontro da cúpula sobre governança progressista. Qual era o canal de acesso de Fernando Henrique à Casa Branca de Clinton? Como funcionava esse canal?

RB: O presidente FHC tinha um canal direto com o Clinton. Ou então fazia contato através da embaixada. Depois, quando começaram essas reuniões da "terceira via", o Eduardo dos Santos, o assessor internacional do presidente, era a pessoa que estabelecia os contatos com os outros participantes: Tony Blair, o italiano Romano Prodi, o espanhol Felipe González, o Mário Soares, como também o sueco, Göran Persson. E eles se contatavam diretamente, ou era por intermédio da assessoria da Presidência.

MS: Nesse período, quando o senhor chega a Washington, não havia embaixador norte-americano em Brasília. Houve um *gap* muito grande porque Melvyn Levitsky sai em 1998 e Anthony Harrington só assume em 2000. Como se explica que durante quase um ano e meio a embaixada tenha ficado vaga?

RB: Repito: a América Latina tinha — e ainda tem — muito baixa prioridade na política externa americana. Não é nada contra a região, há muitas outras áreas de maior interesse, do ponto de vista de Washington. No caso do Brasil, havia problema com a embaixada de Washington, a falta de interlocução, dificuldades nas negociações comerciais. Um conjunto de circunstâncias, por longo período, que mantinha o Brasil com baixa prioridade para o Departamento de Estado e o de Comércio. Para exemplificar o que estou dizendo, lembro-me de uma história curiosa que aconteceu quando fui entregar as credenciais a Strobe Talbot, o primeiro subsecretário de Estado da Madeleine Albright no Departamento de Estado, logo depois de minha chegada, em 1999. Falei do programa de trabalho, das relações bilaterais, mas ele queria lembrar uma data. Perguntou a seus assessores quando é que os EUA invadiram a República Dominicana. Para lembrar uma data, o que ocorreu a ele foi saber quando invadiram a República Dominicana. Eu respondi que foi em 1964, o que foi confirmado por seus assessores. Isso mesmo, completou Talbot, 1964. Brinquei com ele que o Brasil, no governo militar, havia mandado tropas para lá a fim de ajudar os EUA.

MS: O senhor diria que também se deve ao fato de que, quando as coisas apertam, o Departamento de Estado sabe que pode lidar com a embaixada em Washington, e o papel da embaixada americana em Brasília torna-se muito mais secundário do que a embaixada brasileira em Washington?
RB: Depende da situação da embaixada. Era o subsecretário que me chamava e transmitia a mensagem ao governo brasileiro sobre algum aspecto da política externa ou pediam a opinião do Brasil sobre determinada questão. A embaixada transmitia a Brasília e assim começou a interlocução comigo. Eles sabiam da minha amizade com o presidente e que, portanto, tinham um canal confiável.

MS: O seu interlocutor, o subsecretário, era Jeffrey Davidow?
RB: Não. Houve vários. Quando cheguei, o primeiro contato foi com Peter Romero. Aliás, no meu primeiro encontro com o Romero, ele fez críticas ao Paulo Tarso e me disse esperar que eu fosse um porta-voz e um canal de comunicação *reliable* para o governo americano. Notei, de saída, que havia realmente uma tensão significativa com a embaixada.

MS: Clinton vem ao Brasil entre 15 e 17 de agosto de 2000. Como foi o preparativo da viagem? Qual foi sua função nessa visita?
RB: Há um ponto interessante, que foi sempre jeito meu de agir. Não sei se os outros embaixadores fazem isso, mas desde a embaixada em Londres e depois em Washington era meu *modus operandi* estabelecer e conservar excelente relação com a minha contraparte no Brasil; Tony Harrington, em 2000, e Donna Hrinak, em 2002. Falávamos muito por telefone, nos ajudávamos mutuamente. Tony foi incumbido de organizar a ida do Clinton ao Brasil.

MS: Harrington aparece apenas no começo de 2000.
RB: Tony Harrington era amigo e advogado do presidente Clinton e da Casa Branca. Na ocasião da entrega de credenciais, quando transmiti convite de FHC para que Clinton viesse ao Brasil, Harrington logo comentou com Samuel Richard Berger, então o assessor de Segurança Nacional também presente, que eu havia informado o presidente Clinton a respeito do convite do presidente FHC, e que iria cuidar da visita. Harrington foi nomeado embaixador no Brasil, embora não fosse diplomata. Nas muitas conversas que tivemos, quando ele ex-

pressava com frequência sua vontade de que Clinton viesse ao Brasil, passei a ele informações sobre o país, inclusive sobre como agir por aqui. Na minha opinião, a visita de Clinton ao Brasil deveu-se muito a Tony Harrington na chefia da representação americana. Por isso, toda a preparação da visita deu-se no Brasil, incluindo a programação, elaborada pela embaixada americana em Brasília. Como embaixador, acompanhei o presidente e estive em Brasília durante a visita.

MS: Embaixador, sobre esse período de 2001, em março teve uma visita do Fernando Henrique aos Estados Unidos. Essa é a primeira vez que ele encontra pessoalmente Bush? O senhor pode falar um pouco dessa visita?
RB: Era sim, a primeira vez. Eu tinha sugerido, via Itamaraty, que o presidente FHC fosse conhecer Bush, porque eles ainda não haviam se encontrado depois das eleições. Minhas boas relações com Zoellick ajudaram. O presidente Fernando Henrique aceitou e resolveu ir. Nessa época, o assunto principal era a Alca e boa parte da conversa girou em torno de comércio. Acho que Bush falou que ia olhar "olho no olho" do FHC. Fernando Henrique chegou, tirou os óculos e começou a olhar para ele. FHC, um acadêmico, *scholar*, via o Bush como uma pessoa mais simples. Desde o começo existia essa situação, nos comentários divulgados pela imprensa. Naquela época o Brasil passava por um momento difícil na economia e na área internacional surgiu a controvertida proposta da Alca, que era o tema mais importante na relação bilateral. Houve uma boa química no encontro, mas, se bem me lembro, foi nessa reunião que Bush perguntou para o Fernando Henrique se havia muito negro no Brasil. E aí a Condoleezza Rice entrou imediatamente e explicou a importância do tráfico de escravos e a grande presença dos negros na sociedade brasileira. Bush, surpreendentemente, conversou com FHC sem nenhuma nota. Eu ainda não tinha estado com o presidente norte-americano, porque esse encontro se deu logo após sua posse. Ele tinha recebido o dossiê do Brasil, tinha sido "brifado", e falou com competência. Essas reuniões presidenciais têm sempre o mesmo formato, ou tinham, pelo menos até o período em que lá estive. A relação do Brasil com os Estados Unidos, até recentemente, se limitava a temas bilaterais econômicos e comerciais, a temas hemisféricos, desde Cuba até a Venezuela e Argentina, e a temas globais, como meio ambiente, comércio, direitos humanos. Os temas bilaterais, conjunturais, se concentravam na questão da exportação de etanol e o problema do contencioso do aço. Sobre temas da América Latina, nessa época eram os problemas de sempre: Chávez, a Argentina, a Bolívia. Os presidentes passaram em revista a situação na Colômbia

e o Plano Colômbia. Isso foi um item importante nas discussões, porque os Estados Unidos, assim como a Colômbia, procuraram envolver o Brasil, mas o Itamaraty sempre manifestou relutância em aceitar o plano. No governo Lula, com a crescente projeção externa, acredito que tenha havido outros temas, que diversificaram a agenda. Aí no final, o presidente Fernando Henrique disse que teria um assunto adicional e que queria falar sobre o Paraguai, sobre o papel do general Oviedo. O presidente Bush virou-se para ele e disse: o Paraguai não, o Paraguai é com você (*"Paraguay is your business"*).

Os Estados Unidos passaram a ouvir muito o Brasil aqui no hemisfério. Quando eles não ouvem o Brasil, as coisas se complicam, como aconteceu no apoio ao golpe na Venezuela, que o Brasil ficou contra ostensivamente. Eles ouvem muito porque o Departamento de Estado não estava equipado para tratar adequadamente da América Latina. A conduta com a América Latina era controlada por funcionários de origem cubana ou mexicana, não havia ninguém que conhecesse o Brasil. É recente haver pessoas que conhecem melhor o Brasil, gente competente, que trabalhou no Brasil e que voltou, tornam-se assistentes, secretários assistentes. E naquela época estava o embaixador Tom Shannon, como embaixador americano aqui no Brasil, com muita experiência na América Latina e havia sido subsecretário no Departamento de Estado. Os americanos têm, claro, a máquina informativa, mas eles processam aquilo num nível decisório muito baixo, no nível da subsecretaria, e não veem o quadro mais global. Durante o governo FHC, em que eu acompanhei boa parte, e depois com Lula, o Brasil ofereceu análises diretas, honestas, não ideológicas, sobre o quadro daqui da região. Os americanos passaram, sobretudo a partir do 11 de setembro, a considerar a opinião do Brasil como fator importante. Não é público isso, mas é um fato.

MS: E o senhor lembra onde foi essa primeira reunião de março? Quem estava do lado americano? Quem estava do lado brasileiro?

RB: A conversa foi no Oval Office, na Casa Branca. Do lado americano estavam Bush, Colin Powell, Condoleezza Rice, à época assessora da Segurança, e Andrew Card, o chefe da Casa Civil. Do lado brasileiro, estávamos o ministro Lampreia e eu.

MS: O senhor lembra por que o Fernando Henrique queria conversar com o Bush sobre o Paraguai?

RB: Na época, havia uma crise política interna. Como ajudar o Paraguai. Era mais um presidente paraguaio, Raúl Cubas Grau, que saíra e estava exilado no

Brasil. Além de Cubas, Lino Oviedo foi envolvido no caso do assassinato do candidato a vice, Luis María Argaña, e depois também se exilou aqui no Brasil. Fernando Henrique quis conversar com Bush sobre como apoiar o Paraguai diante dessa situação de instabilidade política. Nada mais...

MS: Nesse período, o senhor lembra se a Argentina figurou na reunião?
RB: Claro! FHC defendeu fortemente a Argentina por causa da atitude negativa do FMI. Cardoso dizia que o governo americano deveria apoiar, fazer pressão junto ao fundo, de modo que a instituição aceitasse o empréstimo solicitado por Buenos Aires. A Argentina foi o item número um da agenda.

MS: Eu não tenho evidência, mas tem uma história que diz que, em determinado momento na reunião, quando Fernando Henrique falou sobre o tema da reforma das Nações Unidas, Bush pareceu ser bastante flexível, e a Condoleezza Rice interveio. O senhor lembra disso?
RB: Não, acho que ele não foi flexível, nem a Condoleezza interveio. Ele ouviu. O presidente FHC levantou o problema da ampliação do Conselho de Segurança, que o Brasil era um dos candidatos. Naquela época, havia algumas conversas nas Nações Unidas sobre a reforma do conselho. E aí, Fernando Henrique mencionou o assunto, falando da pretensão do Brasil. Bush ouviu. Condoleezza não falou nada, não me lembro dela ter falado. O que aconteceu, e que pouca gente sabe, é que Bush disse que o Brasil deveria entrar é para o Grupo dos Sete (G7). Ficou combinado que eles voltariam depois a tratar do assunto, o que jamais aconteceu, mas Bush mencionou isso.

MS: Em parte por falta de interesse do Fernando Henrique?
RB: Não, porque em clubes fechados não se entra apenas por que se quer. Não se bate na porta para entrar, o país tem de ser convidado. Se Bush estava convidando o Brasil para entrar para o G7, o Brasil não iria tomar a iniciativa só por ter recebido o convite para entrar, deveria esperar a aprovação de todos os membros. O governo de Washington não voltou a falar sobre o assunto, mas é importante registrar esse episódio.

MS: E a questão da aviação civil brasileira em abril de 2001. O que aconteceu?
RB: O órgão americano regulador da aviação civil, o Federal Aviation Administration (FAA), manifestou enorme preocupação com a situação do então Departamento de Aviação Civil (DAC), no Brasil. Houve um incêndio no ae-

roporto Santos Dumont, o que ocasionou perda significativa de documentos. A FAA concluiu que o país não tinha capacidade de monitorar o tráfego aéreo, em virtude da falta de recursos humanos, e ameaçou o Brasil de *downgrade*, no âmbito da International Civil Aviation Organization (Icao). Não bastasse esse sobressalto, acontecera também um dano em um avião da Embraer cuja asa congelara, e isso, segundo eles, revelava a inexistência de fiscalização adequada no país. O *downgrade* significaria que ninguém voaria para o Brasil, inclusive aviões americanos, e o número de voos seria reduzido quase a zero. Enfim, haveria o caos no transporte aéreo de pessoas e de carga, uma crise de proporções inimagináveis. O brigadeiro Venâncio Grossi, então presidente do DAC e que fora adido na embaixada em Londres no meu tempo, pediu-me, junto com o brigadeiro Reginaldo Santos, que eu também já conhecia, que fizesse gestões e os ajudasse, porque enviariam missão a Washington, a fim de analisar e discutir as questões com o FAA. Mandei comunicação ao Itamaraty e o secretário-geral, Luiz Felipe Seixas Corrêa, não queria que eu participasse, pois avaliava tratar-se de problema da Aeronáutica, do DAC, além de assunto com potencial de provocar tremendo imbróglio. Por isso insisti, visto que não seria possível deixar de ajudar, considerando que a situação em Washington estava séria e ainda havia o pedido dos dois brigadeiros. Sem me avisar, ambos falaram com Pedro Parente, à época chefe da Casa Civil, e Parente conversou no Itamaraty, opinando que a chefia da delegação deveria ser minha, o que de fato aconteceu. Participei de tudo, contrariando opinião de Brasília. Várias vezes tratei do assunto com o presidente FHC, inclusive em uma delas, quando ele se encontrava em Washington. Também fui ao ministro Pedro Malan. Nada transpirou para a imprensa sobre a gravidade da situação, mas o Brasil esteve ameaçado de chegar a uma condição em que não haveria transporte aéreo, sem falar da segurança dos voos. A Aeronáutica estava sensibilizada, não só por causa da Embraer, mas porque havia questionamento da própria força aérea. Estava em andamento, com muito atraso, em meio à pesada burocracia brasileira, plano de contratar 40 controladores de voo. Mas não apenas isso, era um pacote, havia deficiência de pessoal, uma parte técnica, a questão da Embraer, da segurança dos aparelhos, dos controles da aeronave.

MS: Por que essa questão chegou ao senhor? Esse contato foi feito em Washington porque a sede era Washington ou porque o governo americano por uma questão de segurança quis interferir?

RB: A gravidade do problema foi levantada pelo governo americano, que duvidava da capacidade do DAC para controlar os voos do Brasil, em virtude de não estar adequadamente equipado sob o ponto de vista de recursos humanos e técnicos. Com isso, a Aeronáutica se sensibilizou e montou a missão para conversar com o governo americano, presidida pelo brigadeiro Reginaldo e pelo brigadeiro Grossi. Por não terem experiência em questões que envolviam outros países e pelo fato de me conhecerem, solicitaram minha colaboração como chefe da delegação, que, se não me falha a memória, compunha-se de cerca de 20 pessoas, incluindo a Embraer.

MS: Como foi essa negociação?
RB: Difícil. Foram vários meses de muitas discussões para esclarecer as questões técnicas e as de pessoal. Não se tratava de interferência americana no Brasil, mas seria mais grave levar o assunto à Icao, e ter que enfrentar depois consequências desastrosas. Por isso, o governo americano procurou antes o governo brasileiro, na tentativa de evitar a interferência da associação internacional.

MS: Mas vocês conseguiram demover os americanos?
RB: O problema da Embraer foi equacionado diante da explicação da empresa a respeito da substituição de uma aeronave, que havia caído nos Estados Unidos; os americanos diziam que seria necessário modificar o aparelho para que ele pudesse voar. Resolvido o problema da Embraer e do pessoal de controle de voo, os americanos não apresentaram queixa na Icao. A situação foi resolvida, mas os momentos de tensão foram fortes, pelo desconhecimento do tamanho do problema, por não se querer dramatizar toda a situação a fim de evitar brutal repercussão econômica para o país.

MS: Em agosto de 2002, qual foi o papel do senhor, como embaixador em Washington, na questão do acordo entre o Brasil e FMI (Fundo Monetário Internacional)?
RB: A embaixada não teve papel substantivo, apenas prestou apoio. Toda a negociação aconteceu diretamente com o ministro da Fazenda, Pedro Malan, e com o presidente FHC.

MS: Malan mandava uma equipe dele?
RB: Sim, a negociação foi conduzida diretamente pela equipe de Malan. A embaixada em Washington, na área econômica e financeira, tem pouca atividade porque o governo brasileiro no Banco Interamericano de Desenvolvimento (BID), no Banco Mundial e no Fundo Monetário Internacional é representado pelos

Ministérios do Planejamento e da Fazenda. Se houvesse algum problema maior, eu entrava para fazer gestão política ou diplomática. Mas a embaixada tinha sempre conhecimento do que estava acontecendo, pois acompanhava os ministros nas reuniões do Federal Reserve (FED), o Banco Central norte-americano.

MS: O senhor os hospedava?
RB: Os ministros e o presidente do Banco Central ficavam hospedados em casa. No caso do empréstimo de 30 bilhões de dólares com o FMI, a negociação foi feita, diretamente, pelos presidentes Bill Clinton e FHC.

MS: Como foi que aconteceu essa negociação?
RB: O momento era de grande incerteza quanto à estabilidade da economia brasileira, por causa da possível eleição do Lula, além da situação criada desde 2001, com a desvalorização. O período entre 2001-02 foi de recuperação da estabilidade econômica após a desvalorização. Durante 2002 ocorreu a campanha presidencial, em meio a grande restrição de crédito e a elevação da taxa de juro. Diante desse quadro, o presidente FHC resolveu que, para fazer uma transição segura, precisava contar com o apoio do FMI. Algo como ter "um colchão" de recursos para evitar a especulação contra o real. Ele começou então a articular o empréstimo, diretamente, com Clinton, Malan no âmbito do Tesouro (Department of the Treasury) e Murilo Portugal no Fundo Monetário Internacional.

MS: Esses acordos são assim: o presidente brasileiro entra em contato com o presidente americano, e o presidente americano aciona o Tesouro para pressionar o FMI?
RB: Não, esse foi um caso excepcional. Naquele momento, 30 bilhões de dólares era o maior empréstimo que o FMI já havia concedido.

MS: Mas já era George W. Bush, não era Bill Clinton.
RB: Já era o Bush, mas o empréstimo foi costurado e conversado antes, com o Clinton. E não aconteceu de última hora, os entendimentos evoluíram, aos poucos. No Brasil, o presidente FHC chamou todos os candidatos para que concordassem e se comprometessem com essa decisão. E isso também foi um fato positivo, pois o então candidato Lula se comprometeu com a operação e depois a saldou no governo. Normalmente, negociações desse tipo ocorrem de forma diferente. A consulta é feita junto ao Fundo Monetário Internacional, de forma direta, depois são necessárias tratativas adicionais com o departamento do Te-

souro norte-americano, para obtenção de apoio político, depois da submissão de programas de estabilização econômica ao FMI. Esse acordo específico, pelo valor que se pretendia contratar, precisou começar ao contrário, pelas mais altas autoridades, que validaram as conversas, e depois houve a discussão em nível técnico.

MS: Como é que pouco foi feito numa época em que o presidente do Brasil tinha uma relação pessoal com o presidente dos Estados Unidos?

RB: Pois é, mas havia uma situação política delicada, pelo apoio político que o Paulo Tarso tinha em virtude do respaldo do Antônio Carlos Magalhães. Quando eu estava em Londres, FHC me falou que me nomear para Washington não era problema; o problema era tirar o Paulo Tarso de lá. Havia a questão da saúde do Paulo Tarso.[5]

MS: Como eram as conversas sobre a área comercial?

RB: Com o USTR, para as discussões sobre a Alca, a embaixada tinha contato fácil com Zoellick, porque estávamos sempre juntos em encontros e negociações. Em duas ocasiões, Zoellick, de maneira respeitosa, até na base da brincadeira, disse para o Celso Lafer: "Ministro, o senhor precisa dar instruções a seu embaixador aqui em Washington para nos atacar menos na área comercial. Ele é muito duro com a gente. Eu reconheço que ele está defendendo os interesses do Brasil, mas ele tem sido muito duro com a gente aqui". Duas vezes ele reclamou ao Celso Lafer das minhas críticas incisivas às restrições comerciais do aço, do camarão e na negociação da Alca. Evidentemente, Celso nunca falou nada comigo, até porque eu estava presente quando Zoellick reclamou. Esse é um dos maiores galardões que guardo em minha biografia. Depois de cinco anos de trabalho em Washington, fui criticado duas vezes por um ministro americano porque defendi, intransigentemente, o interesse nacional.

MS: Por que o Departamento de Estado atuou da maneira que atua em relação à América Latina?

RB: Primeiro, porque o Departamento de Estado, na área da América Latina, não tem peso político, e não estava equipado para entender as mudanças que

---

[5] O presidente Fernando Henrique Cardoso havia conversado com o senador Antonio Carlos Magalhães sobre o afastamento do Paulo Tarso de Washington e a transferência dele para a Embaixada em Roma. ACM disse a FHC que "depois de rasgar duas cartas por indignação, pois não queria aceitar, Paulo Tarso acabou concordando com Roma" (*Diários de Presidência 1997-1998*, de Fernando Henrique Cardoso, p. 787).

aconteciam na região. Segundo, porque as relações com os países da América Latina têm uma *constituency* muito descentralizada, porque são interesses de empresas que atuam nos estados. Então, há a United Fruit Company, que faz a política em alguns países da América Central. Há o *lobby* das indústrias siderúrgicas, em estados com problemas econômicos para manter essas empresas competitivas. Tem o fumo, na West Virginia, que impõe restrições às exportações brasileiras. Portanto, os interesses são descentralizados. E, depois, a relação dos Estados Unidos com a América Latina é basicamente econômica e comercial. Investimentos. Na época em que eu estava em Washington, havia três prioridades declaradas pelo Departamento de Estado, em relação à América Latina: democracia, comércio e segurança. Eram os três eixos. A democracia era um *lip service*, que o departamento faz para o mundo inteiro. Com o Bush inclusive, houve a iniciativa de promover a democracia no mundo todo, inventada pela secretária de Estado Condoleezza Rice. Deu no que deu: ganhou Hamas, na Palestina. E, se promovessem eleições na Arábia Saudita ou no Paquistão, ganhariam em todos aqueles que se opunham aos EUA. Então, pararam com a narrativa da democracia. Aqui na região isso era um item, era um *lip service*, se falava na democracia por causa da Venezuela, por causa do Paraguai, e o Brasil na época dos militares. A ênfase na segurança voltou a crescer, mas já existia em virtude da situação com as Forças Armadas Revolucionárias da Colômbia (Farc). As Farc, sozinhas, justificavam a segurança. Anterior a essa iniciativa democrática do governo de Washington, havia a ação das ONGs (organizações não governamentais) que pressionavam para o aperfeiçoamento da democracia na região. Havia o *lobby* cubano, também para a democracia em Cuba. O que estou querendo dizer é que as *constituencies* eram muito difusas e não existia um *lobby* organizado em Washington. Depois do 11 de setembro, entrou como prioridade a Tríplice Fronteira, motivada por preocupações maiores com a crise no Oriente Médio, que justificavam a segurança. No âmbito do comércio, a iniciativa da Alca, que vem de 1994 até 2003-04, era a real prioridade dos EUA. Nesse campo, todo o *lobby* das empresas acontecia no Congresso e no Departamento de Comércio ou no USTR, não era feito no Departamento de Estado. Talvez você me pergunte por que eles não têm uma política coerente em relação à região. Porque, às vezes, os interesses são conflitantes. Primeiro, esse *lobby* tem interesse em exportar ou investir em algum país não democrático, mas que eles ajudam porque será vantajoso. Outras vezes, agem como fizeram com o Brasil, por exemplo: eles tinham interesse em manter uma boa relação, mas impuseram salvaguardas ao aço, produzindo um problema sério nas relações bilaterais. Diminuiu muito a exportação brasileira de aço em virtude das restrições impostas pelos EUA. Nas negociações comerciais o Brasil era copresidente da Alca com posições divergentes em quase tudo. Por isso, o Departamento de Estado ficava um pouco marginalizado em todas essas matérias. O Carter Center tem forte atuação em favor da democracia e por eleições livres e democráticas, não o Departamento de Estado. Durante todos os anos em que esses três itens foram a prioridade da retórica americana, não havia uma política coerente em relação a isso, tudo funcionava de modo isolado. Havia uma retórica que privilegiava as três áreas e, em cada uma delas, diferentes atores nos estados, nas empresas e no Congresso, que refletiam o interesse político nas ONGs, ou a prioridade econômica, das empresas. Acho que era um pouco isso. Até hoje, o Departamento de Estado não tem papel destacado na formulação da política. Durante o tempo em que permaneci em Washington, posso dizer que a relação dos Estados Unidos com a América Latina na prática era desenvolvida no Tesouro, porque todos os países passavam por crise, e necessitavam de apoio.

MS: Tinha alguém no Tesouro que lidava especificamente com a América Latina?
RB: Tinha sim, John B. Taylor, um dos subsecretários. Houve muito mais visitas de altos funcionários e secretários do Tesouro para a América do Sul, sobretudo para o Brasil e a Argentina, do que de ministros ou secretários de Estado.

MS: O senhor diria que da mesma maneira, então, o lugar para olhar a política externa de países latino-americanos em relação aos Estados Unidos são os Ministérios da Fazenda, os bancos centrais, mais do que os Ministérios de Relações Exteriores?
RB: É isso que ocorria nos temas relevantes. Quer dizer, havia a relação bilateral, conduzida pelo Departamento de Estado, mas no que era de real interesse dos EUA, durante o período que passei lá, a política em relação à América do Sul e ao Brasil era capitaneada pelo departamento do Tesouro.

MS: Quem capitaneava a política brasileira para os Estados Unidos durante o seu período?
RB: Nessas áreas importantes era o Ministério da Fazenda com o Tesouro. Com relação aos interesses de cooperação na área econômica, o ministro Ma-

lan se encarregava pessoalmente. Diferente da América do Sul, no caso do Brasil havia também temas globais, em que o país era um *player*: meio ambiente, direitos humanos, comércio. Então, por causa do interesse do Brasil nesses temas, havia maior interação com outros ministérios, mas, sobretudo, com o USTR. Passei mais tempo visitando o Tesouro e o USTR do que o Departamento de Estado, enquanto estive à frente da embaixada em Washington. Fiz muito mais debates comerciais do que políticos, sem exagero, uns oitenta por cento das palestras que proferi e conversas das quais participei eram econômicas e comerciais. Dia sim, dia não, eu tinha um convite para ir à televisão, para falar no rádio, em alguma universidade ou em uma das inúmeras associações existentes na capital americana, como a National Association of Foreign Exporters, e outras tantas. Eu era convocado por causa da Alca e para explicar qual era a posição do Brasil.

MS: Quem lhe "brifava"? O Itamaraty lhe mandava instruções?
RB: O Itamaraty não passava instrução alguma. Era apenas atuação minha. Por isso, volto a dizer: com o governo do PT houve muita mudança. Hoje, as pessoas não se expõem nesse tipo de compromisso.

MS: Então isso paralisa a embaixada em Washington?
RB: Claro. Os relatórios de barreiras comerciais introduzidos pelo embaixador Rubens Ricupero, a que o embaixador Paulo Tarso deu continuidade, foram muito ampliados por mim, por meio de estudos que realizei. Teve inclusive uma publicação anual,[6] que era como uma bíblia que relacionava e explicava todas as barreiras tarifárias e não tarifárias que existiam nos EUA contra produtos brasileiros. Aumentei consideravelmente esse documento com um trabalho de equipe, que deixou de ser apenas um relato das restrições, como antes. Eu organizava, fazia a introdução, dava as direções, os diplomatas participavam, mas a redação final era responsabilidade minha. Em 2009, a jornalista Patrícia Campos Mello descobriu que o relatório daquele ano não fora publicado. Ela me ligou para perguntar quando o relatório tinha sido iniciado. Expliquei que essa publicação tinha começado antes de mim, por iniciativa do Rubens Ricupero, e que a embaixada, quando eu assumi a chefia, decidiu atualizá-lo todos os anos. Não publicaram o do ano 2004, porque saí em abril e a publicação

---

[6] Refiro-me ao livro *Barreiras aos produtos: serviços e investimentos do Brasil nos Estados Unidos*, de R. Barbosa, Aduaneiras, 2002.

sairia em setembro/outubro. Deviam ter feito, porque estava em elaboração. Perguntei à Patrícia por que não tinha sido publicado e ela me informou que foi feito e enviado ao Itamaraty, que não deu resposta alguma. Eu procurava acompanhar pessoalmente em Brasília tudo que estava sendo feito pela embaixada em Washington e ficava ao telefone a fim de saber o que estava acontecendo com nossos assuntos. Tanto com o presidente Fernando Henrique como com o presidente Lula, eu sempre estava bem informado e a par dos acontecimentos. Além do mais, guardava papéis com informações relevantes que agora estão depositados na Fundação Getulio Vargas. Após passar 40 anos no governo, desenvolvi a teoria de que nenhum segredo de Estado fica sigiloso por mais de 48 horas. Em 48 horas vaza, sem exatidão, mas todos ficam sabendo que o assunto está em discussão. Então, guardo matérias que me interessam. Quando quero escrever um artigo, consulto meu arquivo e, com base nas notícias públicas, dou *inside informations* ao leitor. Em Washington, esse meu costume foi favorecido pelo fato de eu participar de muitas conferências e conservar minha ligação com o Institute for Economic Studies (IES) e depois com o Center for Strategic and International Studies (CSIS), que me abasteciam de significativa quantidade de documentos. A meu pedido, todo esse material era arquivado pelos diplomatas da embaixada, e sempre que havia uma conferência comunicava o tema, preparava o roteiro e solicitava a eles que redigissem a exposição, quando era um texto escrito. À medida que cresciam os convites, adotei o modelo do roteiro; escolho uma palavra, escrevo uma frase e, a partir disso, desenvolvo as ideias. Pedia também outros dados à parte, como os números do PIB, das reservas brasileiras, por exemplo. Tudo isso por minha própria iniciativa, sem nenhuma autorização. Quando recebi convite para me apresentar em audiência pública no Congresso, eu apenas comuniquei que tinha aceitado falar. No Itamaraty é assim: se você consulta, ou eles não respondem ou respondem negativamente. Se você não consulta, apenas comunica, eles não fazem nada. Mas, se algo der errado, aí você pode ter muito problema. Tive a sorte nos cinco anos de nunca ter vivido um desacerto ou desencontro com o Itamaraty, mesmo falando temas sensíveis de política e economia.

MS: Como se explica que do ponto de vista do chanceler brasileiro a embaixada em Washington não seja a principal prioridade, que o embaixador não seja constantemente instruído para fazer coisas?
RB: O embaixador dispõe de uma grande fonte de informação, visto que há um sistema amplo de retransmissão de comunicações. Você sabe o que

está acontecendo, mas desconhece os bastidores. No meu caso, contei com a colaboração do Eduardo dos Santos, que era assessor do Fernando Henrique. Eu ficava a par de tudo que saía da Presidência, inclusive das conversas diretas entre ministros e presidentes com seus pares americanos, o que é fundamental para o embaixador em Washington. Se você não está bem entrosado, acaba sem saber, porque ninguém voluntaria informação e, mesmo que você seja amigo, se não for atrás, ninguém retorna porque todo mundo está muito ocupado com outras áreas e problemas. Eu ficava atento quando os presidentes Clinton e Bush ligavam para o presidente Fernando Henrique, logo eu fazia contato com o Eduardo, a fim de saber o que haviam conversado. Meu grupo da embaixada era proativo, tinha iniciativa, e muita coisa saía lá de Washington. Atuei muito em missões comerciais. Até hoje, o próprio presidente do grupo Stefanini, Marco Stefanini, lembra que foi a embaixada em Washington que abriu o mercado para o *software* brasileiro. Em duas missões comerciais, organizei rodadas de negócios com empresas americanas, fiz os contatos e conversei muito, com o objetivo de apoiar as empresas brasileiras. Por ter militado longo tempo na área econômica e comercial, concedia, em tudo que se referia a esses temas, tratamento destacado, o que não ocorreu na mesma escala com aqueles que me sucederam. No caso do governo Lula, a relação com os Estados Unidos foi diminuída, havendo sido declarada, publicamente, a prioridade Sul-Sul, em detrimento dos países desenvolvidos. Trata-se de decisão política. Então, certas iniciativas que a embaixada apresentava não eram levadas em consideração em Brasília. No meu caso, aconteceu exatamente o oposto durante a maior parte do tempo em que lá estive. Tudo que eu propus foi aceito em Brasília. Outro ponto que chamava atenção era que a divisão responsável pelos Estados Unidos não era equipada. Hoje, nenhuma divisão do Itamaraty tem tal condição. Criaram tantos órgãos, uma infinidade de departamentos e subsecretarias, e havia divisões que contavam apenas com uma pessoa. Quando entrei para o Itamaraty, se dizia que a divisão era a "célula *mater*" do ministério e nela tudo tinha que começar. Eu trabalhava na divisão dos países socialistas do Leste Europeu com sete, oito funcionários. A divisão de Produto de Base, a divisão da Europa Ocidental, por exemplo, eram divisões importantes. Como é que um secretário inexperiente vai formular alguma coisa? Não formula nada. Na minha época era diferente: você participava e criava, tudo nascia na divisão. Os memorandos eram iniciados em nível de divisão, seguiam para o departamento, e por fim para a secretaria-geral. Depois, surgiram as subsecretarias, o que aumentou mais um nível e as divisões passaram a ser serviços. Com esse formato, ninguém tem iniciativa, tudo era resolvido no gabinete do ministro. Nos governos do PT, por ter havido uma centralização muito grande na secretaria-geral e no gabinete, a iniciativa era do gabinete ou era da secretaria-geral. Considerando que, politicamente, no governo Lula, a relação com os Estados Unidos não era relevante, então não havia iniciativas. Nesses anos dos governos Lula e Bush, excetuando a institucionalização, que foi iniciativa da embaixada, e que se encontrava em banho-maria, nada mais aconteceu. Houve duas iniciativas na relação Brasil-Estados Unidos, no primeiro mandato de Lula. A primeira, a colaboração na área do etanol, é proposta do Bush, não é do Lula, e a segunda é o acordo proposto por Ronald Kirk, o Trade and Investment Framework Agreement (Tifa), que o Celso Amorim descobriu, tardiamente, que fazer acordo com os Estados Unidos era permitido pelo Mercosul. Declarou que então iria negociar um acordo nessa área com os Estados Unidos.

MS: Como o senhor sabe, em Washington há países que têm uma operação de *lobby* importante. Não é o caso do Brasil?
RB: Comigo não houve tal prática.

MS: Como se explica que o capitalismo brasileiro não se instale lá por vontade própria?
RB: Mas está lá sim. O Brazil Information Center (BIC) é financiado pelo setor privado.

MS: E funciona?
RB: Funciona sim, dentro da limitação existente, porque o Itamaraty cortou os poucos recursos que disponibilizava. E o embaixador Antônio Patriota, que era o presidente de honra, retirou seu nome. Roberto Abdenur e eu fomos presidentes honorários. Sem apoio oficial, as empresas não colaboraram. Agora, estou na Fiesp e colaboro. Paulo Skaf promoveu uma reunião para tentar recolher contribuições, a fim de obter o apoio das empresas privadas. É essencial manter um ponto de contato em Washington, com o objetivo de ajudar as empresas a defender possíveis questões no Congresso, marcar reuniões, enfim, prestar assistência. O que ocorreu em termos de promoção comercial foi o fato de o Itamaraty ter sido totalmente esvaziado

por causa da Agência de Promoção de Exportações e Investimentos (Apex). Se não me engano, no período em que estava como embaixador, a verba de promoção comercial era 3.500 dólares; não dava nem sequer para fazer assinatura de revista. A Apex, que dispõe de todo o dinheiro por causa das prioridades do governo, dirigiu sua atenção para outros lados, à Ásia, à África. No entanto, após a divulgação dos dados negativos do comércio, o Ministério do Desenvolvimento, Indústria e Comércio Exterior (MDIC) informou que iria promover iniciativas nos Estados Unidos, algumas comerciais. Com atraso, porém. Criaram um centro alfandegário em Miami, mas são iniciativas muito esparsas, não há uma massa crítica de eventos comerciais, missões, viagens, que tenha algum impacto. A explicação para isso é que, aqui no Brasil, as empresas ficam à espera de uma orientação do governo, pois querem apoio oficial. Aí entra a Apex que paga a missão ou a feira.

MS: Por que as empresas não fazem?

RB: Porque apenas agora o capitalismo brasileiro começa a se soltar do governo, pois esteve sempre muito dependente do Banco Nacional de Desenvolvimento Econômico e Social (BNDES), do Instituto do Açúcar e do Álcool (IAA), do Estado. E essa postura não acaba de uma hora para outra. Por exemplo, a Fiesp está empenhada na organização de várias missões para os Estados Unidos, uma delas capitaneada pelo Paulo Skaf, para Washington. Nesses últimos oito anos, o governo brasileiro não deu a menor importância para essas missões aos Estados Unidos. Isso é uma constatação. Podem até tentar justificar que isso é exagero porque foi feita a missão disso, missão daquilo.

MS: O ano 2002 é de eleição nos Estados Unidos, que leva à eleição do Bush. Qual era a postura do governo brasileiro à época e qual era a sua postura durante a contenda?

RB: O que eu procurei fazer, justamente tentando estabelecer uma interlocução com a futura administração, foi conversar com os dois lados. Redigi um memorando para os candidatos. Preparei uma nota sobre o Brasil, que encaminhei para George W. Bush e para Albert Arnold Gore. Bush respondeu, por intermédio de um assessor que acabou chefe do Orçamento e depois da Casa Civil, Joshua Bolten. Ele me procurou para dizer que o candidato Bush havia recebido o meu memorando e que tomara conhecimento.

Por causa desse memorando, conheci Bob Zeollick. Zeollick havia sido um dos negociadores da reunificação da Alemanha. Tivemos uma longa conversa e me deu um *paper* elaborado por ele, exatamente sobre a negociação em torno dessa reunificação. Procurei, então, me aproximar das assessorias dos candidatos. Convidado pelos partidos Republicano e Democrata, participei de duas convenções, eventos propícios para fazer contatos. O interessante é que para os embaixadores ficava mais fácil fazer contato no período que antecede às eleições. Quando o embaixador chega no início do mandato presidencial, todos estão ocupados por alguma razão. Lembro que cheguei há um ano e pouco do fim do governo Clinton, todos só pensavam em si mesmos, o que fariam depois, qual emprego conseguiriam. Um embaixador era alguém que eles preferiam não ver. Não atrapalhava o trabalho, mas do ponto de vista deles era perda de tempo. O funcionário conversava com o embaixador e dali a seis meses ele estava fora do governo, e nunca mais teria contato com a pessoa. Por esse motivo, só recebem o embaixador quando é matéria de muita relevância. Para os que estão de chegada no novo governo, era bem interessante, havia um movimentado jogo de cadeiras na capital americana. Muitos futuros membros do governo estavam nos *think tanks*, o que me facilitou conhecer várias pessoas que, mais tarde, entraram para o governo. Paula Dobriansky, por exemplo, subsecretária responsável por direitos humanos e meio ambiente no governo Bush, era da direção do Council on Foreign Relations, em Washington; organizava conferências, em que eu participava e conversávamos bastante. De repente, ela virou subsecretária. Bob Zeollick, que conheci antes do início do governo, também. Para o embaixador, é mais fácil assumir no começo do que no fim do governo. Por isso, não senti dificuldade. Inclusive, em Washington o contato é muito fácil e direto. Houve uma situação em que precisei falar com o chefe da Casa Civil. Disquei o número de telefone, ele próprio — o chefe da Casa Civil — atendeu, isso nos primeiros meses do governo Bush. Então foi muito fácil o entrosamento e positivo o relacionamento com o novo governo, destacando ainda o fato de a embaixada ter credibilidade, e ser considerada o interlocutor adequado. Meu sucessor na eleição de 2009 trabalhou de forma diferente: preparou um memorando não sobre o Brasil, mas sobre o Mercosul, que não se sabe se foi lido pelos candidatos...

MS: O senhor comentou sobre a relativa baixa importância que o Brasil tem em Washington e na grande estratégia norte-americana. Eu queria saber se quando foi anunciada a cúpula dos presidentes da América do Sul, em 2000, ainda no governo Fernando Henrique, se houve uma reação em Washington e qual foi.

RB: Primeiro, o que eu disse é que a América Latina tem baixa prioridade na política americana. O Brasil, dentro dessa baixa prioridade, tem posição diferenciada, posição essa que permanece, apesar dos altos e baixos na relação bilateral nos governos petistas. Eu havia sugerido ao presidente FHC convocar reunião presidencial, de cúpula, dos países latino-americanos. No ano 2000, foi a primeira vez, em 200 anos de independência, que os presidentes se reuniram no Brasil por iniciativa brasileira e muito se especulou sobre os objetivos do encontro. Como mencionei, assim como para outros assuntos, o governo de Washington achou muito boa ideia. O que acontece é que, no caso do Brasil, nas iniciativas que o presidente FHC havia tomado e que o Lula deu continuidade, havia uma convergência de valores e de interesses com os Estados Unidos. É do interesse brasileiro que os países mantenham um regime democrático, que não haja instabilidade política, que diminua o tráfico de drogas, que não haja terrorismo. Esses valores, esses interesses, que são particulares do Brasil, também são dos Estados Unidos. Então, se o Brasil faz uma cúpula que é para defender a democracia, ampliar a integração, ampliar o comércio, fortalecer institucionalmente os governos, os Estados Unidos consideravam muito boa ideia. Não houve nenhuma reação negativa, ao contrário, desejaram sucesso. Eu conversei muito com a administração Bush sobre a cúpula.

MS: Existia a expectativa de que a interpretação brasileira do que significa a democracia fosse mais afinada com a concepção norte-americana do que a venezuelana, por exemplo, que se apresenta também como uma democracia?

RB: Os Estados Unidos, sobretudo no governo Bush, tiveram uma posição muito clara no sentido de fortalecimento da democracia, em especial no Oriente Médio. Em relação à Venezuela, nas conversas com os americanos, o Brasil sempre se manifestou contrário ao isolamento da Venezuela e, até aquele momento, com o governo FHC, não tinha havido nenhum arranhão à democracia. O que ocorreu depois e que foi apoiado totalmente pelo governo Lula é que houve uma diferença, pois o que aconteceu na Venezuela, a rigor, foi o estabelecimento de uma autocracia formal. Tudo é feito de acordo com a Constituição. Contudo, a Constituição foi aprovada por uma assembleia cujos 150 membros são do governo e nenhum é de oposição. Portanto, o que existe é uma democracia formal na Venezuela, aceita plenamente pelo governo petista, mas com restrições por parte dos Estados Unidos. E isso ocorreu durante o governo Lula, não foi na primeira parte do governo FHC, ocasião em que o Brasil passou a demonstrar apoio à Venezuela para tentar moderar as posições de Hugo Chávez. O governo Lula continuou, com repercussão igualmente positiva, a manter uma posição de moderação em relação à Venezuela. Isso ocorreu durante os últimos oito anos de FHC e os seis anos do Lula. Depois a situação se deteriorou, e o governo Dilma Rousseff passou a apoiar totalmente a marcha para a ditadura. Enquanto o Brasil procurou moderar o governo de Caracas, isso foi apreciado pelo governo americano. Uma das razões pelas quais a posição americana em relação ao Brasil no governo Lula foi positiva residia no fato de que Washington via o Brasil, até o início do segundo mandato de Lula, como um governo de esquerda moderada e um governo que tinha capacidade de influir nos acontecimentos da região. Positivamente, é o que eu disse, visto que havia a convergência de valores e de interesses. Então, enquanto isso acontecia, o governo norte-americano ficava despreocupado. Não significa que o Brasil estivesse em uma posição de inferioridade, se considerado o "imperialismo" norte-americano. Não é isso. O Brasil defendeu sua posição em relação à Venezuela, inclusive quando do golpe contra Chávez em 2002. Essa posição foi ratificada também junto ao governo americano. Eu estava em Washington quando a embaixada participou de uma reunião na qual o Brasil foi o único país a criticar, publicamente, no Departamento de Estado, o apoio que o governo americano deu ao golpe contra o Chávez. Essa foi a atitude do Brasil durante o governo de FHC, contrária ao posicionamento antidemocrático do governo americano no tocante à Venezuela. O presidente Chávez havia sido eleito democraticamente, e os Estados Unidos apoiaram um golpe contra um processo eleitoral legítimo. Otto Reich, que era subsecretário para o hemisfério ocidental no Departamento de Estado, apoiou o golpe, e 24 horas depois o golpe na Venezuela havia fracassado, apesar da atitude dos americanos.

MS: Ainda sobre a reunião dos presidentes da América do Sul em 2000. A gente sabe que o México se ressentiu bastante, e terminou havendo um convite para o México enviar alguém. Algo aconteceu em Washington nessa chave?

RB: Não. O México foi convidado como observador na primeira reunião. Acho que na segunda também. Depois nem compareceu mais, pois o país tem uma posição dividida em relação ao continente. A identidade mexicana é latino-americana e americana. E, cada vez mais, o México se torna dependente dos Estados Unidos. E, para fins internos, a cada manifestação de que o México era excluído, havia uma reação do governo, que queria manter o vínculo com a América Latina. Mas não houve nenhuma repercussão em Washington, nem os americanos pediram nada.

MS: Em 2000, lança-se o Plano Colômbia. A gente sabe que tem restrições do ponto de vista do interesse brasileiro à época, com o Plano Colômbia. Isso chegou a passar de alguma maneira por Washington ou esse era o jogo que acontecia predominantemente em Brasília?

RB: Predominantemente em Brasília. Havia restrições do Itamaraty com o presidente FHC por causa da militarização do apoio americano. Esse Plano Colômbia, de 2 ou 3 bilhões de dólares por ano, representava o envio de assessores militares, que já eram mais de 500 naquele momento. E o Itamaraty, o próprio ministro Lampreia, desde o começo do governo FHC, e depois continuou com o presidente Lula, sempre foi muito contrário ao plano, porque via interferência militar americana na região, inclusive com o risco de criação de bases militares. Dentro do governo, essa ideia era vista como um cerco ao Brasil pela criação dessas bases militares (base no Equador, base na Bolívia, base na Colômbia). Parece-me paranoia acreditar que o Brasil estaria sendo cercado por bases americanas. Durante o governo do PT, o Equador decidiu não renovar a base e a Bolívia também. O Paraguai também não quis mais e restou apenas a Colômbia, com assessores militares americanos em seu território. Soube de alguns diálogos difíceis ocorridos em Brasília. Mas esse assunto eu acompanhava de Washington, nunca chegou a mim diretamente, e nem houve críticas públicas ao governo de Washington. Havia reservas, que eram transmitidas, com discrição, aos americanos, nunca, porém, publicamente. Não existiu nenhuma questão séria na relação Brasil-Estados Unidos no meu período, sobre essa matéria.

MS: Do ponto de vista da hierarquia dos embaixadores latino-americanos em Washington, o Plano Colômbia mudou a posição do embaixador colombiano lá?

RB: No Congresso, sim. Porque o embaixador da Colômbia em Washington era quem negociava esses acordos. No período em que lá estive, atento ao tema vocação da embaixada, uma das iniciativas mais importantes foi a de desenvolver e ampliar um programa de contatos e visitas no Congresso americano. Em Brasília ainda não se dá a relevância que os contatos com o Congresso em Washington deveriam merecer. Quem acompanha a vida política dos EUA sabe que o sistema norte-americano é um presidencialismo quase parlamentar. Eu passei a visitar sistematicamente os congressistas, os assessores, que são pessoas altamente qualificadas, que mais tarde acabavam indo trabalhar para o governo. A embaixada criou o programa Brazil on the Hill para expandir os contatos com congressistas, e eu sempre encontrava o embaixador colombiano no Congresso, porque ele tinha contatos estreitos com muitos senadores e deputados por causa da aprovação do Plano Colômbia. Tanto que, em 2004, houve a sucessão do BID e o governo americano apoiou e elegeu o embaixador Luis Alberto Moreno como presidente do BID. Essa indicação foi resultado do trabalho que ele fez junto ao governo americano e ao Congresso, para aprovar o Plano Colômbia.

MS: Quais eram os países latino-americanos que, durante o seu período, eram mais hábeis em lidar com o Congresso, com os lobistas, que conheciam bem o sistema político americano?
RB: No Congresso, era a Colômbia.

MS: Mais do que os mexicanos?
RB: Sim. Os mexicanos estão muito presentes no Congresso em virtude do Tratado Norte-Americano de Livre Comércio (Nafta), sobretudo na área comercial. O principal assunto bilateral e o que provoca debates sem fim é a questão da imigração. Então, na questão da imigração, os mais ativos são centro-americanos e mexicanos, porque dos 35, 40 milhões de imigrantes, o México tem 16, 17 milhões. E dos 11 ou 12 milhões de imigrantes ilegais, mais da metade é mexicana e centro-americana. Portanto, o México e os centro-americanos são muito ativos no Congresso e na administração em vista da questão de imigração. Na área comercial, o Brasil, no meu tempo em Washington, tornou-se muito ativo e bastante presente no Congresso. Na região, a grande parte do comércio dos Estados Unidos é com o México, e em segundo lugar com o Brasil.

MS: Quando o Chile interrompeu as negociações com o Mercosul e começou a cogitar a possibilidade de se aproximar dos Estados Unidos, isso chegou em Washington de alguma maneira, na sua relação com a administração?
RB: Não. Desde o início o Chile não quis negociar com o Mercosul, portanto não se interromperam negociações, que nem sequer começaram. A tarifa externa chilena era muito mais baixa que a do Mercosul, daí a falta de interesse

em se juntar aos outros quatro países. Mais recentemente, o Chile assinou um acordo comercial com os EUA, cuja negociação foi bem rápida, porque o governo chileno aceitou tudo, inclusive algumas regras que no Brasil ninguém aceitaria: propriedade intelectual e investimento. A isenção de tarifas de toda a área agrícola, que interessava ao Chile, ficou fora, apesar de o Chile ter aberto seu mercado industrial para os EUA. Enfim, foi um acordo de conveniência política para o Chile que, a médio prazo, poderá ser mais negativo do que positivo. Isso já ocorria no caso do México. Além de estudos do Banco Mundial, havia evidências de que, no caso mexicano, o Nafta tem sido mais favorável às empresas americanas. Em conversas que eu mantinha com o embaixador do Chile à época da negociação com os EUA, tinha conhecimento do andamento positivo da negociação desse acordo.

MS: Quem era? O senhor lembra o nome dele? Não era o Heraldo Muñoz?
RB: Não, o Muñoz não era, porque o embaixador não participava das negociações. Eu acho que o Heraldo Muñoz era o negociador chileno que vinha de Santiago. Tivemos muitas conversas e reuniões com a embaixada a fim de entender certas posições chilenas na negociação. Com os esclarecimentos, elaborávamos relatórios, que enviávamos ao Brasil.

MS: Embaixador, o senhor lembra quantos funcionários tinha na embaixada durante o seu período lá?
RB: Durante meu período lá trabalhavam 16 ou 17 diplomatas. Isso é fácil confirmar, mas era em torno desse número. Talvez tenha chegado a 18…

MS: Nesse período, em 2000, é quando as relações do Brasil e da Argentina começam a degringolar. Isso se refletia na sua relação com o seu colega argentino? Como era essa relação, se é que existia?
RB: Quando eu cheguei a Washington, o embaixador argentino era Diego Guelar, que havia sido embaixador em Brasília. Ele fez questão de me receber no dia da Bandeira de seu país. Era junho, um feriado, ele colocou toda a embaixada perfilada para me recepcionar e até fez um brinde. Depois, eu soube o porquê da recepção. Havia uma rivalidade muito intensa com Paulo Tarso, o que motivou o gesto oposto comigo. Segundo soube, Paulo Tarso se desentendeu com ele porque Diego Guelar conseguiu, numa reunião de ministros da Fazenda, do FMI, levar o presidente Carlos Menem, e o colocou na mesa principal. Paulo Tarso fez uma comunicação forte para Brasília, que cheguei a

ler, criticando a maneira de Guelar se conduzir, sugerindo que agira contra o Brasil. E, segundo me informaram, disse tudo isso para o próprio Guelar, que se enfureceu e deixou de falar com ele. Essa é a história que explica as gentilezas comigo. Ainda nessa ocasião conversamos longamente sobre Argentina, Brasil e Estados Unidos, enquanto os funcionários aguardavam para o brinde com a bandeira brasileira em primeiro plano.

MS: E, depois disso, a relação andou bem com ele? Ou também degringolou e ele deixou de falar com o senhor?

RB: Fiquei muito amigo de Guelar e de todos os demais embaixadores argentinos em Washington. Mantive contato, inclusive conversas regulares com o José Octavio Bordón e o Eduardo Amadeo. Tinha o hábito de procurar os embaixadores, os mais atuantes, especialmente, a fim de me informar e frequentávamos juntos reuniões e outros eventos para os quais éramos convidados. Nunca tive desavenças com nenhum embaixador de outro país.

MS: Do ponto de vista da América Latina, onde se pode localizar a preocupação com a América do Sul no primeiro governo Bush? Com a Condoleezza no National Security Council ou com o Colin Powell no Departamento de Estado?

RB: Não havia nenhuma preocupação. Os assuntos da América Latina no governo americano, na década de 1990, eram tratados no Tesouro por causa da dívida. Depois que esse problema ficou superado, a política era assunto do Departamento de Comércio ou do USTR. O Departamento de Estado era acessório nesse período e só passou a ter papel mais presente na crise da Venezuela e da Colômbia, mas não exercia liderança porque não tinha força.

MS: E o National Security Council também não consegue fazer...? Quem era o National Security Council para América Latina?

RB: Não. Mas eu tinha muitas reuniões no National Security Council, na época sob a direção de John Maisto, substituído depois por Tom Shannon, que, posteriormente, foi embaixador no Brasil. Foram muitas reuniões. As decisões nos Estados Unidos são tomadas de maneira colegiada, eles não tomam decisões, sobretudo nessas áreas que não dominam ou que tenham pouco conhecimento, sem ampla consulta interna. A rigor, ninguém sabia nada sobre a América Latina. No Departamento de Estado havia algumas pessoas, que serviram várias vezes na região e estavam ocupando cargos no

Departamento de Estado e por isso acompanhavam o que acontecia no hemisfério. Quando eu estava em Washington, houve alguns momentos em que prevalecia a total politização das relações, como no período que Peter Romero, Roger Noriega, Otto Reich foram subsecretários. Eram todos mexicanos ou cubanos americanos, e estavam interessados em Cuba, e na "esquerda" da Venezuela, sem seguir de perto o que acontecia, pois esses países não eram prioritários e ninguém os tratava em profundidade, como já comentei sobre a América Latina. No entanto, quando o assunto tem prioridade para o interesse dos EUA, há gente competente para acompanhá-lo. Trata-se de um grupo de assessores sem acesso ao ministro. Se íamos falar com o secretário de Estado, ele recebia *briefings* sobre os temas. Por exemplo, o secretário de Estado Colin Powell estava bem informado nos encontros com os interlocutores brasileiros e falava sem anotações. A Condoleezza, como secretária de Estado, não acompanhei, pois já havia saído. Colin Powell, durante todo aquele período, e quem o antecedeu, Madeleine Albright, prestavam pouca atenção para a América Latina.

MS: O senhor diria que essa relativa indiferença benigna dos Estados Unidos em relação à América Latina abriu um espaço, na década de 1990, que o Brasil pôde ocupar? Não ocupar espaço norte-americano, mas, certamente, ter uma política mais ativista? O senhor atribuiria a capacidade de o Brasil ter uma política regional ativa desde o Fernando Henrique, mas também com o Lula, a essa falta de atenção dos Estados Unidos pela região?
RB: Falei incontáveis vezes sobre essa questão nos Estados Unidos. Gostava de repetir para os americanos — que ficavam perplexos — que o Brasil não queria nada, não pedia nada e não esperava nada dos EUA. Esperávamos apenas que mantivessem a política em relação à América Latina, porque isso beneficiava muito o Brasil e agradecíamos muito. Com a ausência deles na região, em virtude da sucessão presidencial e depois do 11 de setembro e da guerra contra o Iraque, que ocupou a administração o tempo todo, a região e o Brasil estavam bem distantes das preocupações de Washington. Perguntavam-me se o Brasil estava indo bem e como havia sido o início do governo Lula. As medidas apoiadas pelo Brasil com a criação da União das Nações Sul-Americanas (Unasul), do Conselho de Defesa, da Celac, sem os Estados Unidos, foram construídas aos poucos. O governo de Washington não havia reagido porque os objetivos coincidiam com os dos EUA. Depois, na Cúpula das Américas, em março ou abril de 2002, em Trinidad e Tobago, todos os países que critica-

vam os Estados Unidos pela invasão do Iraque (muitos criticaram, inclusive o Brasil) compareceram à reunião. Os 34 estiveram lá, até a Venezuela.

MS: Inclusive a Venezuela...

RB: Eles não precisavam se incomodar. Os EUA não estavam preocupados com o Brasil. Porém, no Brasil havia setores supondo que nos Estados Unidos existiria um centro fazendo planos de como ocupar a Amazônia, de como prejudicar o Brasil, e mesmo trabalhar contra o Brasil no Mercosul. Isso não existia. Todavia, se pisar no calo deles, aí eles reagem. Quando eu estava em Washington, ouvia que os EUA estavam atraindo o Uruguai e a Argentina para negociar acordos comerciais. Em 1990, quando comecei a trabalhar no Mercosul, o presidente Carlos Menem, o ministro Domingo Cavallo e outros só falavam de um acordo da Argentina com os Estados Unidos, tudo para acabar com o Mercosul. Eu sempre dizia que não perdia um minuto de sono com aquelas notícias, porque os Estados Unidos jamais assinariam um acordo isolado com o Uruguai ou com a Argentina. Não assinariam porque não era prioridade para Washington. Não saiu acordo algum com a Argentina, nem com o Uruguai. Na negociação da Alca, o governo americano reagiu contra o Mercosul porque era do interesse dos EUA levar adiante o processo negociador hemisférico. Li uma reportagem revelando que, quando os americanos perceberam que o Mercosul não queria a Alca, eles se desinteressaram. Acho que os EUA se desinteressaram antes, porque faltava capacidade de negociar algumas questões que preferiam tratar em âmbito multilateral.

MS: Claro, não conseguiam nem honrar o próprio acordo.

RB: Todas as iniciativas tomadas pelo Mercosul eram recebidas com naturalidade pelos americanos. Por quê? Porque não afetavam o interesse deles. Aliás, mesmo nos governos petistas nada se decidiu que afetasse, significativamente, as prioridades americanas. Quer dizer, mesmo o Conselho de Defesa, como está concebido, não afetava nem o Tiar, na OEA, nem a Junta Interamericana de Defesa (JID), em Washington. Pode ser que mais tarde evolua para uma nova atitude, mas como está até agora, é mais um órgão de coordenação. Com que objetivo? Como declarado pelo Brasil, para fortalecer a democracia, que também é defendida pelo governo de Washington. Então, por que se opor? O problema dos Estados Unidos é que eles estão tão acima que podem se dar ao luxo de adotar essa atitude. Essa que é a realidade. Os americanos não estão preocupados em prejudicar o Brasil. Ao contrário, indiretamente ajudaram o

EMBAIXADOR EM WASHINGTON

Brasil, mas também não vão facilitar a vida de ninguém. Pela omissão na região, estavam ajudando o Brasil a encontrar um espaço.

MS: Então, como é que a gente explica o tom crescentemente duro que o Fernando Henrique adota em relação aos Estados Unidos? Porque os discursos oficiais a partir de 2001, depois desse encontro de março e muito mais depois do 11 de setembro, são bastante rigorosos. O tom que o Fernando Henrique utiliza é diferente do Fernando Henrique de 1998, por exemplo.

RB: Na minha opinião, é pelo que o Bush representava. Essa postura repercutia bem aqui no Brasil. Depois do 11 de setembro, no começo do governo, durante a guerra do Afeganistão, o Brasil e todo mundo apoiaram muito os EUA. O Brasil foi instrumento para aplicação do Tiar após o 11 de setembro, e o Brasil ficou sozinho. Tive uma reunião duríssima no Departamento de Estado sobre essa questão, porque os Estados Unidos davam sinais de retrocesso, e o Brasil ficou firme na defesa da aplicação do Tiar. Os Estados Unidos hesitaram porque, como Argentina e México estavam contra, houve um momento em que eles duvidaram da eficácia do tratado. E o Brasil foi, desde o começo, solidário com os EUA.

MS: Imediatamente depois do 11 de setembro, o Fernando Henrique começa a fazer uma série de declarações alertando contra o unilateralismo. E, nos discursos do Fernando Henrique, ele tem a percepção de que ia chegar um mundo muito mais hostil; o fim, de fato, da década liberal e o começo de algo que ele prenunciava ser nefasto. Como o senhor vê esses discursos?

RB: No começo, ele defendeu muito a globalização e chegamos inclusive a conversar sobre isso. Acredito que Eduardo dos Santos e outras pessoas também falaram. Mas há um discurso dele sobre esse tema, proferido no México, creio, que é ultraliberal. E aí, em outro discurso na Índia, ele deu uma freada na globalização. É interessante comparar o discurso da Índia com o do México. Ele tinha essa visão que refletia também um pouco o pensamento do ministério. O Itamaraty sempre defendeu o fortalecimento das instituições multilaterais, não foi invenção do Lula, foi sempre a postura do Itamaraty; paz e segurança nas Nações Unidas, comércio na Organização Mundial do Comércio (OMC), nuclear, na Agência Internacional de Energia Atômica (Aiea). O Brasil sempre teve, desde Bretton Woods, forte atuação nos organismos internacionais. E o Fernando Henrique também manteve essa política. O primeiro *draft* dos discursos de política externa é feito no Itamaraty, e depois passava para o Eduardo, e por último ia para o presidente. Agora, como o Eduardo era do Itamaraty, havia pouca mudança. Mudavam a ênfase, colocavam uma frase aqui, outra frase lá, mas a base era do Itamaraty. Quando era um discurso de *policy* mais sensível, aí o Fernando Henrique orientava, dava a posição para o Eduardo, tudo o que deveria estar dito. Ou então ele mesmo revia. Fernando Henrique revia os discursos, mudava parágrafos e incluía outros. Inclusive, nessas reuniões da Alca que eu acompanhei, tinha a mão dele direta. Portanto, essa posição multilateral, contra o unilateralismo, era uma filosofia do Itamaraty. Quanto à posição unilateral dos EUA, estava refletida no documento mais significativo da Administração Bush, a doutrina de segurança nacional, o *National security strategy*, que Obama não revogou. Aí consta o princípio do *regime change* e o *preemptive attack*. Há ainda uma frase, que eu repetia com frequência na época em que eu lá estava e que causava certo espanto, mas meu objetivo era o de mostrar a dificuldade que os países tinham de lidar com os EUA. A frase diz o seguinte: "Os interesses americanos serão defendidos pelas forças armadas. O Departamento de Estado será utilizado para interagir com outras nações". É o que está escrito, com todas as letras. É textual isso. Como é que os países poderiam reagir? O interesse vai ser defendido *manu militare*? Esse unilateralismo resultou nos excessos ocorridos na execução dessa política. Existe ainda todo um capítulo de direitos humanos, com detalhes dos desrespeitos já revelados. Richard Cheney, vice-presidente de Bush, autorizou que a Central Intelligence Agency (CIA) assassinasse ou torturasse líderes terroristas presos. Isso foi tornado público em 2010 e é contra a Constituição, contra o Congresso, e foi feito sem comunicação ao Congresso, apenas com a autorização de Dick Cheney. Se comunicar ao Congresso, pode torturar. Logo após o 11 de setembro — e o convite foi mantido, pois já estava marcado antes —, fiz uma conferência em Harvard, no centro presidido por Jeffrey Sachs, a Kennedy School. Modifiquei todo o meu discurso, falando da percepção externa sobre o que estava acontecendo nos Estados Unidos, e usei a expressão "império" ao me referir às políticas do governo depois do ataque terrorista de Nova York. Falei, entre outros itens, que os Estados Unidos, com essa atitude, com a doutrina de segurança nacional, demonstram uma atitude imperial. E é um império muito mais forte do que o Império Romano e o Império Britânico. Também dei explicações sobre o orçamento militar. Terminada a reunião, veio um professor americano falar comigo: "Embaixador, nós gostamos muito, a sua apresentação foi provocativa. Mas, quero dizer que uma expressão usada pelo senhor ninguém entende aqui. O senhor falou que os Estados Unidos são um império. Isso não existe. Não está na cabeça de ninguém aqui nos Estados Unidos, que o país possa ser visto como um império. Isso é muito forte para nós". Três anos depois, apareceram vários livros na mesma linha do que eu dissera, defendendo que os Estados Unidos são, realmente, um império, e que a nação devia assumir isso. Niall Ferguson é escocês e publicou o livro *Império*, mas havia também americanos escrevendo sobre o império americano, porque acreditavam que não havia alternativa, e que os Estados Unidos tinham que assumir, sem ter vergonha, o papel de império.

MS: De que maneira o 11 de setembro foi processado na embaixada e em Brasília?

RB: Eu estava me dirigindo para a embaixada quando o ministro conselheiro, um dos meus colaboradores, Marcos Galvão, me chamou para avisar que a televisão estava mostrando que um avião havia se chocado contra uma das torres em Nova York. Na hora em que liguei a TV e vi o avião chegando, pensei que fosse *replay*, mas era o segundo avião abalroando a outra torre. Corri para a embaixada e tentei, imediatamente, chamar o presidente FHC, mas não foi possível porque houve acúmulo de chamadas ou as ligações haviam sido interrompidas. Quando, já na embaixada, vimos a coluna da fumaça na direção do Pentágono, imediatamente, por uma questão de sensibilidade, achei que aquilo que eu via não era um fato isolado, mas uma ação combinada com outros desdobramentos. Naquele momento, tive a clara percepção de que aquilo era algo que mudaria a vida nos Estados Unidos. Afinal, pude conversar com o presidente em Brasília e comentei o que ocorria. Descrevi todo o quadro, já evidentemente do conhecimento dele. FHC chamou o encarregado de Negócios dos EUA, e pouco mais tarde o governo brasileiro divulgou uma nota de apoio aos Estados Unidos. Logo de saída e naquela mesma semana, foi tomada a decisão de invocar o Tratado Interamericano de Assistência Recíproca (Tiar).

MS: De onde veio a ideia de acionar o Tiar?

RB: A sugestão saiu do Itamaraty em apoio aos EUA e também uma reação à posição do México. Vicente Fox, na primeira visita que fez a Bush, em Washington, propôs terminar com o Tiar, que, segundo ele, era uma relíquia da Guerra Fria e não tinha mais razão de ser. Isso ocorreu nos dias 5 e 6 de setembro, uma semana antes do dia 11 de setembro. O Brasil deu uma nota contra a atitude mexicana, dizendo que o tratado não devia ser denunciado, e que antes se deveria estudar melhor o que colocar no lugar. O Itamaraty não improvisa. Posteriormente, Celso Amorim defendeu a criação de um conselho de segurança e paz na região e afirmou que, enquanto o México estava querendo acabar com o Tiar, o Brasil iria prestigiar o tratado. Mas acho que essa reação foi um tanto burocrática. O Brasil é visto nos Estados Unidos como um parceiro relutante, ou seja, um país que incomoda bastante em questões pequenas. Eu complementava que o Brasil tem posições independentes, é um país grande, que tem ambições de ter um lugar de relevo no mundo, tem pretensões de ser uma nação respeitada, que procuramos defender valores comuns com os EUA, mas do jeito que nos parece melhor, de acordo com o que é interessante para o país. Sempre ressaltava que, no entanto, nunca o Brasil deixou de apoiar os Estados Unidos em questões fundamentais. Na Segunda Guerra Mundial, foi o único país que aderiu aos aliados, entrou no conflito e enviou soldados para o *front*. Morreram mil deles, que estão enterrados na Itália. Na outra grande crise pela qual os EUA estavam passando — o ataque terrorista às torres em Nova York —, o Brasil foi o primeiro a se manifestar, o primeiro a oferecer apoio de defesa e o primeiro a se colocar do lado dos americanos. Naquilo que interessa, o Brasil sempre marca sua presença ao lado dos EUA.

MS: Tem uma interpretação que afirma que o Brasil acionou o Tiar porque era uma sinalização de baixíssimo custo, com muito crédito político, que permitiria ao Brasil, depois, dizer "não vem pedir mais. Já fizemos isto. Ali onde *matters* a gente está com vocês".

RB: Não, isso é um engano. O motivo por trás da aplicação do Tiar é que os Estados Unidos já falavam de uma coalisão militar (*coalition of the willing*). Logo em seguida invadiram o Afeganistão. O Tiar é uma manifestação de apoio a qualquer país do hemisfério que seja atacado, mas o tratado não prevê envio de tropas. Então, a mensagem que estávamos enviando era simples, o Brasil faz o gesto mas não precisa fazer mais nada, inclusive enviar tropa, porque o Tiar não previa essa possibilidade. Se houver pedido de tropa, a posição era a de que, por ser matéria constitucional, seria preciso ter aprovação do Congresso. Havia, sim, expectativa de que os americanos pedissem tropas, pois queriam apoio e vários países mandaram tropas para o Afeganistão. Ainda, percebia-se que o Iraque seria o próximo alvo, e ninguém queria se comprometer. Mais, era o fim do governo do Fernando Henrique e outro governo começaria, com uma situação muito delicada. O Brasil fez um gesto muito apreciado. Os Estados Unidos não pediram nada, a oferta foi do lado brasileiro. O Brasil se ofereceu para pedir a convocação de uma reunião especial da OEA, dentro do Tiar, o que é diferente. Comuniquei então que o Brasil iria propor isso e os americanos ficaram muito gratos. O México, como pedira a revogação, ficou contra a convocação, não queria a aplicação do tratado. E a Argentina, dentro do negaceio de sempre com o Brasil, ficou em posição contrária também, porém em cima do muro, não declaradamente. Certo dia, o subsecretário Peter Romero me chama no Departamento de Estado para perguntar como estava a posição do Brasil e que estava ouvindo falar que o Brasil queria mudar de posição porque o México estava contra e a Argentina também. Respondi que não era ele que devia me perguntar qual era a posição do Brasil, mas eu é que queria saber sobre a convocação do tratado. Acrescentei que o México, com quem os EUA têm estreita relação, estava pendendo para o lado contrário e que teríamos de tomar uma decisão. Ressaltei que estava com instruções para saber se o Brasil apresentaria ou não essa proposição na OEA. Se os EUA não apoiassem o Brasil, iria ser criada uma situação constrangedora. Como o México estava contra e a Argentina estava contra, eu quereria saber se os EUA apoiariam ou não. A conversa foi tensa. A resposta de Peter Romero foi firme, agradecendo muito o gesto do Brasil e que os EUA apoiariam o Brasil e iriam conversar com o México e com a Argentina.

MS: O que o México e a Argentina fizeram no final?
RB: O México saiu da sala e se absteve; fez discurso contra e não votou. A Argentina votou a favor. A posição do Brasil foi firme, porque como o México e a Argentina estavam contra, eles acharam que o Brasil fraquejaria.

MS: E o México se absteve?
RB: Duas semanas antes, em encontro entre Bush e o presidente Vicente Fox, o México fizera uma proposta um tanto pretensiosa e contrária à opinião do Itamaraty de acabar com o Tiar. Aí, por coincidência e azar deles, aconteceu o 11 de setembro. E o Brasil, que era contra a posição mexicana, invocou o Tiar, apesar da oposição do México.

MS: Por que o México queria acabar com o Tiar?
RB: Talvez para mostrar ser independente dos Estados Unidos, para consumo interno. O Brasil foi contra porque defendia substituir o Tiar quando houvesse algo semelhante para pôr no lugar. Por exemplo, o Conselho de Defesa é um embrião de um tratado mais amplo e poderia até vir a ser isso. Foi uma circunstância muito delicada, porque o México tinha pedido para extinguir o

Tiar, e uma semana depois ocorreu o 11 de setembro. E o Brasil aproveitou para propor a aplicação do tratado.

MS: Ou seja, de onde vem a ideia, depois do 11 de setembro, de o Brasil liderar uma resposta dessa? Uma interpretação que existe na literatura é a seguinte: o Brasil não concordava com a ideia de guerra contra o terror e achava que, logo depois do 11 de setembro, o cenário internacional se recrudesceria e que poderia haver demandas para o Brasil. Assim, a melhor coisa seria invocar o Tiar, que não teria consequência prática alguma, para evitar ter que fazer concessões em outras áreas.
RB: Justamente, porque o Tiar não implicaria envio de tropa por nenhum país, por ser um ato unilateral e voluntário. A OEA também não decidiria o envio de tropa pelo Tiar. Creio que todos estavam de acordo no Brasil. Formalmente, a sugestão foi feita pelo setor competente da secretaria de Estado. O ministro levou para Fernando Henrique e ele aprovou.

MS: O senhor acha que isso ajuda a explicar o porquê dos Estados Unidos nem sequer chegarem a pedir tropas para o Brasil, quando há a invasão do Iraque?
RB: É isso, e já era governo Lula, que desde o início declarara um posicionamento duro contra a guerra. Então, sabiam que do lado brasileiro não haveria apoio militar algum.

MS: Quando a gente invoca o Tiar, além da resistência mexicana, tinha algum outro país?
RB: Sim, a Argentina, em virtude da rivalidade com o Brasil. A Argentina mudou logo de posição e acabou votando a favor da aplicação do Tiar. O México se ausentou da sala e não votou, mantendo sua posição até o fim.

MS: Tem um discurso do Fernando Henrique em 2001 na Assembleia Nacional Francesa, em Paris. Um discurso muito forte e muito duro contra os Estados Unidos. Ele falava que a barbárie não era apenas o terrorismo, mas também o uso unilateral da força. A que o senhor atribui essa postura do Fernando Henrique? Fora as convicções dele.
RB: É, de fato, foi um discurso muito forte. A opinião pública tinha mudado no mundo inteiro, inclusive aqui no Brasil. Imagino que o presidente FHC refletia um pouco a atitude da opinião pública, posicionando-se de modo duro contra os americanos. Depois da guerra do Afeganistão, apoiada por todo mundo, os Estados Unidos invadiram o Iraque, e aí houve uma divisão no

mundo ocidental, com a Alemanha e a França tomando posição contrária à invasão do Iraque, de Saddam Hussein. Acho que a principal razão do discurso tão crítico do presidente FHC foi o fato de haver sido em Paris. A França era o país que mais se opunha ao ataque, FHC morou em Paris, conhecia toda a liderança francesa. Ele me contou que foi aplaudido de pé pela Assembleia Nacional. Era tudo o que os franceses queriam ouvir.

MS: Bom. Fernando Henrique também disse. Naquele discurso que ele fez em Paris.[7]
RB: É, disse também.

MS: Onde ele diz que o maior ataque à civilização é o unilateralismo.
RB: Estou reproduzindo parte desse discurso no livro O dissenso de Washington, porque isso foi um tema que surgiu nas conversas com o Departamento de Estado.

MS: Isso é ainda Otto Reich?
RB: Ele ainda era o subsecretário. Comento isso para mostrar que, como diziam nos governos petistas, era subserviente quem, de alguma maneira, queria promover as relações comerciais ou outros aspectos das relações com os Estados Unidos. As posições do presidente FHC na questão da Tríplice Fronteira, na questão do terrorismo e na questão da Alca, foram muito mais duras do que as do presidente Lula, mas era acusado de subserviência.

MS: E do ponto de vista brasileiro, em Washington, não teve maior impacto?
RB: O Departamento de Estado falou comigo sobre o discurso, mas não houve reclamação. Comentaram que tiveram notícia de um discurso duro do presidente FHC em Paris no qual chamava o unilateralismo de atitude bárbara. Não deixaram de registrar en passant.

MS: Há um segundo encontro do Fernando Henrique com Bush em novembro de 2001. Como foi esse encontro?
RB: Os encontros de FHC com o Bush mantiveram a mesma linha, sem nenhuma novidade. Nas reuniões presidenciais em que participei em Washington, o pattern era igual. Um dia, um colega meu me perguntou o que é

---

[7] Refiro-me ao discurso de Fernando Henrique Cardoso na Assembleia da França, em outubro de 2001.

que eles discutiram, se o Bush havia mencionado a questão de propriedade intelectual. Procurei as notas do encontro e me deparei com o seguinte fato histórico. No dia em que FHC chegou, eu acho que foi nesse encontro em novembro, na véspera, eu me reuni com ele e com o ministro Celso Lafer. Discuti com eles um papel, uma página ou duas preparadas por mim, sugerindo que o governo brasileiro propusesse ao governo americano um acordo de livre comércio. A negociação da Alca não avançava e eu acreditava que o governo brasileiro deveria propor, formalmente, um acordo, do Mercosul, quatro mais um, ou mesmo bilateral, do Brasil com os Estados Unidos. Após a longa conversa, explicando o porquê da sugestão, jantamos e fomos dormir. No dia seguinte, no café da manhã, ouvi de FHC que tinha gostado da ideia e que iria apresentá-la a Bush. Celso Lafer concordou. No meio da conversa com Bush, falando de tudo sobre a região, inclusive o comércio regional e a Alca, FHC disse que, em vista do impasse nas negociações da Alca, queria propor uma negociação direta de um acordo comercial com o Brasil ou o Mercosul.

MS: Disse se era bilateral ou quatro mais um?

RB: Podia ser um ou outro: quatro mais um ou bilateral. Mas o fato a destacar é que foi a primeira vez, pois até então ninguém havia nem sequer falado nisso ou proposto algo desse tipo, visto que a discussão era sempre em torno da Alca. Isso que eu estou contando não saiu na imprensa. Bush recebeu bem a ideia, mas Condoleezza Rice, que estava na reunião, interveio e disse a Bush que a decisão não podia ser tomada naquele momento porque a proposta era um assunto comercial e quem estava discutindo essa matéria era o Bob Zeollick. O presidente FHC concordou, mas insistiu que deveríamos fazer o acordo. Bush aceitou a opinião da Condoleezza e o assunto não foi levado adiante. Mas foi um fato histórico: o Brasil propôs um acordo de comércio para os Estados Unidos. Os Estados Unidos não aceitaram.

MS: Como é que isso não vazou para a imprensa?

RB: Porque somos muito discretos...

MS: Quem estava nessa segunda reunião? Também foi no Oval Office, na Casa Branca?

RB: Sim, no Oval Office. Presentes os de sempre: Fernando Henrique, Celso Lafer e eu, do lado brasileiro. Do lado americano eram Bush, Condoleezza e

Colin Powell. E, eu acho, ia sempre esse chefe da Casa Civil, que estava por ali, e participava.

MS: Vamos então para o dia 20 de junho, que é o dia do encontro. A gente conversou bastante sobre a ideia do *framework*. Tendo em vista que o senhor já tinha feito apresentação de uma ideia dessa natureza quando do governo FHC, na época do Clinton, onde tudo indicaria que o clima seria favorável a isso, tendo em vista a relação pessoal entre o presidente FHC e o presidente Clinton, por que isto não foi adiante?
RB: Tratava-se de proposta ousada para institucionalizar as relações bilaterais. O presidente FHC foi em novembro de 2002, antes de acabar o governo. Encaminhei essa proposta para Brasília, creio que em junho, julho.

MS: Foi muito no fim do governo Fernando Henrique?
RB: Foi isso sim, para aproveitar, justamente, a visita do presidente. Tinha começado a discutir o assunto há muito, um ano antes, mas a elaboração de um documento desse tipo precisa de horas de dedicação e empenho, pois não era possível entregar uma proposta improvisada "num abrir e fechar de olhos". É preciso expor, discutir, falar muito e arranjar aliados para a ideia. Quando ficou acertado que Fernando Henrique encontraria Bush, no final da administração dele aqui no Brasil, acelerei a preparação da ideia da institucionalização das relações bilaterais. Na minha cabeça, tinha a ver com a descontinuidade da política que havíamos praticado durante os quase quatro anos que fiquei em Washington no período FHC. A eleição do Lula trazia muita incerteza, não era possível saber o que aconteceria com a economia, com a relação com os Estados Unidos. Na parte econômica, imaginava que não haveria mudança. Mas no campo da política internacional, havia um ponto de interrogação. Então, na minha cabeça, ao propor esse *framework*, era a maneira de consolidar todo o trabalho efetivado por quatro anos, construindo uma relação, diversificada, de parcerias. Acreditava que o governo americano aceitaria fazer isso, pois quando viesse o novo governo, já estaria pronto. Essa foi minha ideia. Institucionalizamos tudo, a fim de impedir que alguém pudesse destruir o trabalho realizado. Decidido, passamos a atuar nessa linha. Mas o Itamaraty não respondia meus pedidos de instrução, creio que nunca deu resposta. Insisti no assunto quando da preparação da visita, e também não aconteceu nada. Por outro lado, os americanos tinham algumas reservas sobre a ideia, porque, imagino, haviam calculado

concretizar a proposta com o novo governo. Fazia sentido, pois se queriam fazer uma jogada importante com o Lula, tinham que dar algo para ele. O governo americano fez exatamente isso, em vez de entregar para o Fernando Henrique, preferiram firmar tudo com o Lula. Do meu ponto de vista, era indiferente, tanto podia ser com um ou com outro, porque meu objetivo era consolidar a relação bilateral entre os dois países. Eu preferia que fosse concluído com Fernando Henrique, mas não foi essa a escolha do governo americano, corroborada pela falta de manifestação do Itamaraty. Continuei a explorar a ideia depois da mudança do governo.

MS: Como foi a transição do Lampreia para o Lafer?
RB: O ministro Lampreia queria sair desde o começo do segundo mandato do presidente FHC. Na mudança do governo, ele fez o pedido; FHC não concordou. No entanto, Lampreia acertou que ficaria mais um período, porque preferia se dedicar ao setor privado, além de se sentir cansado com inúmeras viagens. No final, estava efetivamente desinteressado, e cumpria apenas seu papel no governo. Creio que chegou a almejar ser diretor executivo do Gatt, da OMC. Por fim, FHC concedeu a demissão a Lampreia e convidou Celso Lafer, creio que para reparar a situação anterior, em que Lafer fora ministro da Indústria por pouco tempo e sua saída se deu de modo, até certo ponto, desgastante. FHC e Ruth eram amigos dele há pelo menos 30 anos, e de sua mulher, Mary. Foi uma sucessão natural.

MS: Por que não o Sérgio Amaral, que também era amigo?
RB: Ah, acho que ele escolheu alguém mais da intimidade. Acho que o Sérgio não foi cogitado. Não que eu saiba.

MS: Tinha algum outro nome possível?
RB: Acho que não, creio que ninguém foi cogitado. FHC combinou direto com o Celso Lafer.[8]

---

[8] Em seu *Diários da Presidência 1999-2000*, Companhia das Letras, nas páginas 746 e 747, FHC comenta sobre a substituição do ministro Lampreia: "dos embaixadores, dos mais novos, os mais efetivos são o Rubens Barbosa e o Sérgio Amaral [...] O Lampreia prefere o Seixas ou o Celso Lafer, que é uma pessoa com a cabeça moderna, é leal e serviu bem nas funções com que teve de se haver. Provavelmente vou nomear o Celso. Não está ainda decidido na minha cabeça, mas provavelmente farei assim".

EMBAIXADOR EM WASHINGTON

MS: Qual foi o impacto da chegada do Celso Lafer no Ministério de Relações Exteriores? Houve alguma mudança na estrutura e na lógica do ministério e na relação do ministério com o senhor?

RB: Não, não houve mudanças. Tudo continua exatamente igual, inclusive quanto a mim. A relação com a embaixada em Washington continuou prestigiada. O presidente FHC tinha grande influência na política externa, assunto que dominava, e o agradava. Diferente do que se possa pensar, a diplomacia presidencial não foi descoberta do Lula, é iniciativa do presidente FHC. O presidente Lula continuou a prática. Lampreia e Celso Lafer mantiveram a prioridade para os temas econômicos. Celso tinha sido embaixador em Genebra, e por isso dava muita ênfase às negociações multilaterais.

MS: E como era sua relação com o Lafer?

RB: Muito boa. Trabalhei com Celso Lafer quando ele era ministro do Collor, e eu estava na secretaria de Estado, em Brasília, trabalhando com o Mercosul. Eu o conhecia de antes e continuamos a manter uma boa relação.

MS: Vamos falar do José Maurício Bustani e do caso Bustani? O que aconteceu?

RB: Do *affair* Bustani, posso falar apenas do que tive conhecimento em Washington e por isso minha informação era limitada. Tudo começou em Washington, em fevereiro 2002, quando da visita do embaixador Luís Augusto de Araújo Castro, subsecretário político do Itamaraty, à capital americana, para consultas regulares do diálogo político Brasil-Estados Unidos. Acompanhei-o nas conversas relacionadas com o planejamento político e enquanto ele ainda tratava do assunto na capital americana, John Bolton,[9] então subsecretário para assuntos de desarmamento e segurança nacional, telefonou para a embaixada e pediu nossa presença em seu escritório. Ao entrar na sala de Bolton, observei a mesa limpa, sem nenhum papel em cima. Na mesa em frente ao sofá, havia um único objeto decorativo, uma granada de mão. Assim que nos acomodamos, Bolton começou a falar dos problemas na Organização para a Proibição de Armas Químicas (Opaq), e de modo direto e muito forte queixou-se do embaixador Jose Maurício Bustani, que estaria criando problemas com um funcionário americano, da área administrativa. Mencionou que o funcionário americano reportava que havia corrupção e *mismanagement* na área financeira da administração e que por isso o Bustani o estava afastando. O governo americano não aceitava a existência desse proble-

---

[9]   John Bolton é hoje National Security Advisor do presidente Donald Trump.

ma, afirmava que o Bustani estava por trás da crise e queria avisar que a situação poderia se deteriorar. Era preciso remediar a situação ou os Estados Unidos se oporiam à continuação de Bustani como diretor executivo da organização. Falou tudo isso de modo muito claro. Eu e Araújo Castro retrucamos, imediatamente, que nós não estávamos acompanhando o que nos era exposto, que era uma questão interna da Opaq. Bustani não era um diplomata brasileiro e sim um funcionário internacional, eleito duas vezes para a organização com o voto dos EUA. O governo brasileiro não tinha nada a ver com isso, porque o que ocorria era problema do funcionário da organização, que por acaso é brasileiro, mas não recebe instruções de Brasília. O governo brasileiro não tinha nenhuma responsabilidade sobre o que estava acontecendo, mas que transmitiríamos às autoridades brasileiras o que nos estava sendo relatado. Não deixamos de acrescentar, Araújo Castro e eu, que queríamos deixar bem claro que conhecíamos Bustani há 40 anos e que tinha trabalhado comigo quando eu era subsecretário-geral de temas multilaterais. Conhecendo Bustani há muitos anos, não poderíamos aceitar sua insinuação de que ele estivesse acobertando ou patrocinando qualquer ação que pudesse ser interpretada como corrupção. John Bolton insistiu que transmitíssemos ao governo brasileiro que essa ocorrência poderia não acabar bem. Saímos de lá, informamos ao Itamaraty e eu liguei para Bustani para relatar a conversa e dizer que ele se preparasse, pois viria muita perturbação para seu trabalho. Ao longo de semanas, para mim tudo ficou esclarecido com a conversa com Bustani. Fui informado de que ele convidara a Síria e o Iraque para ingressar na Opaq como membros plenos. Exatamente nesse período, já na presidência de Bush, a máquina de guerra contra o Iraque estava montada, apesar disso não ser de conhecimento público. Se o Iraque entrasse para a Opaq, desaparecia o principal motivo da guerra, que era a alegação da existência de armas químicas. Na Opaq, haveria inspeção e ficaria eliminada a ação unilateral norte-americana. Bustani havia se colocado no meio da movimentação bélica americana, da máquina de guerra americana. O assunto continuou tratado por Brasília, quando houve uma visita do Celso Lafer a Washington. Colin Powell e Lafer trataram da agenda bilateral, comércio, Colômbia e outros itens. Terminada a agenda, Colin Powell pediu para todos os presentes que queria ficar a sós com o ministro Celso Lafer. Os assessores e eu saímos, deixando os dois a sós. Passado um tempo, a porta abriu, entrei, e despedi-me do secretário de Estado. No carro, só Celso e eu, perguntei se o tema da conversa reservada tinha sido Bustani. Celso assentiu com a cabeça, sem nada acrescentar. Não soube o que foi conversado, mas posteriormente fui chamado duas ou três vezes pelo subsecretário multilateral do Departamento de Estado, reclamando que o governo brasileiro não estava cumprindo o que fora combinado. Respondi que ignorava o que foi acertado, mas que transmitiria a Brasília o que me estava sendo dito. Perguntei o que havia acontecido e soube que o governo brasileiro fizera uma circular pedindo aos postos no exterior gestões a favor do Bustani, o que foi considerado muito delicado e grave para os EUA. Na Haia, na Opaq, a pedido dos EUA, houve uma primeira votação de não confiança, quando os Estados Unidos não obtiveram o *quorum*. Faltaram quatro, cinco votos, e Bustani continuou. Os Estados Unidos fizeram uma mobilização global, e nesse momento houve a circular referente à segunda votação no plenário da organização. Na minha opinião, Bustani deveria ter saído logo após ter ganho a primeira votação, e feito o discurso duro que pronunciou contra os Estados Unidos ao deixar o cargo. O que se passou em Brasília eu soube por ter ouvido conversas, mas o que ocorreu em Washington foi o que relatei. Insistimos sempre que era um problema que nada tinha a ver com o governo brasileiro, e que Bustani era funcionário brasileiro no exterior. Inclusive, os americanos nos disseram em Washington que não havia nada contra o Brasil, e que eles estavam dispostos a apoiar outro candidato brasileiro no lugar do Bustani. Mas o governo brasileiro não quis apresentar nenhum nome, e combinou com os países da América do Sul para que também não apresentassem candidato. Porém, os argentinos quebraram o acordo e indicaram Rogelio Pfirter, que sucedeu Bustani, o que incomodou o governo brasileiro por ter sido quebra de compromisso. Pfirter tinha sido colega meu em Londres. Eu o conhecia bem, tinha muitas posições contra o Brasil. Quando soube que o nome dele estava sendo cogitado, tive a certeza de que ele quebraria o compromisso, que iria ser o candidato e sucessor do Bustani. Foi o que aconteceu. Apresentou-se e ganhou.

MS: Ele é diplomata de carreira?
RB: É, diplomata de carreira. Acho que em 2010 não era mais da Opaq; o mandato tinha acabado.

MS: O Bustani chegou a vir ao Brasil para conversar com o presidente Fernando Henrique?
RB: Creio que sim, falou com o presidente mais de uma vez.

MS: O senhor concordaria com a imprensa que disse que o governo brasileiro lavou as mãos?
RB: Essa é a percepção do Bustani, que tem ressentimento por tudo que ocorreu. Como eu não estava em Brasília, desconheço a história completa, mas

soube de significativa reação da burocracia do Itamaraty, em que sobressaiu o espírito de corpo com a pressão dos diplomatas para que se tomasse alguma providência. A circular existiu, mas o Bustani diz que não passava de *lip service*, isto é, apenas um gesto da chancelaria. Não quero especular sobre isso porque não vivi o problema.

MS: Eu queria que o senhor falasse um pouco do ambiente na embaixada durante a eleição do Bush no primeiro mandato. Vocês apostavam na vitória eleitoral do Albert Arnold Gore?

RB: A embaixada acompanhou de perto o processo eleitoral. Foram feitas seguidas comunicações analisando a eleição, que estava bastante indefinida. Participei das convenções dos partidos Republicano e Democrata. O governo americano disponibilizou um trem que conduziu os embaixadores ao local do evento — "o maior espetáculo da terra" —, um verdadeiro show, desde as primárias até a convenção. Eu tinha a impressão que Al Gore poderia ter chance de vitória se tivesse jogado a carta do presidente Clinton, mas ele não quis por causa dos escândalos da Mônica Lewinsky. Gore era um político muito difícil, sem carisma. Eu o via um tanto parecido a Dilma Rousseff. Ele também opinava sobre tudo e depois ficava claro que as informações e muito do que dizia era impreciso. No final, avaliamos que a vitória pendia mais para o republicano George W. Bush. A eleição era imprevisível, como aconteceu, porque Gore ganhou em número total de votos, mas perdeu no colégio eleitoral. A mídia repetia que a eleição tinha sido manipulada, porque, a rigor, Bush foi eleito por um voto, na Corte Suprema, como eu sempre dizia. Cinco a quatro. E o que houve na Flórida, sem dúvida, foi uma fraude, visto que a forma da apuração interferiu no resultado da eleição, que se estendeu por quatro meses em virtude da contestação judicial de Al Gore quanto à lisura da apuração. Eu sempre brincava: como seria analisado em termos políticos, pelo *New York Times* ou pelo *Washington Post*, uma eleição no Brasil cujo candidato a presidente tinha seu irmão como governador do estado de São Paulo, reduto crucial para o número de votos no colégio eleitoral, com as alegações de fraude? Como repercutiria no exterior um fato como esse? Conheci em Washington a pessoa-chave na eleição na Flórida, chamava-se Katherine Harris, secretária de Estado da Flórida. O então governador Jeb Bush a incumbiu de coordenar a eleição, como responsável e porta-voz de todo o processo eleitoral, apesar de ser, ostensivamente, uma ativista política. Estive com ela várias vezes, já como senadora pela Flórida. A eleição foi atípica, porque o país estava dividido desde as eleições para o Congresso americano que ocorreram anos antes. Lembro-me do mapa no qual as cores vermelhas estavam no centro e as azuis dos lados, mais do que a eleição do Congresso, que teve outra distribuição de votos, com alguns furos no vermelho, mas na eleição presidencial o mapa era claro: a costa leste e a costa oeste eram democratas e o centro inteiro, de norte a sul, era republicano. Houve aí significativa influência da direita religiosa, também detectada antes pela embaixada. Apesar de ter sido uma eleição complicada, em virtude da divisão cada vez maior do país, o momento era de grande afluência nos Estados Unidos. Entre os anos de 1999-2002, já se detectavam os défices gêmeos, como eles chamavam o fiscal e orçamentário e o da balança de comércio, considerados insustentáveis. Mas os Estados Unidos cresciam a três, três e meio por cento ao ano e as contas ainda estavam equilibradas. Naquela época, cada dois anos que os Estados Unidos cresciam três por cento, cresciam o tamanho do Brasil. Quando cheguei a Washington, as pessoas "nadavam" em dinheiro, dominava o consumismo desbragado, todos compravam iates, casas, faziam piscinas, em suma, se endividavam. Todo esse excesso resultou na crise do período 2007-08 e a eleição se realizou exatamente nesse momento, de enorme euforia consumista, em um país dividido e que se considerava acima de todos. E acontece o choque de 11 de setembro, quando o país queria mudar depois dos oito anos do presidente Bill Clinton.

MS: Por que Robert Zoellick é escolhido pela equipe republicana para lidar com a América Latina? Qual era o vínculo do Zoellick com a América Latina?
RB: Não tinha vínculo nenhum. Bob Zoellick é um intelectual, que trabalhou no Departamento de Estado e no Tesouro. Na campanha eleitoral foi designado para cuidar da América Latina, mas não havia nenhuma razão especial. Discutimos o *memorandum* que eu encaminhara para o Bush, no qual falava da importância do Brasil para os Estados Unidos. Aliás, ao longo da minha carreira e, particularmente, nos Estados Unidos, sempre procurei mostrar, do ponto de vista americano, por que o Brasil era importante, mas sem fazer propaganda do país. Eu costumava dizer, oferecendo argumentos, que eles deveriam olhar o Brasil de forma diferenciada.

MS: Naquela época, qual era o argumento para que eles olhassem o Brasil de forma diferente? Por que naquela época era diferente do que é hoje? O poder relativo do Brasil mudou?
RB: Claro! Se eu estivesse em Washington em 2010, com o Brasil crescendo, faríamos uma movimentação bastante diferente, porque, de fato, naquela épo-

ca o momento era de construção positiva da percepção externa. É importante colocar a minha chegada em Washington em perspectiva. Antes de mim, o Paulo Tarso teve um problema de relacionamento com o Departamento de Estado. É por isso que incluí em meu programa de trabalho o item construção da credibilidade. Eu não dizia o porquê, mas é esse o motivo. Quando cheguei, havia muitas pendências e um canal de comunicação deficiente. Em vez de falarem com a embaixada, quando surgia um assunto mais importante, os americanos mandavam alguém para o Brasil para conversar. Daí, meu trabalho de construção, de reabrir o diálogo. Como eles sabiam que eu tinha sido indicado pelo FHC e conheciam minha relação com ele, para mim não foi difícil porque eles não estavam falando com um burocrata. Se fosse necessário, eu passava a mão no telefone e falava com o presidente. Por isso a necessidade do programa de trabalho e da diplomacia pública, que foi muito importante, e da construção dessa credibilidade junto ao Departamento de Estado, ao Tesouro, ao Ministério do Comércio, da Agricultura, que eram os órgãos que tinham mais relação com o Brasil.

MS: O senhor lembra qual foi o tom dessa conversa com Zoellick? Qual era o seu argumento para convencer Zoellick de que era importante que os Estados Unidos olhassem com atenção e diferenciassem o Brasil?
RB: Naquela época, o Brasil estava no meio da crise financeira e tínhamos o grande empréstimo do FMI em fase de negociação. Eu procurava dar argumentos a favor de decisões americanas que interessavam ao Brasil. Explicava para eles o novo governo, o que o Brasil representava para a região, inclusive por que o presidente FHC tinha boa relação com o Chávez. Tudo dentro do contexto da eleição do Lula, por isso procurava demonstrar a eles que o Brasil era diferente, não era a Venezuela de Chávez, não era a Argentina, que estava afundada em crise, e muito menos a Bolívia. Fiz grande esforço para defender e destacar essa diferenciação. Logo depois, aconteceu o 11 de setembro, e aí mesmo que os americanos deixaram de dar importância para a América Latina. E o Brasil passou a ser visto, e é até hoje, como um fator de moderação na região, e a embaixada era um interlocutor com quem podiam conversar, apesar de todas as reservas em relação ao país. A percepção de Washington era a de um país com inflação, com desregramento econômico interno, um país com crises, que saiu de uma ditadura militar, e ainda mais um país que não gostava dos Estados Unidos. Essa era a percepção da burocracia em Washington. Então, a embaixada precisava atuar levando em

conta a percepção negativa do governo e de parte da sociedade americana. Pouca gente se interessava pela América Latina, e adicionalmente havia essa percepção sobre o Brasil. Do nosso lado, havia a comunidade acadêmica e o Congresso, além do grupo parlamentar Brasil-Estados Unidos, formado após minha chegada. Um exame da documentação mostrará todas as iniciativas que a embaixada tomou, em contraste com outros períodos, anteriores e posteriores.

MS: Qual era a percepção americana do projeto Sivam, o Sistema de Vigilância da Amazônia, em particular, da conexão entre o Sivam e a operação americana na Colômbia, na questão da Amazônia?

RB: Tratou-se de vultosa operação comercial — um contrato de 2 bilhões de dólares — de grande interesse da Raytheon Company. Creio que foi o maior de todos os contratos. Acho que o presidente Clinton falou com FHC, houve inclusive alegação de espionagem industrial. No âmbito de governo não ocorreram interferências. A preocupação estava na parte militar do projeto, por isso o governo norte-americano, nessa área, não forneceu nenhum equipamento. Na época, cheguei a visitar o Sivam, fui a Manaus, e toda a parte de defesa estava desequipada, nem sequer uma mesa. A Raytheon vendeu todos os equipamentos para a parte civil, de meio ambiente, de monitoramento do tráfego, mas o que era da parte militar, componente do Sivam, o governo americano foi contra a venda de equipamentos, dentro dessas restrições de tecnologia. Mas o Sivam não se transformou em uma *issue*.

MS: Não houve nenhum tipo de pressão americana no sentido de o Brasil compartilhar informações com a Colômbia, por exemplo?

RB: Pelo menos comigo não houve contato algum. O Brasil chegou a oferecer informações sobre clima e meio ambiente, nenhuma informação militar. O que ficou sem solução no monitoramento do tráfego aéreo não foi por causa do Sivam, foi na questão do chamado tiro de abate, tema de relevância e de muitas reuniões. Lampreia era ministro e esse tema foi discutido com a secretária de Estado, Madeleine Albright. O governo americano era muito contra por causa de um incidente com um avião peruano, derrubado com missionários americanos. No contexto militar, foi esse o motivo da relutância, mais tarde superada. A aprovação para abate tinha que ir até o Ministério da Defesa; o ministro da Defesa e o comandante da Aeronáutica teriam que autorizar, o que prevalece até hoje.

MS: Mas não é uma questão meramente nacional? Por que os Estados Unidos interferiram nisso?

RB: Ah, porque o abate envolveu cidadãos norte-americanos.

MS: Isso se conversa abertamente? Madeleine Albright levanta o tema e diz não gostar da lei de abate brasileira?

RB: Claro, eles interferiram porque havia equipamento militar americano. O governo norte-americano negociou com o Peru, quando houve esse incidente e a cooperação militar foi suspensa. E aí o Brasil quis utilizar o tiro de abate em função do tráfico de drogas. Não se tratava de guerrilha, no caso do Brasil a questão era o tráfico de drogas. O monitoramento do espaço aéreo era para identificar aviões pequenos que transportam droga. A posição do governo americano derivava do fato de o suprimento dos equipamentos no projeto Sivam ter sido feito com a empresa americana Raytheon.

MS: E conseguiram demover os americanos?

RB: Negociamos muito, mas o assunto só se desembaraçou anos depois, mais ou menos em 2004, ainda quando eu estava em Washington. Lembro que pedimos para incluir essa questão nas visitas que os ministros da Defesa, Geraldo Quintão e José Viegas, fizeram ao Pentágono, a fim de resolver a pendência. Em uma dessas visitas, eu estava presente quando o secretário da Defesa, Donald Rumsfeld, disse para o Viegas que, do ponto de vista deles, não havia problema algum, o problema estava no Departamento de Estado. Rumsfeld também se ofereceu para ajudar, mas àquela altura já era com Lula e a questão foi decidida após a visita de Viegas.

MS: Qual é o papel do Pentágono e do sistema de defesa americano na ocupação do embaixador em Washington?

RB: Não é tão significativo como são as questões econômica e comercial, mas à medida que o tempo passava, começou a ganhar influência, sobretudo após o 11 de setembro e a criação, aqui no Brasil, do Ministério da Defesa. Quando havia apenas o ministro do Exército, as discussões não eram nunca com o ministro da Defesa, eram com os responsáveis pelo Exército, da Marinha, ou da Aeronáutica. A visita de Quintão foi a primeira de um ministro da Defesa brasileiro aos Estados Unidos, ocasião em que se elaborou uma agenda e houve a formação de grupos de trabalho entre os dois ministérios. Depois, com o José Viegas, isso se ampliou e temas passaram a ser selecionados. Após o 11 de setembro, se deu início às conversações sobre a Tríplice Fronteira, manobras militares, as Forças Armadas Revolucionárias da Colômbia (Farc) e o terrorismo. Portanto, passou a existir uma agenda de defesa, que antes não existia.

MS: O senhor diria que a criação do Ministério da Defesa teve impacto sobre a visibilidade do Brasil em Washington?
RB: Com certeza, foi bem importante sim, porque havia um civil dirigindo um ministério militar, como nos outros países e, sobretudo, porque se passou a ter uma agenda. Inclusive, lembro-me que José Viegas até reclamou de uma manobra militar americana com o Paraguai na fronteira de um país multiétnico, que acontecera semanas antes da visita. Viegas indagou se os EUA estavam fazendo essa manobra militar contra o Brasil. Rumsfeld perguntou ao assessor que manobra era aquela na fronteira do Brasil. O assessor confirmou a realização desses exercícios militares e Viegas pediu para que a manobra não se repetisse. Rumsfeld determinou o cancelamento das manobras, que nunca mais ocorreram.

MS: De modo geral, essas conversas entre o governo brasileiro e a Defesa americana eram mais ou menos cheias de atritos do que as conversas comerciais?
RB: Não havia atrito nenhum. A fricção era o tiro de abate, que foi resolvido, e depois a preocupação com a Tríplice Fronteira. Nem um nem outro podia ser classificado como atrito, eram pontos de fricção. O ambiente era muito amigável, inclusive, no dia 11 de setembro, eu estava convidado por Rogelio Pardo-Maurer, subsecretário incumbido da América Latina no Pentágono, para lá almoçar com ele, às 12h. Às 9h50, um dos aviões terroristas se chocou contra o prédio. No dia 12, liguei para falar com o subsecretário. Disse-me que estava tudo bem e me convidou para no dia seguinte visitar o Pentágono e comer um sanduíche. Fui para o Pentágono dois dias depois do ataque do dia 11, e eu almocei com ele no dia 13. Fizemos um passeio dentro e fora do local, havia um cheiro forte de queimado, ele me mostrou os corredores, a fim de que eu pudesse avaliar a extensão do ataque. Passamos em revista toda a agenda bilateral, inclusive sobre as Farc.

MS: E, em relação às Farc, qual era o tom da conversa?
RB: A preocupação do Brasil era com a presença de militares americanos na base que mantinham em Manta, no Equador. Na época, havia 500 militares e assessores dessa área na Colômbia, que rapidamente subiu para mil. Durante todo o

período de FHC, houve conversas do governo americano com o brasileiro para o governo não se opor publicamente a isso, e a posição brasileira sempre foi de muita reserva. Quer dizer, o governo norte-americano reconheceu logo as Farc como movimento terrorista, o que o Brasil não fez, além de ter restrições à presença militar americana na Colômbia. Houve momento, sem que tenha ocorrido pedido formal colombiano, mas muitas conversas a respeito, em que os americanos cogitaram da criação de uma força multilateral na Colômbia e o Brasil, obviamente, era o principal candidato a integrá-la. Mas o Brasil não queria participar de nenhuma força militar. Os Estados Unidos ajudaram muito o fortalecimento do Exército colombiano que, em 2010, controlava todas as operações, porém, naquela época, havia a ideia de que o governo da Colômbia não tinha o controle do território. Por isso, o ponto principal nessa área de defesa era o U.S. South Command, sediado em Miami, na Flórida, que desenvolveu a teoria do *denial*, ou seja, impedir o controle do território pela guerrilha. O governo americano, a pedido da Colômbia, tinha mandado tropas e dinheiro, criado o conhecido Plano Colômbia, cujo objetivo era fortalecer o Estado e o Exército, a fim de impedir que houvesse esse *denial* por parte dos guerrilheiros. Lembro-me de ter participado de encontro no Inter-American Dialogue, onde estava o general comandante do South Command. Nessa ocasião, na sua exposição, o general estendeu a ideia da falta de controle do território na Amazônia brasileira pelo governo de Brasília. Pedi para falar e reagi de maneira dura, mostrando que não se podia comparar as duas situações. Na Colômbia, havia um movimento que contestava o governo e que controlava o território, porém o fato de o governo brasileiro, em algumas regiões, ter áreas onde não era possível ter uma efetiva presença do Estado, em virtude da distância e da complexidade da floresta, não significava ausência de controle sobre o território. Foi uma discussão viva. O general retrucou, eu respondi. Mas o debate surgiu pela ação do South Command, que precisava exagerar as questões com o propósito de obter mais recursos financeiros no orçamento da Defesa em Washington.

MS: Com quem o general no comando do South Command conversa com o governo brasileiro?
RB: Às vezes, é via embaixada, mas também diretamente no Brasil.

MS: Como era a sua relação com seu colega colombiano em Washington?
RB: Sempre boa, ficamos amigos. Tratava-se de Luis Alberto, que hoje é presidente do Banco Interamericano de Desenvolvimento (BID). Conhecia todo

mundo e tinha uma penetração fantástica no Congresso. Creio que isso facilitou enormemente a escolha do seu nome para a presidência do banco. Quando íamos ao Congresso para a solenidade do discurso State of the Union, eu conhecia entre 20, 40 parlamentares no máximo, mas Moreno conhecia todos os congressistas. Ele frequentava o Congresso nas discussões do orçamento para o Plano Colômbia, que subia a 2, 3 bilhões de dólares. Mas eu me dava bem com ele, tínhamos conversas sobre o que acontecia em Washington. Ele tinha conhecimento da posição de reserva brasileira em relação ao Plano Colômbia, nunca apoiado pelo Brasil.

MS: O governo colombiano se ressentia disso?
RB: No começo, acho que sim. Inclusive em 2010, a Colômbia foi o país que mais resistia a tudo que o Brasil propunha. Mesmo nas discussões sobre a criação do Conselho de Defesa, o governo colombiano não compareceu às reuniões, porque pensava que o Conselho tinha sido criado contra eles. A reclamação era de que, quando haviam pedido o apoio do Brasil no combate contra as Farc, o governo brasileiro não respondeu, enquanto os EUA ajudaram. Como ninguém queria ajudar a Colômbia, nem colocar tropa para combater a guerrilha, os americanos responderam positivamente com dinheiro e assessores militares.

MS: Os outros países sul-americanos se ressentem em relação à Colômbia, por causa do Plano Colômbia, nesse período em que o senhor está lá?
RB: Não, só a Venezuela e o Equador, a partir de 1990, com as transformações políticas; os demais países bolivarianos começaram a criticar a ação dos EUA.

MS: O embaixador em Washington mantém relações regulares com os embaixadores dos países da vizinhança?
RB: O Brasil sim. O Grupo Latino-Americano (Grula) fazia, uma vez por mês, almoço na casa de um dos embaixadores usando sistema de rodízio. Sempre fiz questão de manter os contatos, e estimulava esses encontros, pois era uma maneira de estar bem informado. Então, conversava bastante com os embaixadores da Venezuela, de Cuba e dos outros países da região.

MS: Mas Cuba tem embaixador em Washington?
RB: Cuba tinha um escritório de representação. Inclusive, quando eu passei a me reunir com os embaixadores uma vez por mês, logo na primeira reunião,

notei que Cuba não estava no grupo. E eu vinha de Londres e lá Cuba participava do Grula. Perguntei por que Cuba não fazia parte do grupo e soube que alguns países, em especial, Costa Rica e Nicarágua, não tinham relação com Cuba. Comentei que em Londres os mesmos países que estavam em Washington e que não tinham relação com Cuba aceitavam que Cuba fizesse parte do Grupo Latino-Americano. Solicitei formalmente que Cuba fosse convidada para integrar o Grula. Houve alguma reação, mas prometeram examinar o assunto. O presidente rotativo do Grula me ligou explicando a reação no grupo. Insisti no argumento de que, se Cuba participava do Grula em Londres, não tinha sentido ficar fora em Washington. No mês seguinte, o chefe do escritório de Cuba já foi convidado e estava presente.

MS: Mas não é embaixador?
RB: O chefe do escritório de representação de Cuba, em Washington, era um embaixador, porém não tinha o título. Os Estados Unidos tinham condição idêntica na embaixada da Suíça, em Havana. A relação entre os embaixadores é comum, pode-se dizer que é quase permanente, pois há sempre visitas, sobretudo desses da América Central.

MS: Tinha, na sua época, alguma relação especial com os embaixadores da América do Sul?
RB: Como já comentei, eu fazia reuniões regulares com o pessoal do Mercosul, nós nos víamos com frequência, almoçávamos conversando a respeito dos problemas comerciais, mas nada tinha a ver com nosso grupo, mas havia a questão da Alca. Eu mantinha muito contato com os embaixadores do Chile, que estavam negociando a Alca com os Estados Unidos. Apesar de saber que Brasília deveria ter conhecimento das tratativas por intermédio da embaixada chilena, pedia informação em Washington sobre o andamento das negociações para o USTR e para a embaixada chilena e as encaminhava ao Itamaraty.

MS: Como era a relação entre Condoleezza Rice e Colin Powell, a secretária de Segurança Nacional e o secretário de Estado, nesse período que o senhor está lá?
RB: No início do governo, Condoleezza Rice era assessora de Segurança Nacional da Casa Branca e procurou não influir tanto na Defesa, como no Departamento de Estado, pois ainda não tinha luz própria. O secretário de Estado Colin Powell era uma personalidade forte, tinha sido chefe do Estado Maior,

comandado a primeira guerra do Iraque, além de ter sido potencial candidato à presidência. Gradualmente, Condoleezza começou a ganhar a confiança do presidente, porque todos os papéis substantivos a ele dirigidos passavam por ela, e acabou secretária de Estado. Condoleezza era criticada por não expressar e defender sua própria opinião. Ela não confrontava nem o Pentágono, nem o Colin Powell enquanto foi assessora de Segurança Nacional. É bem possível que na triagem do que chegava ao presidente ela influenciasse, e também encaminhasse soluções para os grandes problemas que deviam surgir todo o dia no país.

MS: Ou seja, na realidade, ela terminou se beneficiando do choque de personalidades entre Colin Powell e Donald Rumsfeld, que tinham brigas sistemáticas desde o começo do governo?
RB: Não. Depois de tudo que aconteceu no 11 de setembro, quando Colin Powell comprou acriticamente a informação da Central Intelligence Agency (CIA) sobre a existência de armas de destruição em massa no Iraque e foi à ONU com as informações erradas passadas a ele, Colin Powell ficou muito amargurado e deixou saber que não continuaria no governo. O *decision making process* da Casa Branca, após a guerra do Iraque, era liderado pelo Pentágono. O Departamento de Estado teve muito pouca autoridade e influência. No final do primeiro mandato de Bush, Powell ainda voltou a ter prestígio, quando no Iraque começou a surgir muito problema de governança. Mas as decisões saíam mesmo da Casa Branca, da vice-presidência e do Pentágono.

MS: Richard Cheney tinha uma equipe de política externa?
RB: O vice-presidente Cheney tinha equipe de segurança e de defesa. Ele montou uma míni Casa Branca junto dele, mas era tudo para consumo interno, não atuava externamente. Tive algum contato com ele em uma das visitas de FHC. Toda a estrutura era com o propósito de manter a política decidida pelos *neocons*, neoconservadores, grupo de extrema-direita, em relação à guerra do Iraque, com uma posição externa dura contra o que Bush chamou de "eixo do mal". Cheney era extremamente influente. Foi a primeira vez na história, pelo que diziam, que o vice-presidente teve tanto poder. Ele interferia, sobretudo, nessa área externa, no Pentágono, no Departamento de Estado; era um polo violento de poder. Agora, para outras áreas como os Bálcãs, a Europa, o Middle East, eu tinha conhecimento de que os embaixadores da Inglaterra e da França mantinham contato direto com a vice-presidência. Nós não tínhamos assuntos para tratar com o governo americano nessas regiões.

MS: O Brasil em nenhum momento fez parte do radar dessa equipe da vice-presidência?
RB: Não. Nem na questão da Tríplice Fronteira, um dos temas mais delicados do ponto de vista de Washington.

MS: Nem sequer durante a campanha presidencial e a eleição do Lula?
RB: Não.

MS: Não é de lá que vêm as notícias de que Lula representaria o eixo do mal?
RB: Não. Aquilo era originado em *think tanks* de direita, de ultraconservadores. Não é assunto importante para a vice-presidência. Estavam com duas guerras, não iriam se preocupar com isso.

MS: O senhor consegue detectar claramente o aumento de poder da Condoleezza Rice a partir do 11 de setembro? Ou é algo que acontece bem mais tarde, tipo 2004?
RB: Aconteceu apenas no final, quando ela assumiu o Departamento de Estado. Condoleezza não era vista como um centro de poder. Mas nós nos reuníamos com ela, lembro-me de encontro com o Celso Amorim e ela no Conselho de Segurança.

MS: Como é que funciona isso, embaixador? O ministro de Estado vai a Washington numa visita e ele, naturalmente, encontra o seu par no Departamento de Estado e vai também à Casa Branca encontrar com o National Security Advisor?
RB: Isso depende do acesso da embaixada. Agora, não sei como é. Na época em que lá estive, quando o ministro decidia visitar os EUA, a embaixada era mobilizada para fazer sugestões de agenda. É assim que funcionava. Você sugere os encontros e os assuntos e envia-se informação sobre o que o ministro falaria. No caso do Celso Amorim era, basicamente, Departamento de Estado, USTR, Conselho de Segurança. Selecionávamos da agenda geral dois, três assuntos mais delicados, que gostaríamos que o presidente estivesse informado.

MS: Já em 2002, durante a campanha presidencial, o então candidato Lula, em determinado momento, acenou que iria a Washington, e termina não acontecendo isso, e quem vai é o Dirceu. O senhor lembra por que o Lula terminou não indo antes da eleição?
RB: Lula não foi a Washington por causa da pressão de campanha no Brasil. Quando há campanha eleitoral, há muita pressão para os candidatos viajarem,

para se fazerem conhecer. Em certo momento, vem a pergunta da assessoria dos candidatos sobre qual a melhor época para a visita. Dá-se a sugestão, mas, normalmente, não acontece. Lula não foi antes, o Serra também não, só o Ciro Gomes foi a Washington.

MS: Tem alguma vantagem ir para Washington ainda durante a campanha?
RB: Não.

MS: Nenhuma, não é? Para que o Ciro foi?
RB: Para se fazer conhecer e para gerar notícia no Brasil; às vezes, apenas para dar notícia aqui. O motivo é apenas esse, para passar a imagem de que é um estadista, que foi recebido pelas autoridades do governo americano.

MS: Ainda em 2002, temos o episódio do Paul O'Neill dando uma entrevista para o programa Meet the Press, no contexto do acordo do Fundo Monetário Internacional. Ele faz uma crítica, dizendo que o problema é que, parte do dinheiro que é emprestado ao Brasil vai para contas na Suíça. O senhor pode falar um pouco disso?
RB: A declaração do então secretário do Tesouro, Paul O'Neill, criou enorme problema. O presidente FHC se mobilizou e o Celso Lafer atuou. Conversei com Donna Hrinak, que deu explicações e pediu desculpas por meio de uma carta formal. O assessor de imprensa da Casa Branca disse que estava fora de contexto. FHC não iria recebê-lo, e a ida dele para o Brasil era importante. Fui diversas vezes falar no departamento do Tesouro e no Departamento de Estado para manifestar a estranheza do governo brasileiro pelas declarações do secretário do Tesouro.

MS: De onde veio essa frase dele?
RB: A manifestação de O'Neill resulta do desconhecimento do que acontecia no Brasil na época, onde ele nunca tinha ido. A declaração teve grande repercussão, mas acabou superada. O assessor internacional e o porta-voz da Casa Branca justificaram, publicamente, que o que foi dito estava fora de contexto. Paul O'Neill falou com o ministro Malan e depois, acho, o Celso Lafer ligou para o Colin Powell, ligou para mim, para que eu protestasse junto ao governo de Washington sobre o ocorrido, que não era aceitável. Todos satisfeitos com as explicações dadas pela Casa Branca, fui até o Departamento de Estado e o do Tesouro para dizer que a crise estava superada, que fosse marcada a data e que o presidente FHC iria recebê-lo.

MS: Por que o presidente brasileiro recebe o secretário do Tesouro americano?

RB: Porque o governo norte-americano estava apoiando o pedido feito ao FMI de um empréstimo de 30 bilhões de dólares. Posteriormente, Lula não recebeu o secretário do Tesouro, Jimmy Jones. Mas, quando veio a secretária de Estado, Hillary Clinton, Lula a recebeu. Os outros ministros do Exterior ele não recebia, quem recebia era o Celso Amorim. Acho que de certa maneira é razoável, no entanto, se vier um ministro do exterior de Moçambique, Lula recebe. Por isso, o presidente FHC recebeu o conselheiro de Segurança Nacional e eles anunciaram os 30 bilhões de dólares do FMI.

MS: Ele veio quando já estava anunciado?

RB: Quando já estava anunciado, sim. Foi um gesto político. Assisti a palestras dele em Washington, inclusive, numa reunião que houve no BID — a primeira vez que um secretário do Tesouro participou de uma assembleia do BID —, nunca tinha ido ao banco, na história. Ele se referiu ao Brasil em termos muito elogiosos, pela política econômica. Apesar da declaração desastrada, ele tinha uma visão muito positiva do Brasil, e da política econômica brasileira.

MS: O ano 2002 é dominado pelo noticiário da eleição no Brasil. Como isso era visto em Washington?

RB: Até o mês de maio, havia grande inquietação, por causa da incerteza que a possível eleição de Lula despertava. O que é que o Lula poderia significar? Estavam acompanhando a situação de perto. Também perguntavam sobre o Serra e indagavam sobre suas chances. A preocupação com o Partido dos Trabalhadores (PT) incomodava, pois o partido havia renegado a dívida, tinha patrocinado um referendo contra a Alca e tinha posicionamento muito antiamericano. Ainda por cima, surgiu a questão do Iraque. Tudo isso somava contra a imagem do PT, e o que representaria se chegasse ao poder. Como ninguém conhecia exatamente o que o Lula poderia fazer, se baseavam nas manifestações do Partido dos Trabalhadores, ainda de tendência esquerda radical. Poderia promover uma revanche em cima do grupo que havia trabalhado com o presidente FHC. Enfim, era esse o contexto. E com a situação econômica muito instável no Brasil, a partir de maio, quando se vislumbrou que Lula tinha chance efetiva de ganhar, a inflação subiu e o *country risk* disparou. Tudo aquilo que acompanhamos nas vésperas da eleição. Daí o enorme desassossego no exterior, sobretudo no mercado financeiro.

MS: Como é que isso chegava ao senhor? Era o Departamento de Estado que manifestava preocupação?

RB: Não, aparecia nos seminários, nos *think tanks*, onde eu era chamado com frequência para falar.

MS: Qual era a sua postura em relação às eleições? Como é que o senhor resolvia?

RB: Conversei com o presidente FHC sobre a atitude que a embaixada deveria adotar no período eleitoral, porque sempre fui muito transparente. Simplifica as coisas. Como os candidatos iriam começar a visitar os EUA, como eu deveria tratar essa questão? Queria conhecer a opinião do presidente e receber uma diretriz de como atuar. FHC perguntou como eu achava que a embaixada deveria atuar. Sugeri que fizéssemos o que os candidatos pedissem: se Lula viesse, tudo que pedisse seria feito. Se Ciro Gomes viesse, tudo que pedisse seria feito. Se José Serra viesse, tudo que pedisse seria feito. Não poderíamos atender Serra em tudo e não fazer o mesmo para os outros candidatos. O presidente FHC concordou com esse curso de ação. Agindo dessa forma, no nível da política, nada teria de passar pelo Itamaraty e eu falaria diretamente com FHC. Mais adiante, dei ciência ao Itamaraty da conversa e dos acertos com FHC, com os quais o ministério concordou e deu apoio. Tudo combinado com antecedência. Primeiro chegou Ciro Gomes, na companhia de Mangabeira Unger, que já fazia contatos em Washington. Conversei muito e montei um programa para eles. Em maio, recebo telefonema do PT comunicando que Lula não iria a Washington e sim o deputado petista José Dirceu, em seu lugar.

MS: O senhor acha que isso é raro na história brasileira?

RB: É, por ter sido decisão do presidente da República. Não foi uma instrução do Itamaraty. Os candidatos falavam com o Itamaraty, que enviava telegramas comunicando a chegada de cada um, junto ao pedido "rogo prestar assistência".

MS: Quem do PT o senhor lembra?

RB: Não me lembro. Havia um pessoal do partido encarregado da programação.

MS: Foi Marco Aurélio Garcia que entrou em contato com você?

RB: Não, mas ele me conhecia porque houve um precedente, quando da primeira candidatura de Lula, em 1998. Eu estava em Londres, e Lula, Marco Aurélio e Jorge Mattoso, que foi presidente da Caixa Econômica, da área internacional do PT, foram a Londres manter contatos com o Labor Party. Eles conheciam minha ligação com FHC. Pediram que eu marcasse uma série de reuniões com o governo em Londres, a fim de conversarem com Lula. E, para surpresa deles, marquei tudo, o que provocou, posteriormente, comentários positivos dos dois. Talvez acreditassem que eu boicotaria a visita. Quando souberam que eu estava em Washington, lembraram da ajuda em Londres e talvez por isso solicitaram que eu preparasse a programação para o José Dirceu, com apoio do Mário Garnero, conhecido empresário de São Paulo. Garnero enviou Marcos Troyjo, que trabalhava com ele, acompanhando José Dirceu em Washington.

A visita do José Dirceu foi muito importante porque nessas reuniões falava em nome do Lula, o que me fez perceber ele teria, certamente, papel destacado se Lula se elegesse. Na conversa na Casa Branca, Dirceu afirmou que o futuro presidente Lula iria fazer o que estava contido na "Carta aos brasileiros", traduzida pela embaixada, e que entregou ao presidente do conselho econômico. Aliás, fez isso em todo lugar onde passou na capital americana. A partir de maio, após presenciar tudo aquilo e até por minha própria sensibilidade, passei a repetir, inclusive nas palestras em Washington, que se Lula ganhasse — mas eu não dizia que ele ia ganhar — faria tudo o que colocara na carta. Manteria os contratos, reforçaria a austeridade fiscal, executaria o pagamento da dívida, combateria a inflação. Comecei a ser chamado com frequência para explicar o que ocorreria no Brasil. A comunidade de *think tanks* de Washington promovia muitos encontros sobre as eleições presidenciais. Dava palestra toda semana e não me cansava de explicar qual seria a política econômica se o Serra ganhasse, e que se Lula ganhasse manteria a política de estabilização, manteria a política econômica e a inflação se reduziria. Esse período de maio em diante até à eleição, em outubro, foi muito movimentado.

MS: Embaixador, vamos fazer um perfil do Mário Garnero. Qual é o perfil do sujeito? De onde vem? Qual era a vinculação dele com o Partido dos Trabalhadores e com os Estados Unidos?

RB: Mário Garnero é um industrial, teve aqui toda a história dele. Era um líder, grande promessa. Durante a campanha do Lula, Mário Garnero se aproximou do PT e do José Dirceu, que estava coordenando a campanha eleitoral. Eu não sei se havia ligação deles antes. Quando saiu a notícia da visita do José Dirceu, o pessoal do PT me disse que o Mário Garnero estava ajudando na marcação de entrevistas e que o Marcos Troyjo iria acompanhar o José Dirceu. Acho, pelo que vivi lá, que ele teve participação em algumas audiências, porém as mais significativas foram marcadas pela embaixada. Na época, Garnero divulgou que toda a estratégia de contatos do José Dirceu em Washington fora feita por ele. Saiu a versão de que foi ele que organizou tudo, que o sucesso tinha sido por causa do seu empenho. Eu nunca contestei nada, porém a embaixada, devidamente autorizada pelo presidente e pelo Itamaraty, cumpriu seu papel. Cada um dá a versão que quiser. Com certeza, Garnero fez sondagens e pode ter atuado nos bastidores, pois conhecia o pai do presidente Bush e por meio dessas ligações deve ter criado vínculos de amizade no Partido Republicano. Na Casa Branca, com o assessor econômico do Bush, José Dirceu entregou uma carta de Mário Garnero ao presidente. A convite dele, estive no seu escritório, no prédio da esquina da Rebouças com a Faria Lima, na Brasilinvest. O Marcos Troyjo estava presente. Tive longa conversa com Garnero. Eu até brinquei, perguntando se ele gostaria de ser embaixador em Washington. E soube por outras fontes, que ele, de fato, estava interessado.

MS: Ele foi até a Casa Branca para conversar com quem? Foram ao Departamento de Estado depois?
RB: Estivemos com o assessor econômico da Casa Branca, Lawrence Lindsey. Depois fomos ao Departamento de Estado, onde José Dirceu foi recebido pelo subsecretário, Roger Noriega.

MS: Por que o chefe do Conselho Econômico, e não o Conselho de Segurança com Maisto?
RB: Acho que encontrou Maisto também, mas a reunião mais importante foi com o chefe do Conselho Econômico. José Dirceu levou uma carta do Mário Garnero para o Bush pai, à qual não tive acesso. Devia ser comunicação formal por causa da relação de amizade de Mário Garnero com o pai do presidente Bush. E na conversa com a pessoa do Conselho Econômico, em maio, Dirceu entregou uma cópia da "Carta aos brasileiros". Percebi que José Dirceu seria figura importante porque ele falava em nome de Lula: "O presidente Lula vai fazer isso; o programa econômico é isso aqui, o cumprimento dos acordos, a responsabilidade fiscal, combate à inflação e défice público. Essa vai ser a política econômica". Naquela época, a partir de maio, ficou claro que Lula tinha chance de vencer a eleição. As pesquisas mostravam que ele estava muito forte, que Serra acompanhava, mas que seria uma eleição bem difícil. Os mercados entraram em pânico porque o PT tinha feito o referendo da Alca, apregoavam "fora FMI", renegavam a dívida... Era o que o programa do PT divulgava. Por isso, o mercado estava em polvorosa. A inflação aumentou, o *country risk* foi para

a estratosfera, mas durou só até o segundo mês do governo, até os operadores econômicos terem certeza de que aquilo que estava na "Carta aos brasileiros" iria cumprir-se à risca. Acho que, a partir do momento que a Casa Branca percebeu essa tendência, a incerteza diminuiu. Eu era muito requisitado para falar sobre os acontecimentos no Brasil. Outros embaixadores não tiveram a mesma presença pública que eu, pois eu falava, praticamente, dia sim, dia não, nos *think tanks*, sobretudo aqueles da área comercial, por causa da Alca, da relação Brasil-Estados Unidos na área do comércio, mas, a partir do segundo semestre, as palestras giravam sempre em torno das eleições. De minha parte, por minha sensibilidade própria, achava que as informações que José Dirceu havia transmitido seriam concretizadas no futuro governo e por isso repercutia suas falas em minhas apresentações. Quem me ouviu, se tivesse apostado, teria ganho muito dinheiro, porque o que eu dizia era que eles não precisavam ter medo, que os investidores não precisavam temer uma mudança brusca na política econômica, que haveria continuidade. Você imagine, falar isso em outubro, novembro, dezembro. Mas eu falava, inclusive tenho os textos.

MS: Ele encontrou alguém no Congresso?
RB: Não me lembro, mas acho que sim. Teria que ver minhas anotações. Não lembro se esteve com alguém, pois era maio, mês de recesso.

MS: Serra chegou a ir à Casa Branca?
RB: Não. Serra não foi e nem mandou ninguém; aliás, Serra foi o único que não foi.

MS: E Mangabeira e Ciro Gomes foram à Casa Branca?
RB: Foram ao Departamento de Estado, como pediram.

MS: Para encontrar o subsecretário?
RB: Sim, era o que queriam, mas foi um encontro de menor importância. Acho que arranjei também a ida deles ao Congresso e falaram no Inter-American Dialogue com o Peter Hakin.

MS: O senhor lembra se o Garnero levou o José Dirceu para Nova York para conversar com o pessoal do setor financeiro?
RB: Não me lembro, não foi ao Tesouro, porque visitou o assessor econômico do presidente.

MS: O senhor conhecia José Dirceu antes dessa viagem?

RB: Não, fiquei conhecendo em Washington. Ele sempre foi simpático, houve vários episódios em que interagimos. Durante o período de transição, eu passei a ter muito contato com ele durante as visitas também e depois durante a guerra do Iraque. Dirceu e o Palocci eram os dois ministros com quem mantinha mais contato.

MS: O senhor continuou a manter contato com Jose Dirceu?

RB: Depois, na minha saída também. Quando surgiu a primeira nota sobre minha saída de Washington, eu liguei para o então chefe da Casa Civil, José Dirceu, dizendo que eu estava ligando para pedir para sair; ele logo disse que não, absolutamente, que eu tinha toda confiança do governo e que eu estava fazendo um bom trabalho nos EUA. Mantive minha atitude firme, e pedi que transmitisse ao presidente meu desejo de sair. Entendia que o ministro Celso Amorim queria nomear em Washington alguém de sua confiança. Essa foi a conversa com José Dirceu. Aliás, continuei a me dar muito bem com ele. Escreveu para a revista *Interesse Nacional*, em que criticava a mim e o Renato Janine Ribeiro porque concordamos, separadamente, sobre a importância para o Brasil da convergência, numa agenda mínima, entre o PT e o PSDB visando à governabilidade do futuro governo. José Dirceu respondeu com um artigo contrário, mas nossa boa relação se manteve ao longo dos anos. Desde o começo do governo Lula, ficou muito claro para mim que ele ia ter um papel de relevo no novo governo.

MS: Lula tinha algum outro operador internacional nesse período, entre maio e o resultado da eleição? Não é Aloizio Mercadante?

RB: Não. Era José Dirceu, foi ele que esteve em Washington. Mas havia outra pessoa, Stanley Gacek, da American Federation of Labor and Congress of Industrial Organizations (AFL-CIO), que era o diretor para a América Latina. Gacek visitava o Brasil com frequência e teve papel importante na aproximação do PT com autoridades nos EUA, chegando a agendar encontros para o José Dirceu.

MS: Mas marcou eventos com os sindicatos americanos?

RB: Foi, com sindicatos. Houve uma tentativa, que não se materializou mais tarde, nas conversas de Lula com o presidente da AFL-CIO, John Sweeney, sobre investimento dos sindicatos americanos no Brasil, a fim de ajudar Lula.

Quem fez a continuidade dessas conversas foi Gacek, porque ele era americano, falava português, havia morado no Brasil, conhecia Lula desde bem pequeno, e foi seu advogado quando Lula esteve preso. Era de confiança do PT, com quem, então, passei a me relacionar.

MS: O contato dele nos Estados Unidos era com quem? Não com os republicanos?
RB: Não, de jeito nenhum. Ele era do sindicato, da AFL-CIO, era a ligação política dessa instituição com o PT e foi quem organizou a visita do Vicentinho a Washington. Quer dizer, todo o pessoal do PT que visitava Washington era auxiliado por ele. E essa pessoa ajudou muito, porque durante a primeira visita de Lula houve uma grande e emocionante visita dele à AFL-CIO. Cantaram até o "Lula-lá" e até houve choro. E o presidente Sweeney comentou que o Lula conseguiu o que eles não tinham conseguido: "colocar o trabalhador na presidência".

MS: Ainda o ponto de vista dessa operação que o PT faz, se é que dá para chamar de operação, para qualificar a imagem do Lula candidato, o senhor ficou sabendo de algum outro movimento? Por exemplo, associações sindicais brasileiras que teriam tido contato com associações sindicais norte-americanas?
RB: Acho que isso pode ter ocorrido, porque quando o Lula foi a primeira vez eleito, ele esteve na AFL-CIO. Acho que José Dirceu pode ter encontrado também com ele. Digo isso, pois participei apenas das reuniões oficiais, em uma parte do programa eu estava ausente.

MS: Dirceu falava em que língua na Casa Branca e no Departamento de Estado? Ele fala inglês? Ele tinha um tradutor?
RB: Não, sem tradutor. Ele falava um pouco de inglês.

MS: Como o senhor acha que Otto Reich recebeu essa primeira visita de José Dirceu em maio? O senhor lembra qual era o clima? Se era um clima ainda de reserva, de pé atrás? Ou em maio já está definido que a "Carta aos brasileiros"...
RB: Não. Desde o começo não houve reserva. Os encontros foram sempre com cordialidade, muito bons. O governo americano recebeu todos os candidatos, o Mangabeira, o Ciro.

MS: Circulavam notas na imprensa em Washington que diziam que Lula representaria o terceiro componente de um eixo do mal, composto por Fidel Castro e Hugo Chávez. Isso mostraria que o pêndulo na América Latina, que tinha ido para a direita na década de Carlos Saúl Menem e de Alberto Fujimore, agora migrava para a esquerda? O senhor acha que essa noção não estava mais na cena por volta de maio de 2002?

RB: Ainda estava sim, porque até à eleição do Lula saíram esses artigos contra o candidato petista. Eu procurei responder a vários desses artigos. Havia uma pessoa que escrevia sistematicamente contra Lula, por causa do Fórum de São Paulo. Tudo girava em torno do Fórum. Achavam que o PT e Lula iam embarcar na programação do Fórum de São Paulo, que era contra a dívida, a favor de Chávez, da revolução bolivariana. Durante 2002, houve cerca de 10 artigos contrários ao PT, fazendo referência à ameaça comunista, à influência da esquerda, alimentados pela extrema-direita.

MS: Como foi sua relação com o José Dirceu? Ele ficou hospedado com o senhor na embaixada? Os senhores se conheceram lá?

RB: Não, nesse momento não. A relação foi muito boa, eu já o conhecia socialmente. E como houve a visita do Lula quando eu estava na embaixada em Londres, ele chegou desarmado, sem qualquer restrição pessoal. Nem eu estava armado, tudo ocorreu com simpatia e cordialidade. Ele ligou, almoçamos juntos e conversamos.

MS: Embaixador, vamos avançar em direção à visita do presidente eleito, Luiz Inácio Lula da Silva, aos Estados Unidos, em 2002. Como foi a conversa do presidente eleito com o presidente dos Estados Unidos? Qual era a sua recomendação para a nova equipe que acabava de chegar ao poder?

RB: Voltando um pouco no tempo, houve todo o episódio da preparação com a visita do José Dirceu. Minha proposta era de, por ser o primeiro contato com Bush, estabelecer uma boa ligação pessoal com o presidente americano. Na sequência, enfatizar os aspectos incluídos na "Carta aos brasileiros" porque, naquele momento, havia grande instabilidade e grande incerteza em relação à política econômica que iria ser seguida no governo Lula. Inclusive, até meados do primeiro ano de sua posse, havia, dentro do departamento do Tesouro, muita desconfiança sobre se ele cumpriria de fato o que estava dito na carta. Portanto, a viagem era, de início, para consolidar uma ligação pessoal com o presidente e, segundo, para reafirmar os termos da "Carta aos brasileiros", além de dar as linhas gerais da política que ele queria seguir nas relações com os Estados Unidos, bem como o que ele esperava dessa relação.

MS: A gente vê que uma das propostas que o senhor faz ao José Dirceu e ao Mercadante na sua viagem a Brasília, antes desse encontro em dezembro, era que Lula aproveitasse a "terceira via" como um fórum possível, inclusive internacional socialista. Qual era a ideia por trás desse pensamento?

RB: O PT é filiado à Internacional Socialista. E como Tony Blair, na Inglaterra, era o principal aliado do Bush, se Lula fizesse alguma referência a isso, as suspeitas sobre sua política esquerdista desapareceriam. Evidentemente, ele não quis avançar nessa linha, porque, se agisse assim, seria continuar o que FHC tinha feito. Minha preocupação era a de desfazer as incertezas e os temores em relação a ele, e quanto às políticas que seguiria, uma maneira de ele tentar diminuir as desconfianças.

MS: O senhor tinha convicção de que o Lula que vingaria era o Lula da "Carta aos brasileiros"?

RB: Tinha, e isso pode ser observado em vários textos meus. No momento em que vi o José Dirceu falando na Casa Branca, como presenciei, em nome do Lula, a respeito da "Carta aos brasileiros", eu não tive nenhuma dúvida. Desde maio, junho até depois da eleição, toda vez que eu falava nos Estados Unidos, ressaltava que a carta era um compromisso que o PT havia assumido e que seria mantido. Eu tinha convicção de que eles cumpririam, como de fato fizeram, pelo menos no início.

MS: Embaixador, no fim de novembro, o senhor vai a Brasília e encontra com José Dirceu na Câmara dos Deputados, conversa sobre a transição e sobre a visita logo em dezembro. O senhor lembra o tom da conversa?

RB: Lembro-me de conversas com José Dirceu e com Palocci quando estive no Brasil, acho que em novembro. Mas isso foi aqui em São Paulo, na sede do PT. Isso eu me lembro. Essa conversa com José Dirceu na Câmara dos Deputados, não lembro... Houve, sim, uma longa conversa com José Dirceu em São Paulo sobre a possível viagem a Washington.

MS: Seu encontro com Lula foi durante a transição, ou foi depois?

RB: Foi durante a transição, em uma das vezes que estive aqui e encontrei com Lula, acho que em novembro. Ele me convidou para conversar sobre

Washington, sobre as relações com o Brasil. Claramente, estava interessado e queria informação.

MS: Depois, o senhor conversou com Luiz Dulci sobre a visita.

RB: Dulci era o encarregado de preparar a visita a Washington e Lula me pediu para falar com ele. Ele tratava da logística de toda a programação. Aí começamos a discutir o programa nos EUA.

MS: Eu queria falar um pouco justamente sobre a sua proposta de criar uma secretaria de comércio exterior, que foi uma proposta que o senhor apresentou tanto ao Serra como ao presidente eleito. De onde vem essa ideia? Qual era a lógica? E por que terminou não sendo implementada?

RB: Venho defendendo essa proposta há uns 15 anos. Desde o fim da década de 1970 estive ligado à área de comércio exterior no Grupo de Coordenação de Comércio com os Países Socialistas da Europa Oriental (Coleste), mais adiante como subsecretário econômico do Itamaraty, com os empresários, com os quais mantive contato durante todo esse período, observando a precariedade do processo decisório na área de comércio exterior. Houve um levantamento realizado pela Associação de Comércio Exterior do Brasil (AEB) mostrando que, até pouco tempo atrás, havia 17 ministérios envolvidos e 3.900 atos ligados ao comércio exterior. Uma desorganização, um caos burocrático. O comércio exterior é o primo pobre da política econômica. Quando trabalhei com o ministro Bresser-Pereira na assessoria internacional do Ministério da Fazenda, era encarregado de comércio exterior. Namir Salek presidia a Carteira de Comércio Exterior do Banco do Brasil (Cacex), ainda existente naquela época. Um dia, Salek não pôde ir a Brasília, e pediu-me que despachasse alguns assuntos com o ministro. Lá fui para o gabinete do Bresser e ele foi logo dizendo que iria ao Palácio do Planalto e, como não tinha tempo, que eu descesse com ele no elevador. Descemos juntos e quando chegamos no térreo eu o segurei e perguntei se ele estava se dando conta do modo como agia, e acrescentei que a dívida externa era amortizada com os saldos do comércio exterior; que comércio exterior era uma variável importantíssima da política econômica e que aquele era o tempo que ele dava para o comércio exterior... Não era possível assinar os documentos que o Salek havia pedido dentro do elevador e que o comércio exterior teria de receber mais atenção. Bresser respondeu que o presidente Sarney o havia chamado e era urgente. Então, acumulei várias circunstâncias semelhantes ao longo do tempo, na convicção de que era essencial mudar o processo decisório na área de comércio exterior. Nessa época, fiz um trabalho independente porque eu ainda não tinha ligação com a Federação das Indústrias do Estado de São Paulo (Fiesp). Posso falar mais institucionalmente, como presidente do Conselho de Comércio Exterior da Fiesp. Contudo, naquele período conversei com muita gente, com o pessoal com quem mantinha contato, e reuni tudo em um trabalho. Defendi a ideia de criação de uma secretaria, para nela incluir a Câmara de Comércio Exterior (Camex) que, por sinal, passou a ter vários pais. José Serra disse que foi ele que a criou, Sérgio Amaral diz o mesmo, e eu tenho um papel, com Yoshiaki Nakano e com Bresser-Pereira. Logo depois da eleição de FHC, em 1994, nós três redigimos um documento propondo a criação de um conselho de comércio exterior diferente daquele que foi estabelecido. Dessa forma, a Camex nasceu errada, mas mesmo assim sua existência é positiva, porque, na realidade, a Camex é o Ministério do Comércio Exterior, pelas competências estabelecidas na sua criação e mudanças posteriores. Agora, o problema da Camex é que, desde o começo, primeiro, esteve ligada ao chefe da Casa Civil, que é um exemplo daquilo que Simonsen dizia que, se fosse jabuticaba e só existia no Brasil, era besteira. Criar a Camex e pendurar na Casa Civil não funcionou. Lá ficou durante certo tempo. Mais tarde foi para o Ministério do Desenvolvimento, Indústria e Comércio Exterior (MDIC), onde estava durante os governos petistas, mas era terceiro escalão, não tinha força política, porque a Secretaria de Comércio Exterior, na prática, é um departamento do MDIC. Naquela época, minha opinião era de que deveria ser criada uma secretaria, que incluiria a Camex, portanto, ela seria transformada em secretaria, e o secretário de Comércio Exterior teria nível ministerial e seria o responsável pela formulação e execução da política comercial, interna e externa. Em uma de minhas vindas ao Brasil, como mencionado, José Dirceu marcou uma reunião com o presidente Lula, que me conhecia por contatos rápidos, mas nunca havíamos conversado substantivamente. Isso deve ter ocorrido em novembro, antes da viagem a Washington, e foi nesse encontro que entreguei a ele o texto sobre a criação da secretaria. Aproveitei para comentar que havia lido que estava sendo cogitada a criação de uma secretaria de comércio exterior, que eu defendia essa ideia há muito tempo, e entreguei a ele o trabalho que havia preparado. Mas a secretaria, na cabeça do presidente eleito, não era como a que eu estava sugerindo. O presidente eleito respondeu que queria criar uma secretaria de comércio exterior, para que todos os embaixadores tivessem de ser um caixeiro-viajante, e que iria colocar em Bruxelas, em Genebra, embaixadores para vender e aumentar a exportação. A ideia de Lula, assim, era fortalecer a promoção comercial, não tinha a intenção de fazer uma reforma estrutural. Mais adiante, a Agência de Promoção de Exportação e Investimento (Apex), com competência ampliada, foi entregue para o ministro Luiz Fernando Furlan. Conversei com Furlan sobre a Apex e fui informado de que a agência seria transferida para o MDIC. Recomendei que não fizesse isso porque iria criar conflito com o Itamaraty. Foi o que aconteceu. Acabou o Itamaraty marginalizado.

MS: Mas como é que a sua ideia não marginalizava o Itamaraty?
RB: A ideia não era para marginalizar o Itamaraty. A ideia era para fortalecer a Camex. E mudar o processo decisório do comércio exterior.

MS: Mas isso não enfraqueceria o Itamaraty?
RB: Não. O Itamaraty tem de se ater à negociação externa. Agora, o comércio exterior não é somente a negociação externa, comércio exterior compreende toda a política, interna e externa. Tem a ver com política industrial, política de abastecimento e uma série de itens, inclusive com a regulamentação da Receita Federal, da aduana, entre outros órgãos.

MS: Essa secretaria não seria quem negociaria grandes acordos?
RB: Não. Isso poderia ser discutido. O mesmo texto que entreguei a Lula, entreguei ao Serra, porque eu havia coordenado a área externa no programa dele de governo, onde incluí ideia semelhante. Porém Serra perdeu... Falei com Palocci, que coordenava o programa de governo, e com várias pessoas, mas um projeto como esse, ou o presidente se convence e faz, ou nada se faz. Nesse caso, o ministro Furlan começou a puxar a promoção comercial para o MDIC, o Itamaraty não concordava em abrir mão da negociação comercial, o ministro Roberto Rodrigues se interessava na formação de um núcleo de negociação dentro da Agricultura. Cada um puxava a brasa para a sua sardinha. E não saiu nada. Agora, passados oito anos, e eu há quatro, cinco anos, no Conselho de Comércio Exterior (Cocex), da Fiesp, discutimos essa ideia muitas vezes. Trata-se de duas ideias principais: uma nova estratégia de negociação comercial e uma nova estrutura de comércio exterior para o Brasil. Minha ideia de criação de uma secretaria de comércio exterior evoluiu. Criar um novo ministério geraria a oposição de todos, pois na época havia 36 ministérios. Nas muitas conversas surgiu a ideia de alterar-se apenas um artigo da lei que criou

a Câmara de Comércio Exterior (Camex), com o estabelecimento do cargo de presidente da Câmara. Desse modo, retirava-se do MDIC o comércio exterior que se transformaria no Ministério da Indústria e Desenvolvimento. E o processo decisório do comércio exterior ficaria na Camex, com um presidente vinculado diretamente ao presidente da República, como acontece com o United States Trade Representative (USTR), obviamente com competências adaptadas às necessidades brasileiras.

MS: Mas aí a negociação internacional fica com esse presidente, e não com o Itamaraty?
RB: É. A minha proposta é essa. O Itamaraty continuaria a representar o Brasil em Genebra, na OMC, em Bruxelas, na UE, e na Aladi, em Montevidéu.

MS: Mas o Itamaraty vai chiar demais.
RB: Vai haver reação, mas, no final, o Itamaraty sairia reforçado na representação externa. Por isso, a decisão precisa vir do presidente, com convite para o ministro de Relações Exteriores e o ministro da Indústria nessas bases, porque a proposta inclui ainda uma reforma na Receita Federal. A Receita Federal perderia a atribuição da aduana, da "alfândega", e ficaria com a competência de coletar os impostos, como é em todo país do mundo. Não a do controle da alfândega, com a competência de controlar tarifa. Deveria haver também uma lei única de comércio exterior, como um pacote. A principal novidade, o pulo do gato, seria nomear alguém ligado, diretamente, ao presidente da República. O presidente da República seria o presidente do conselho de governo e os ministérios estariam vinculados a esse conselho. A ideia da secretaria e da criação do presidente do conselho teria um duplo objetivo: primeiro, ter um ponto focal, unificando o comando, e, segundo, ter uma coordenação efetiva na área de comércio exterior. No governo petista ocorreu a discussão de criar o Eximbank brasileiro. Isso provocou uma forte disputa dentro do governo, entre o Ministério da Fazenda, o Banco Central e o Banco do Brasil, que não queriam, o que determinou a paralisação da iniciativa. Esse é assunto típico para ser tratado na Camex. Nem sequer cogitaram de pensar na Camex, mas é ela que tem de ser o órgão central, o foco decisório dentro do governo. Se um empresário quer reivindicar "a, b ou c", não deve se dirigir ao Itamaraty, ao Ministério da Fazenda. Deve tratar do assunto com o presidente da Camex, que ficará 24 horas pensando em comércio exterior. Nos governos do PT, com a queda de quase 25% do

comércio exterior, as medidas para recuperar o dinamismo desse comércio foram tomadas atabalhoadamente, com pouca coordenação.

MS: Isso vai ser uma proposta sua ou uma proposta da Fiesp?
RB: Acabou se tornando uma proposta do Coscex, da Fiesp. Eu falei com José Dirceu antes da posse, que queria marcar uma hora para tratar desse assunto. Não sei quem estava cuidando dessa área no partido e no futuro governo, nem quem cuidava da elaboração do programa. Preferi tratar com José Dirceu ou com o Palocci e transmitir a ambos essa ideia. Tinha até uma estratégia. *Lobby* no Congresso, *lobby*, seminários, associações, envolver todos os interessados. Houve uma pessoa do Concex que me disse que, quando eu decidisse divulgar e discutir a proposta, eles iriam fazer campanha para ajudar e que o setor empresarial vai fechar em torno disso.

MS: O senhor sentiu que a resistência à ideia do Lula era particularmente intensa com Reich e com Noriega?
RB: Não, ao contrário. De maio até a eleição decorreram seis meses. Nesse período, Donna Hrinak, que estava como embaixadora no Brasil, teve vários contatos com Lula e José Dirceu e reportava tudo para Washington, onde eu, igualmente, trabalhava para acalmar os ânimos. Desde o momento em que o José Dirceu passou por lá, o meu discurso estava voltado para tranquilizar os que acompanhavam e se interessavam pelo Brasil, para ressaltar que a política econômica teria continuidade. Portanto, quando veio a eleição, o trabalho de amaciamento estava feito, de tal modo que houve moções positivas no Senado, de congratulação pela eleição; Bush enviou cumprimentos e telefonou para Lula. E as gestões que Donna e eu estávamos começando a fazer para Lula ser recebido em Washington foram bem aceitas. Ou seja, nada aconteceu por acaso, houve todo um trabalho de bastidor, para abrandar os possíveis temores. E, do lado deles, por causa do Chávez, eu imagino que havia também o cálculo de que era proveitoso ter uma esquerda democrática no Brasil, que dialogasse muito bem com eles, o que ajudou ainda a minimizar as diferenças. Em janeiro de 2003, o primeiro ano do governo Lula, houve uma ata do FED muito restritiva, citando, especificamente, o Brasil e Lula, com dúvidas sobre a observância do programa. Mas logo vem o trabalho do Palocci, que esteve em Nova York onde participou de muitas reuniões com empresários e com o meio financeiro. Em março, com o Lula presente, houve a grande reunião da institucionalização das relações, quando os americanos conheceram os mem-

bros do governo, suas manifestações tratando dos assuntos de forma objetiva. Aí, tudo se acalmou. O Tesouro, aos poucos, mudou de posição em relação ao comportamento da economia, tendo em vista a continuidade da política econômica, e o Departamento de Estado, que já tinha posição de boa vontade com Lula, continuou a apoiar.

MS: Dentro do governo do Lula, o senhor sentia que tinha alguém resistente a isso?
RB: Não.

MS: Mesmo o Samuel?
RB: Não.

MS: Quando é que esse grupo dá uma guinada e passa a aceitar Lula tanto candidato como, depois, presidente eleito? Quando Lula vai a Washington, o Otto Reich é bastante instrumental nesse apoio. Esse apoio foi imediato?
RB: Não. Isso não dizemos publicamente, mas nessa situação a embaixada teve papel destacado. Em maio, recebi uma chamada de José Dirceu informando que ele estava indo a Washington a fim de tratar da eleição de Lula.

MS: Em setembro de 2002, Lula, antes da eleição, faz um discurso aos militares, no qual a postura dele em relação ao Tratado de Não Proliferação de Armas Nucleares (TNP) é dúbia. Depois, o PT muda e diz que o governo não denunciaria o TNP. Isso chegou a rebater de alguma maneira em Washington? A questão da proliferação era um tema?
RB: Não. Naquela época não, porque todos em Washington estavam preocupados com o terrorismo e a guerra do Iraque. E ainda o Irã não havia se transformado em uma prioridade para a política externa norte-americana.

MS: Não era proliferação o tema.
RB: Não, não era. Era o problema das armas de destruição em massa. Esse tema não era uma questão séria na relação bilateral, mas passou a ser quando o governo americano aceitou negociar o acordo de salvaguarda tecnológica. No dia em que cheguei a Washington, em 1999, Ronaldo Sardenberg, que era o ministro da Ciência e Tecnologia, estava na capital para negociar esse acordo de salvaguarda, essencial para o uso comercial da base de Alcântara. Em 2000, assinamos o acordo e, a partir de 2001, o PT ficou contra na discussão para sua aprovação no Con-

gresso. Conversei várias vezes por telefone com o deputado Waldyr Pires, que era o relator do acordo na Câmara dos Deputados, para convencê-lo, sem êxito. Em uma de nossas conversas, disse a Waldyr Pires, que me conhecia há tempos, se achava que eu defenderia algo contra os interesses do Brasil. Insistia que o acordo era positivo e a favor do Brasil e que se o acordo não fosse aprovado nenhum satélite seria lançado da base de Alcântara, porque noventa por cento dos satélites comerciais de comunicação eram de companhias americanas, Motorola, Boeing e outras. Apesar de todo o esforço do governo FHC, o PT permaneceu contra a aprovação do acordo. No final de 2003, antes da minha saída, sem autorização do Itamaraty, resolvi fazer um documento a fim de ver se conseguiria dar andamento nos pontos que o PT, já governo, bloqueava no Congresso. Fiz um levantamento, encontrei quatro ou cinco pontos, e fiz para o Itamaraty uma proposta para negociar com o Departamento de Estado. Como era de se esperar, o Itamaraty não respondeu. Então, ou você deixa o assunto morrer ou você atua sob sua conta e risco. Aí, eu resolvi fazer sob minha responsabilidade. Fui ao Departamento de Estado e mencionei os pontos pendentes e que não seriam aprovados no Congresso. Para encurtar a história, nos últimos meses de Washington a embaixada conseguiu superar quatro dos cinco pontos pendentes. Os americanos tinham aceitado as mudanças para atender o Brasil. Restava um único ponto pendente, que tratava de questão avaliada no Brasil como de soberania. O acordo previa que na base em Alcântara poderia ser reservado espaço para uma empresa espacial estrangeira alugar. Nesse espaço dentro da base de Alcântara, todo equipamento que chegasse não poderia ser aberto pela alfândega brasileira, tinha que ser aberto pela companhia americana por se tratar de material privado, com propriedade industrial reservada. Isso foi visto pelo PT como quebra da soberania, que não era possível admitir. Acho que só faltava esse ponto. Com minha saída, toda essa conversa morreu. Mas, se isso ficasse resolvido com o governo dos EUA, o PT poderia mudar de posição no Congresso. Em relação à questão de não proliferação, naquela época, o que estava em discussão era apenas o acordo de salvaguarda, nada mais. O único fato que resultou em ruído na relação bilateral, logo após a posse do presidente Lula, foi a declaração do ministro da Ciência e Tecnologia, Roberto Amaral, no sentido de que o Brasil tinha que dispor de tecnologia nuclear e que deveria fabricar um artefato nuclear.

MS: Por que isso não acontece mais hoje?
RB: Nos governos do PT, no Itamaraty, todos repetiam a retórica oficial. Ninguém se arriscava a dizer que era contra certas políticas oficiais.

MS: Qual é o mecanismo de controle que tem hoje e que não tinha na sua época?

RB: Não havia mecanismo algum. Todos tinham receio de cair em desgraça e perder seu posto ou sua função em Brasília. Ninguém se arriscava a falar contra a linha oficial.

MS: Mas as pessoas têm medo porque deve ter um mecanismo de controle.

RB: Deixam você de lado ou esquecem que você existe. Todos os telegramas têm as iniciais de quem o redige, portanto era fácil controlar as atitudes de cada um dos diplomatas. Se alguém tomava a iniciativa de pronunciar-se contra alguma política, caía em desgraça e tornava-se *persona non grata*. Conclusão: ninguém fazia nada, ninguém opinava de forma independente e, como disse antes, todos repetem a doutrina oficial. No tempo em que exerci funções de chefia no Itamaraty era diferente. Quando estava como embaixador em Londres, aconteceu situação semelhante com o ministro Lampreia, durante visita de Estado do presidente FHC, por causa de posições diferentes no tocante a documento que deveria ser assinado sobre meio ambiente. O Itamaraty tinha posição contrária e não queria assinar um acordo para a Amazônia. Conversei com o ministro Lampreia, fiz observações críticas à posição do ministério, ele se convenceu, o Itamaraty mudou de posição e passou a ser favorável à assinatura do acordo. Em Washington, aconteceram situações como essa, por causa da discussão da Alca, com algumas posições defendidas por mim diferentes daquelas da Secretaria de Estado. Celso Amorim, como representante em Genebra, recebia minhas comunicações e, muitas vezes, trocávamos ideias e informações. Uma dessas diferenças de posição ocorreu com a questão da tarifa aplicada e da tarifa consolidada na negociação da Alca. Celso Lafer, então ministro, aceitou a regra da tarifa aplicada, que é menor que a tarifa consolidada do Gatt. Fui contra isso e o Celso Amorim me dava elementos para defender a aplicação da tarifa consolidada, como a vigente no Gatt, e não a aplicada. Celso Amorim e eu nos correspondíamos pelos canais burocráticos. Após minha saída de Washington, a política externa em relação aos Estados Unidos e em geral enveredou por outros caminhos.

MS: Mas Roberto Amaral perdeu o posto também, logo depois.

RB: É verdade. Conversei com o presidente Lula, porque o Departamento de Estado havia perguntado se o Brasil mudara de posição na questão da não pro-

EMBAIXADOR EM WASHINGTON

liferação de armas nucleares. Foi a única reação, algo isolada, porque logo depois o governo brasileiro veio a público para esclarecer que a posição estava mantida.

MS: O que o presidente lhe falou?

RB: Ele desmentiu a declaração ministerial e disse que aquela não era a política do governo. Logo saiu nota oficial atenuando e desmentindo a declaração do ministro. O assunto nunca mais voltou. No segundo mandato do presidente Lula, o assunto parecia estar retornando, por causa das negociações do Brasil e da Turquia com o Irã. Em abril de 2010, o tema voltou, quando da renegociação do TNP e da aprovação de um protocolo adicional sobre inspeções que o Brasil se recusou a assinar.

M.S. No período em Washington não há nenhum tema nuclear que seja muito relevante, para além dos tapumes em Resende, em 2004?

RB: Comigo em Washington nunca houve nenhuma pressão. Pode ser que em Brasília tenha acontecido, mas em Washington nunca houve nada. Soube que na Aiea em Viena foi discutido, com a tentativa de forçar inspeções adicionais. E agora, mais recentemente, com a negociação de um protocolo adicional ao TNP, que o Brasil não assinou e nem vai assinar.

MS: Ou seja, o argumento de que o Brasil assinou o TNP por pressão americana é um mito?

RB: Tanto quanto eu saiba é, mas eu não estou seguro. A menos que tenha havido conversas de FHC com Clinton, mas desconheço. Jamais ouvi falar de pressão americana. Conhecemos a posição dos Estados Unidos nessas questões. No meu ponto de vista, essa decisão foi apressada por causa da posição da Argentina, que resolveu assinar o TNP. Se o Brasil não assinasse, geraria desconfiança por parte da Argentina, com quem havíamos tido todo um entendimento na área nuclear. Acho que esse fator pesou mais do que pressões dos EUA.

EJAM: Existe uma coincidência entre a adesão ao TNP e a concessão de uma ajuda do Fundo Monetário Internacional, entre 1997 e 1998. Tem alguma relação uma coisa com a outra?

RB: Nessa época eu não estava em Washington, estava em Londres, mas não houve nada. Inclusive, depois, quando eu já estava mudando para Washington, em 1999, saiu o empréstimo de 30 bilhões de dólares do FMI, acerto direto de FHC om Bill Clinton.

MS: Talvez não tivesse "real".

RB: É, e o país teria afundado na crise econômica. Depois, o presidente Fernando Henrique, na época da eleição, fez com que todos os candidatos concordassem em repagar aquele empréstimo. No mundo acadêmico, sempre se especula que pode ter havido um compromisso nuclear. Eu não conheço nada que indique isso, e acho difícil que o presidente tivesse aceito algo assim. Quem conhece o presidente FHC sabe que ele não admitiria tal barganha. Eu excluo, definitivamente, essa possibilidade.

MS: No contexto da guerra ao terror, nesse ano de 2002, entre a véspera da eleição e a posse, o senhor chegou a receber perguntas ou demandas oficiais dos americanos em relação à questão do Fórum de São Paulo?

RB: Sim, faziam referência de passagem, mas nunca foi uma *issue* no governo de Washington. O assunto surgia nos artigos de imprensa.

MS: Mas o Departamento de Estado não achava que isso era um problema?

RB: Não, achavam que era um fato isolado, que de vez em quando mencionavam. Mas isso antes, enquanto ainda desconfiavam das tendências do governo Lula. A primeira vez em que fui visitar Lula, em Brasília, dia 2 de janeiro de 2003, no dia seguinte à posse, Lula me disse que participaria do Fórum de São Paulo e do Fórum Social Mundial, em Porto Alegre. Iria a Porto Alegre participar do Fórum, e iria também a Davos, no World Economic Forum, e que faria o mesmo discurso em ambos os eventos.

MS: Naquele período a questão da Tríplice Fronteira era um tema quente?

RB: A partir de 11 de setembro, a Tríplice Fronteira passou a ser foco de atenção do Pentágono, do Departamento de Estado, sobretudo por causa do U.S. Southern Command. O Southern Command viu, na minha opinião, oportunidade para obter recursos orçamentários adicionais do Congresso acenando com a ameaça da Tríplice Fronteira, porque havia lá uma comunidade palestina e inventaram essa história de células dormentes.

MS: Já tinha o episódio da Amia (Asociación Mutual Israelita Argentina), na Argentina.

RB: De fato, houve o episódio da Amia na Argentina. Com base nisso, começaram a aparecer notícias sobre a Tríplice Fronteira nos jornais norte-americanos e o Southern Command passou a repeti-las, gerando repercussão no

Congresso dos EUA. Toda vez que aparecia qualquer referência a atividades terroristas na Tríplice Fronteira, eu visitava o Departamento de Estado ou o Conselho de Segurança Nacional a fim de pedir evidências sobre as células terroristas dormentes, conforme o jargão da época. Pedia em nome do governo brasileiro informações concretas, mas não existia nada por trás das notícias vazadas nos jornais. Cheguei até a conversar na Central Intelligence Agency (CIA), onde entrei pela primeira vez para uma reunião, a fim de saber se eles poderiam fornecer algum fato concreto, mas nunca foi apresentada nenhuma evidência. CIA, Departamento de Estado, Pentágono e mesmo o Southern Command mencionavam informações superficiais sobre a existência de atividades terroristas na fronteira, até surgir a questão de remessa de dinheiro para o Hezbollah. O governo brasileiro resolveu formar uma comissão, que se chamou "três mais um": Paraguai, Argentina e Brasil mais Estados Unidos. Ainda no governo FHC, essa comissão foi criada para monitorar a Tríplice Fronteira em todos os aspectos, mas, basicamente, para tratar de remessa de dinheiro. Nas conversas com as autoridades de Washington, alertávamos que as autoridades brasileiras poderiam monitorar se a remessa de recursos financeiros fosse feita por via bancária, e que teria meios de controlar as transferências, inclusive saber para onde o dinheiro foi enviado. Mas como não havia a capacidade de seguir os passos do dinheiro remetido, as autoridades norte-americanas deveriam descobrir qual o destino dado ao dinheiro. O dinheiro ia para associações beneficentes de caridade no Líbano. O Hezbollah era um partido político no Líbano, não era um grupo terrorista. A organização dispõe de um braço armado. Ter relações com o Hezbollah, do ponto de vista diplomático, podia até ser admissível sem concordar com o braço armado. Se o dinheiro ia para o Hezbollah, partido político, não havia nenhuma ilegalidade da parte dos palestinos que moravam na região. Assim, a Tríplice Fronteira foi uma *issue* importante na relação com os EUA durante longo tempo. Depois do 11 de setembro, de vez em quando apareciam informações sobre a Tríplice Fronteira. Cada vez que surgia notícia, eu me dirigia para um órgão do governo americano para perguntar o que é que existia. Nunca recebi nenhuma resposta concreta como, por exemplo, que havia tal pessoa que participou de um ato terrorista ou que armou um ato terrorista. O único ponto que existia, e que eu acho poderia ter existido e poderá existir, é essa questão de remessa de dinheiro. Desde o 11 de setembro, o presidente FHC, tanto no discurso como na prática, posicionou-se contra o terrorismo. O presidente Lula também, apesar de Lula ter dito ao presidente Bush, em um dos encontros bilaterais, que ele compreendia que o terrorismo era um problema americano, mas no Brasil, a principal preocupação nossa não era o terrorismo, era a pobreza e o combate à fome.

MS: Fala um pouco desse preparativo. O senhor mencionou na última entrevista que teve um pequeno treinamento, *questions and answers* fictícias, com o Lula, que o senhor montou. Como foi isso?

RB: A embaixada, em contato com Luiz Dulci, coordenador da visita, discutiu a programação e deu sugestões aceitas por eles. No entanto, também tinham outras iniciativas, como a de visitar os sindicatos, de estar com o poderoso presidente da AFL-CIO, John Sweeney, e grupos cujas afinidades ideológicas e de propósitos estão mais próximas do PT. Insisti muito no encontro com a imprensa, porque era a primeira vez que o presidente eleito ia aos Estados Unidos, cercado de muitas incertezas e, refletindo isso, na mídia apareciam cartas e artigos contrários. Consegui arranjar um almoço no National Press Club, que não costuma aceitar todos que se fazem lembrar para falar para uma plateia de jornalistas, porém concordaram em abrir as portas para Lula. Nas visitas que eu fazia ao Departamento de Estado, informava tudo que estávamos preparando, a fim de pedir apoio. Certamente, também tocaram nesse assunto entre eles, mas tudo que fazíamos era em estreita coordenação com o Departamento de Estado e a equipe de Lula. Quanto aos discursos, apresentamos várias sugestões. No caso do National Press Club, conhecendo de onde se originavam as resistências, e quais os pontos mais delicados dessa resistência, a embaixada preparou um número grande de perguntas, sugerindo igualmente as respostas; Lula e a equipe leram e fizeram alterações. Não estou bem certo, mas essa iniciativa de preparar antes as perguntas era para evitar surpresas. E Lula foi muito franco também, como sempre é seu estilo. Ele respondeu a todas as perguntas dos jornalistas, alguns fizeram perguntas provocativas e ele se saiu muito bem. A tradução de tudo era feita quase simultaneamente pelo Sérgio Xavier, profissional da maior competência.

MS: Embaixador, esses dois dias que o Lula passou na sua casa em conversas, ele chegou a fazer algum comentário sobre o ambiente político nos Estados Unidos?

RB: Não. Ele tinha, claramente, consciência de que Bush era um político de extrema-direita. Porém ele começava a se enfronhar no meio internacional; até então, Lula dava mais atenção para a política interna brasileira, para a economia. Mas ele tinha consciência de que Bush teria um governo difícil por lá.

MS: Embaixador, nessa viagem ainda, o senhor vai com Palocci a Nova York. Palocci tem uma série de encontros lá também no sentido de aumentar a segurança. Tem uma pessoa que acompanha vocês, que é o Márcio Aith, jornalista da *Folha de S.Paulo*. Conta essa história, embaixador. Tem um vazamento de informação? Ele queria o quê, exatamente?

RB: Márcio e eu somos amigos e ele se meteu na programação. Não tenho certeza, mas acho que fomos de trem e ele apareceu se insinuando para obter notícias. Era correspondente em Nova York e queria saber qual era a conversa. Mas não havia mesmo nada.

MS: Mas não teve nada demais. Não teve vazamento?

RB: Não que eu me lembre. Mas essas conversas têm sua importância. O FED mantém representações, ou seja, escritórios regionais em Nova York, Houston e Califórnia, e o presidente em Nova York, naquela época, era Timothy Geithner, responsável pela organização da reunião do Palocci na sede do FED, que teve ainda a presença de bancos. Acompanhei o Palocci em todas essas reuniões e, por acaso, outro dia encontrei umas anotações que deixara comigo sobre *safety net* na área social e sobre a política macroeconômica, feitas por ele no começo do governo Lula.

MS: Quando Palocci participou dessas reuniões, ele já estava indicado ministro da Fazenda?

RB: Já.

MS: Foi a primeira vez que um ministro do PT vai ao FED?

RB: Foi sim. E em dezembro, se não me falha a memória, houve contato de Palocci com as autoridades financeiras. Em março, quando esteve em Washington, com certeza se encontraram, porque houve um almoço na residência com o presidente do Fundo Monetário Internacional, portanto, três meses depois da posse, Palocci se encontrou com o presidente do FMI, pela primeira vez. E foi uma conversa muito boa. Todos os presentes elogiaram a política econômica do FHC, a que o governo Lula dava continuidade. Antes da eleição isso era impensável. Um ano antes era igualmente impensável. Até maio, quando a "Carta aos brasileiros" foi divulgada, era impensável. O que aconteceria depois de maio era um ponto de interrogação. No entanto, passados três meses da posse, estavam reunidos almoçando na residência da embaixada, o FMI, o Banco Mundial e Palocci, tudo aquilo que era anátema para o PT. O que mostra a percepção de Lula, ou seja, ele se ajustou desde o início, como se ajusta a tudo que é circunstância. Ele viu que o caminho era aquele e seguiu. Aos poucos, o FED mudou sua percepção, e influenciou positivamente o FMI contra o ambiente de desconfiança reinante até ali. Em agosto de 2002, foi negociado por FHC o empréstimo do FMI, os 30 bilhões de dólares, que o Lula aprovou. Mas eles não tinham certeza que o pagamento sairia. Então, em três meses, já estava o presidente do FMI conversando com Lula. E o Lula mostrando que era aquilo mesmo, que prosseguiria com responsabilidade, cumpriria os contratos como registrou na "Carta aos brasileiros".

MS: Nessa mesma viagem que o senhor fez com o Palocci, vocês encontraram Jeffrey Sachs?
RB: Articulei um encontro muito interessante na Columbia University. Presentes Jeffrey Sachs, Joseph Stiglitz, Albert Fishlow, Palocci e eu. Conversamos sobre a situação econômica mundial, sobre a situação econômica no Brasil e os problemas que o país enfrentou. Outro assunto foi o Fome Zero que, à época, tinha grande destaque. Depois, desapareceu, mas naquele momento o programa fascinava Jeffrey Sachs, que era consultor da Bolívia. Além do assunto economia, tratou-se também da área social e o que o PT podia fazer no governo. Resumindo, falou-se do futuro do governo na área econômica e na área social.

MS: Discussões sobre?
RB: As críticas que ele fazia ao governo.

MS: No momento da visita, Lula ficou hospedado na sua residência assim como Palocci? Palocci ficou lá também?
RB: Nesse primeiro momento ficaram lá Palocci, Marta Suplicy e Lula. Acho que Mercadante e Luiz Dulci hospedaram-se em um hotel. Mas Marta, amiga nossa, Palocci, com quem eu já mantivera contato, e Lula ficaram lá em casa.

MS: Tem um encontro do Otto Reich, do Richard Haass com o senhor, Palocci, Dirceu e Mercadante. Esse encontro acontece na embaixada, na residência?
RB: Acho que sim.

MS: O senhor lembra qual é o tom?
RB: Sempre o mesmo. O tema desses encontros com o Lula era um esforço de *confidence building*, porque havia ainda desconfiança. A gente se esquece do que

aconteceu durante a campanha: o programa do PT, a proposta de renegar a dívida, de acabar com a Alca. Enfim, era esse o contexto em que o PT trabalhava e que chegava aos Estados Unidos. Em todas as reuniões procurávamos mostrar que Lula era um democrata e eu insistia muito nisso. Depois de quatro eleições, ele sempre atuou dentro do sistema, produziu a "Carta aos brasileiros", sempre sob a coordenação do Palocci, que era considerado uma pessoa moderada. No governo que iria se instalar, a política econômica não sofreria grande mudança, a principal preocupação dos investidores de Wall Street, do FED, tudo se resumia na política econômica. E sustentávamos, na linha de política externa, que as relações com os Estados Unidos não sofreriam nenhuma modificação drástica, não havia nada de mais sofisticado. Eram os itens essenciais.

MS: Embaixador, no mesmo dia em que vocês encontram Otto Reich, ele é demitido. O senhor lembra a situação em que ele sai?
RB: Ele saiu porque houve um problema de *timing*. A nomeação dele não havia sido confirmada pelo Congresso democrata e os altos funcionários não confirmados podem ficar apenas dois anos, duas legislaturas. Esgotado esse período, sem confirmação do Congresso, Otto Reich teve de sair.

MS: Já se sabia quem o substituiria?
RB: Já se sabia. Eu mantinha contato com Roger Noriega, mexicano com ideias mais à direita, chefe de gabinete do Jesse Helms, líder republicano ainda mais de direita com concepções da guerra fria para a América Latina, como o Reich. Portanto, a linha política continuou. A escolha do Noriega era esperada, em virtude da pressão do Jesse Helms.

MS: Quem lidava mais com a embaixada, o Celso Amorim ou o Samuel? Quem operava o diálogo com o senhor nesse ano e meio?
RB: A embaixada em Washington opera com o chefe do departamento, com o secretário-geral e com o ministro. Não sei como os outros fazem, mas eu procurava falar em Brasília o mínimo possível. Só quando havia um problema muito delicado, eu falava com um dos três, dependendo do nível do assunto. Se a questão pudesse ser resolvida no âmbito de departamento, dirigia-me ao departamento. Aliás, o departamento era muito omisso também. Quando havia problemas mais delicados, eu ligava para o Lula diretamente, ou ligava para a Casa Civil, e, em último caso, para alguém do Palácio. E informava o Celso Amorim ou o chefe de gabinete.

MS: Tinha uma competição entre o Celso e o Dirceu, nesse começo de governo?
RB: Não. Pode até ter havido. E não percebi nada em relação à embaixada em Washington.

MS: O senhor pode falar um pouco sobre a sua relação tanto com Celso como com Samuel?
RB: Conheço o Celso Amorim desde a década de 1960. Somos amigos e até hoje quando nos vemos fazemos muita festa um para o outro. Minha relação sempre foi muito boa, me dava e ainda me dou muito bem com eles. O meu primeiro posto no exterior foi Londres e o primeiro posto do Roberto Abdenur e do Celso Amorim também. Estávamos sempre juntos lá. Eu era jovem, terceiro-secretário, sem filho, recém-casado. Após o casamento, mudei para o Consulado-Geral em Londres e o Celso saiu do consulado-geral e foi para a embaixada. Trocamos de posto na mesma cidade. Mais tarde, quando o Celso Amorim foi ministro pela primeira vez, com o presidente Itamar Franco, eu era subsecretário-geral de Comércio Externo, de Integração e Assuntos Econômicos. E a gente se comunicava por questões de trabalho. Em Genebra, Celso Amorim sabia das minhas posições sobre as negociações da Alca. A embaixada em Washington mantinha posição clara sobre os assuntos que diziam respeito aos interesses brasileiros junto ao governo de Washington.

MS: Quem operava a visita no Departamento de Estado?
RB: Dentro do Departamento de Estado, quem operou a visita foi o Bureau of Western Hemisphere Affairs, mas a decisão de aceitar a proposta veio do próprio Richard Haass, que, nessa época, era *chief of Planning staff*. Assim que ele assumiu suas funções, fiz a ele uma visita. Comecei a falar sobre a importância do Brasil. Haass nunca tinha estado aqui e nada conhecia do Brasil, por isso passei a cultivar seu interesse pelo Brasil, como é a função do embaixador. Fazia visitas, mandava notícias e outras informações que poderiam ser de relevância. Por causa da eleição, ele me procurou para conhecer minha opinião. Mandei a ele a "Carta aos brasileiros". Depois da posse, de janeiro a março, tive muito contato com Haass, discutindo a ideia da institucionalização, e entreguei o que eu redigira sobre o assunto. A boa relação que fizemos então, eu e ele, foi muito positiva. Mais tarde, em 2009, estive com Haass em Nova York e ouvi dele que, de tudo o que fez na *policy planning*, uma das ações mais bem-sucedidas foi a operação Brasil, cuja questão da institucionalização nós dois havíamos discutido diretamente. Disse ainda que recordava, com prazer, a colaboração que havia mantido comigo.

EMBAIXADOR EM WASHINGTON

O trabalho levou meses, em virtude da relevância da proposta que, como disse, foi apresentada antes, no governo de Fernando Henrique Cardoso.

MS: Quando surge a ideia da reunião presidencial na institucionalização da relação?

RB: O formato da viagem de março foi decisão do governo norte-americano, a embaixada não teve nada a ver. O que aconteceu na viagem presidencial em março só acontece com os países do Nafta (México e Canadá) e com alguns países europeus. É impossível ter a disponibilidade do presidente americano, às vésperas de uma guerra contra o terrorismo, com inúmeras providências e todo tipo de preparativos militares e políticos. Mas Bush permaneceu a manhã inteira. Normalmente, uma visita com o presidente dura 45 minutos, uma hora no máximo, entre entrada e saída. Com Lula, ele ficou de nove da manhã às duas horas da tarde. Portanto, no caso da América Latina, exceto com o México, que é do Nafta, nunca houve fato semelhante. É o que já comentei. Houve uma rápida mudança de percepção em três meses. Eles propuseram o formato da visita, primeiro um encontro bilateral, depois uma reunião ampliada de gabinete e a seguir um almoço das duas delegações. Esse formato nunca houve antes, e nem haveria depois. Em minha avaliação, o Brasil não deu seguimento a esse gesto do presidente Bush. Foram criados todos os grupos bilaterais, a relação foi institucionalizada e do lado brasileiro não houve nenhum seguimento. Logo depois veio a guerra do Iraque e a atitude do Brasil foi muito crítica. Não foi apenas por causa da guerra que não houve seguimento. Ocorreram pequenos atritos também, em todas as áreas, não só na militar. Mas como não houve continuidade de nossa parte, nunca mais um encontro desse tipo se repetiu. E quando Bush esteve aqui duas vezes, ou quando Lula esteve nos Estados Unidos mais de uma vez depois que eu saí, nunca mais ninguém se lembrou de repetir o formato ampliado inicial.

MS: E o senhor acha que é porque o Brasil não ter dado seguimento?

RB: Não houve de nossa parte uma reação positiva; não falo sob o ponto de vista político, porque durante o governo Bush era impossível o presidente Lula fazer gestos nesse campo em relação a ele, mas sim na parte substantiva da visita. Todos os grupos de trabalho criados não avançaram, como era a intenção original. E depois, como havia certos setores dentro do governo brasileiro, que se opunham a uma aproximação maior com os Estados Unidos, tudo ficou paralisado. Os americanos, porque esperavam mais do Brasil, e nós, porque não queríamos mais nada dos Estados Unidos. Agora, após toda a evolução positiva ocorrida e a projeção externa brasileira no primeiro mandato de Lula, penso que essa posição foi um equívoco, porque o Brasil só será reconhecido como potência regional, com voz maior no mundo, no momento em que os Estados Unidos estiverem nos apoiando. Então, na minha avaliação, nós mesmos estamos dando "um tiro no pé". Ou seja, se quisermos ser tudo isso que a gente quer, deveria haver um entendimento franco com os EUA. Veja a questão do Haiti naquela época: competimos por detalhes menores para garantir nosso espaço. O que teria valor seria sentar com os Estados Unidos e propor, por exemplo, dividir a participação dos dois países, mas não se fez isso. Mandamos recados pela imprensa, indiretas, fazendo picuinha. No caminho do Brasil potência, se algum dia chegarmos lá, temos muito de aprender; estamos no *learning stage*, pois o Itamaraty ainda estava tateando como atuar no mundo. Faltou a visão do modo como um país que quer ser líder, e que usufruía de prestígio internacional, deveria se conduzir, porque o Brasil ainda se comportava como um país em desenvolvimento, protestando contra todo o mundo. Portanto, a sociedade brasileira terá de fazer essa evolução interna, e esse aprendizado vamos ter de assimilar de outros países, como os Estados Unidos. Na minha visão, o Itamaraty ainda não tinha essa consciência. O Itamaraty, no governo petista, não agiu como a face externa de um país que usufruía crédito crescente no cenário internacional.

MS: Embaixador, entre os dias 8 e 9 de dezembro de 2002 o senhor teve uma situação peculiar; o senhor tinha o Fernando Henrique nos Estados Unidos, e o Lula também foi aos Estados Unidos, mas nos dias 9 e 10. É isso mesmo?
RB: É verdade, dois presidentes. E fui ver os dois.

MS: O senhor jantou com Fernando Henrique na noite do dia 8, em Nova York. Depois, eu acredito, vocês foram para o coquetel na casa do Gelson Fonseca, que era embaixador nas Nações Unidas, não é?
RB: É verdade. Foi uma situação *sui generis*.

MS: Quem participou desse jantar com Fernando Henrique? E qual era a natureza da conversa?
RB: Participamos o embaixador Júlio César Gomes dos Santos, o embaixador Gelson Fonseca e eu. A conversa se deteve na transição do governo e na perspectiva do FHC, confiando que Lula iria, em grande parte, dar continuidade

à política econômica em vista das conversas que haviam tido. Por isso, FHC não estava muito preocupado. No entanto, achava que para o PSDB a derrota do Serra fora ruim.

MS: Quando é que o presidente Fernando Henrique se convence de que o Lula não vai honrar as promessas de campanha típicas do PT e vai adotar um curso, que consideraria responsável e de continuidade?

RB: Creio que foi a partir da "Carta aos brasileiros". Nunca conversei com o presidente FHC sobre isso. Há um capítulo no meu livro *O dissenso de Washington* sobre a transição do governo FHC para o de Lula.[10] Relato o que vivenciei em Washington, sem especular nem entrar em detalhes. FHC decidiu, mais ou menos depois de maio, fazer uma transição democrática de governo. O então chefe da Casa Civil, Pedro Parente, foi nomeado coordenador dessa transição e esteve em Washington para conferir como a passagem de governo ocorria nos EUA. Estava claro que a transição no Brasil seria uma ação civilizada. Soube, mais adiante, que houve conversas do PSDB com o PT com vistas a encontrar algum tipo de convergência, justamente depois da posse do Lula. José Dirceu foi um dos que não quis levar adiante essa ideia. Preferiu favorecer o acordo com o Partido do Movimento Democrático Brasileiro (PMDB). O resultado é conhecido. Como não havia apoio concreto, era um apoio frágil, o entendimento resultou no "mensalão". Se tivesse feito acordo para a governabilidade, como era intenção do presidente FHC entre o PSDB e o PT, a história teria sido diferente. O mesmo foi tentado em outubro de 2010, com a definição de uma agenda visando o entendimento para certas situações, porque não havia consenso sobre elas, nem maioria no Congresso para aprovar todas as reformas estruturais. Na eleição de 2010, como na anterior, o PT, que elegeu o presidente, tinha apenas cerca de dezoito por cento dos votos. Nos EUA, o que ocorreu foi que o governo Bush, a partir do momento em que ficou claro que o Lula iria ganhar e que o Partido dos Trabalhadores havia definido uma agenda moderada, a Casa Branca passou a ver em Lula uma esquerda democrática, diferente da do Hugo Chávez, e passou a apostar em Lula. Todo o esforço era para alcançar uma das condições que sempre havíamos defendido, isto é, a diferenciação do Brasil; a diferenciação do Brasil no contexto da América

---

[10] Refiro-me ao livro que estava escrevendo na época. Trata-se de *O dissenso de Washington*, publicado em 2011 pela Editora Agir. p. 100.

Latina e da América do Sul era um dos pontos prioritários no discurso e da agenda da embaixada. As ações iniciais do presidente Lula, com a aplicação da "Carta aos brasileiros", com a ação do José Dirceu e do Palocci, mostraram que o processo político no Brasil era distinto do resto da América Latina, da Argentina, da Venezuela, da Bolívia.

MS: O senhor diria que parte do motivo pelo qual o presidente Fernando Henrique apostou fichas numa transição nesses moldes e sai para apoiar o Lula fora do país tem a ver com sua expectativa, até o fim de 2002, começo de 2003, de haver algum tipo de convergência entre PT e PSDB?
RB: Acho que sim e, pelo que eu sei, houve conversas dos dois com esse propósito, após a eleição, claro, não antes por causa da candidatura do José Serra.

MS: Em que nível era essa conversa?
RB: Eu acho que em nível alto.

MS: Entre eles?
RB: Entre eles sim. Não posso afirmar, pois nunca perguntei para FHC, mas tenho a impressão que ele conversou com Lula. Depois, em outros níveis, Pedro Parente, coordenador da transição, deve ter feito o mesmo, conversado com José Dirceu.

MS: Nesse período a Argentina se encontra numa situação nefasta. E os Estados Unidos estão jogando o *hard ball* com a Argentina. Qual era a sua percepção de Washington nesse período? Como é que os Estados Unidos estavam tratando?
RB: Esse assunto está bem documentado. No meu livro, eu toco nisso também. O Brasil com o presidente FHC diretamente, com o ministro Pedro Malan, com o presidente do Banco Central sempre atuou fortemente em favor da Argentina. Há várias referências de pedidos de apoio que o presidente FHC fez ao presidente Bush para que o Fundo Monetário Internacional viesse a apoiar o programa econômico argentino. O presidente Bush sempre foi muito negativo. Todas as vezes que esse assunto era mencionado, Bush respondia que o governo argentino não era confiável e que o governo norte-americano não iria apoiar o pedido da Argentina no FMI. O Murilo Portugal era o representante do Brasil no FMI. Eu havia recebido reclama-

EMBAIXADOR EM WASHINGTON

çoes do embaixador argentino contra a posição brasileira no FMI. Chequei a informação e transmiti a Diego Guelar a firme aprovação do Brasil à pretensão argentina.

MS: Mas o Brasil não estava apoiando?
RB: Estava, mas a percepção argentina era de que o Brasil não apoiava. Eu me reuni com Murilo Portugal, informei as reclamações argentinas e perguntei o que estava acontecendo. Murilo respondeu que tinha recebido instruções de Brasília e que o Brasil sempre havia defendido o plano econômico argentino. O caso argentino havia sido tratado em todos os níveis, de presidente a ministro, em conversas com as autoridades americanas, da secretaria do Tesouro e do FMI.

MS: E de onde vinha essa percepção argentina?
RB: Não sei, apesar do firme apoio brasileiro, o governo americano, Bush e o secretário do Tesouro estavam contra a Argentina. Firmemente contra, e essa atitude não era sutil. As manifestações oficiais eram muito fortes e claras, no sentido de que o governo de Washington não apadrinharia, já que o programa não havia sido aprovado pelo FMI, por discordar das medidas tomadas pela Argentina, em especial, a suspensão do pagamento da dívida. No final, o FMI não concedeu o empréstimo solicitado, como ocorreu com o Brasil, e a crise na Argentina não se resolveu.

MS: Nesse momento, embaixador, tem comentários na imprensa que dizem que o Celso Amorim não era bem-visto nos Estados Unidos, que havia reserva nos Estados Unidos, em relação ao Celso. Por quê?
RB: Esse é um dos assuntos delicados que eu menciono no livro[11] também. Celso Amorim tinha tido atuação muito destacada em Genebra no final da Rodada Uruguai, inclusive, e sobretudo, na questão da propriedade intelectual. Celso foi o negociador do documento apresentado quando da abertura da Rodada Doha. E o Celso adotou uma atitude radical de negociação, de *brinkmanship*, não só com os Estados Unidos, mas com a Europa também. Ele foi embaixador em Londres e o pessoal lá me falava o mesmo. Celso estica a corda o máximo possível. As pessoas não sabem se ele está fazendo aquilo como tática ou se está sendo verdadeiro. Por isso, até hoje existe grande des-

---

[11] Ibid., 2011. p. 129.

confiança nas ações do Celso Amorim. E naquele momento houve ainda a repercussão em Israel com a posição brasileira no tocante ao Hamas. Quer dizer, essa história do Hamas era para valer ou não? As pessoas não sabiam ao certo qual era a posição do Brasil, e eu acho que nem o Celso sabia. Mas nos Estados Unidos havia, claramente, reserva em relação à posição que ele, como ministro, adotaria em relação aos Estados Unidos em vista da sua atuação em Genebra no caso da propriedade intelectual. É essa, na minha visão, a história que está por trás da reserva manifestada ao Celso.

MS: A decisão de Lula de nomeá-lo mesmo assim, o senhor acha que tem a ver com o estilo negociador que Lula esperava do chanceler, de esticar a corda? RB: Não. Lula não conhecia Celso Amorim.

MS: Mas certamente sabia das reservas. RB: Sabia. Celso Amorim teria sido indicado a Lula por três pessoas bem próximas: José Viegas, Samuel Pinheiro Guimarães e Marco Aurélio Garcia. Com todas essas indicações, Lula aceitou. Celso teria ligado para o José Dirceu e comentado que o nome dele estava aparecendo na imprensa, que ele não conhecia ninguém na campanha e que gostaria de se apresentar a Lula. Buscou os dois lados, pois estava trabalhando na campanha para ser o ministro de Serra, e mantinha contato direto com ele, pois enquanto ministro da Saúde, Serra se ligou muito a ele por causa da sua atuação em Genebra, na questão da propriedade intelectual, que afetava os produtos farmacêuticos, assunto de grande interesse para Serra.

MS: Claro. Um animal político habilidoso. RB: É. Há outros nomes para definir isso.

MS: Por que Marco Aurélio Garcia não foi escolhido como chanceler? RB: A explicação que Lula deu, pelo menos a que eu soube, foi que ele considerava o Marco Aurélio muito apegado ao passado, à filosofia dos anos 1950 e 1960, de uma esquerda ultrapassada. Eu acho que ele conhecia bem Marco Aurélio; durante 17 anos ele foi secretário internacional do PT. Lula sabia que devia temperar as ideias do Marco Aurélio, ideias dos anos 1960 — além de ver que Marco Aurélio era muito ortodoxo na plataforma da esquerda do PT —, com as de um profissional que fizesse o meio de campo. Naquele momento em que Lula aceitava a política econômica do presidente FHC e que o mundo estava se transformando, ele percebeu que precisava de alguém que fizesse uma política externa de acordo com o seu tempo, e não pensando apenas no passado, como aconteceu em alguns casos, pela predominância das posições do Marco Aurélio Garcia.

MS: Eu queria que o senhor falasse um pouco sobre o processo de decisão que levou à indicação do Celso Amorim como chanceler de Lula. A impressão que dá na documentação é que essa foi uma decisão tomada bastante tarde, não há certeza. E está claro que tem alguns nomes sobre a mesa, que poderiam ser de Rubens Ricupero e de Mercadante. Por que não Marco Aurélio como candidato?

RB: A informação que eu tenho não é essa. O que eu soube é que o candidato inicial de Lula para ser ministro de Relações Exteriores seria José Viegas. José Viegas não aceitou e ele, Marco Aurélio, e Samuel Pinheiro Guimarães teriam indicado o Celso Amorim.

MS: Ele jogava com Serra? Qual era o contato dele com Serra?

RB: Segundo se comentava na época, Celso Amorim queria ser ministro do Exterior do José Serra. Houve trabalho conjunto à época do Serra no Ministério da Saúde e do Celso Amorim como representante na OMC. No lançamento da Rodada Doha, discutiu-se um documento relacionado com questões de propriedade intelectual na área da saúde. A aprovação do documento foi resultado do trabalho dos dois e José Serra se impressionou com a atuação do Celso. Com a eleição de Lula, a partir desses contatos com o PT, as conversas se encaminharam para o lado do Celso Amorim. A vontade inicial de Lula teria sido mesmo que assumisse o José Viegas.

MS: Por que Viegas não aceitou?

RB: Não sei. Aparentemente, José Viegas não quis entrar na disputa, segundo boa fonte.

MS: Qual era o contato dele com o PT? Ele tinha algum contato?

RB: Viegas tinha muitos contatos com o PT. Ele conheceu Lula quando era ministro conselheiro na embaixada em Cuba e trabalhava com o embaixador Italo Zappa. Com as viagens de Lula a Cuba, Viegas manteve contato estreito e ficou muito ligado, desde a eleição anterior, com o candidato e com o PT. Viegas era uma das pessoas que Lula conhecia bem dentro do Itamaraty. Certamente, depois, Viegas deve ter procurado os amigos do PT no Brasil mantendo o canal aberto. Creio que Rubens Ricupero não chegou a ser cogitado e mais tarde guardou mágoa com o PT, originada pelos acontecimentos de sua saída do Ministério da Fazenda.

MS: Por que não Samuel?
RB: Samuel era muito controvertido.

MS: O contato dele com o PT era como?
RB: Bem amplo, por causa das discussões da Alca. Samuel Pinheiro Guimarães foi o principal ideólogo contra as negociações e a participação do Brasil. Desde sua exoneração do cargo que ocupava no Itamaraty na gestão Celso Lafer, em virtude de suas posições públicas de crítica à política brasileira nos entendimentos com os EUA sobre a Alca, Samuel aproximou-se e ingressou no PT.

MS: Participava de reunião e tudo mais?
RB: Participava de tudo sim. Assessorava, redigia documentos, era pessoa de confiança do PT, porque fora exonerado e defendia as mesmas ideias petistas contra os Estados Unidos, contra a Alca, era tudo que o partido precisava. Samuel Pinheiro Guimarães não era um radical de esquerda, mas era radical no pensamento, nacionalista, mais extremado que José Viegas. Celso Amorim não estava nesse grupo inicialmente, mas surgiu como um *tertius*.

MS: Na imprensa brasileira já tem um tiroteio em relação ao papel do Samuel, as relações entre a secretaria-geral e o ministro, a relação entre o Itamaraty e o Marco Aurélio.
RB: De fato, a imprensa logo percebeu isso. No Brasil, à exceção do Augusto Frederico Schmidt, foi a primeira vez na história que houve um assessor presidencial diplomático com peso próprio. Os diplomatas que por lá passaram não tinham peso próprio, eram assessores diplomáticos e não competiam com o Itamaraty. E o Marco Aurélio, como ficou demonstrado ao longo dos governos petistas, era o "comissário" que controlava a linha política do Itamaraty, e muitas vezes, na minha opinião, acho que dava a linha e a orientação política. Mas nesse ano e meio em que estive em Washington, com Lula, nunca houve interferência alguma, direta ou indireta, do Marco Aurélio, que eu tivesse tido conhecimento. Portanto, Marco Aurélio, desde o começo, foi incumbido de manter relações com os partidos de esquerda que estavam no poder. Era essa a

missão dele. No início, bateu de frente com o Itamaraty, porque ele visitava esses países "mais à esquerda" e não dava conhecimento ao ministério, ou ia sem comunicar aos embaixadores, ou não os convocava para as reuniões. Tratou-se de ruído burocrático, normal. A burocracia vive disso, de luta por espaço.

MS: Isso foi em que época?

RB: A partir de um certo momento, por causa das negociações da Alca, a AFL-CIO me procurou também e tive vários contatos lá, inclusive com Thea Lee, uma das diretoras que era a porta-voz da área de comércio exterior. Certa vez, em uma das minhas idas, ela veio falar comigo, defendendo a cláusula social, a cláusula do meio ambiente, entre outras, e conversamos muito.

MS: O senhor não sabe se teve algum contato do José Dirceu com o pessoal do meio financeiro?

RB: Não sei se fez esse tipo de contato em Nova York.

MS: Ainda sobre a postura norte-americana em relação ao Lula. A operação teve algum papel da Donna Hrinak, que já era embaixadora?

RB: Donna Hrinak teve papel relevante sim, porque, apesar de republicana, era uma liberal. Nos Estados Unidos, quando o embaixador toma posse, há um evento no Departamento de Estado com a presença do seu secretário, com o propósito de dar solenidade ao cargo, diferente do que se passa aqui no Brasil. No dia em que Donna Hrinak tomou posse como embaixadora, estava o Colin Powell e família e também vários embaixadores convidados. Nessa ocasião, ela proferiu discurso ultraliberal, criticando a atuação dos Estados Unidos no Chile, com o Pinochet. Quando acabou, fui dar um abraço nela e comentei que tinha sido dura e que ela era uma democrata infiltrada nos republicanos, ao manifestar uma posição muito liberal. Quando chegou a Brasília, era muito ativa, e se aproximou do PT e do Serra também. Como embaixadora, teve que fazer isso. Quando Lula começou a despontar como um forte candidato, recebeu Donna Hrinak, pouco antes da eleição. Ela mandava notícias tranquilizadoras para Washington, imagino. Não vi os relatórios dela, mas creio que refletiam as conversas que mantinha com Lula, e isso contribuiu para que, aos poucos, o governo americano mudasse sua percepção em relação a ele. Porém, as primeiras mudanças vieram com José Dirceu e depois o trabalho de Donna Hrinak, com os informes transmitidos ao Departamento de Estado. Havia ainda o trabalho da embaixada do Brasil, de esclarecimento, a partir dessas informações que recebíamos, sobretudo do José Dirceu. Acho que a Donna Hrinak teve papel positivo no tocante à imagem de Lula no governo americano. Eu estava muito articulado com ela. A ida de Lula em dezembro à capital americana foi sugestão minha e da Donna. Nas nossas conversas, sabíamos que presidente eleito não é recebido na Casa Branca, e sim no Departamento de Estado. Mas Lula foi recebido como chefe de Estado. Houve, então, claramente, mudança de uma posição de reserva, em virtude da atuação do líder sindical que queria acabar com a Alca, acabar com o imperialismo americano, acabar com o FMI, posições radicais para um chefe de Estado. Sobretudo, porque Lula era visto em Washington como uma esquerda democrática. Acentuei muito esse aspecto, sempre que diziam que Lula era de esquerda, eu respondia que ele era democrata, pois havia disputado três eleições, havia perdido e tinha abandonado a ideia de revolução. Havia ganho na quarta disputa eleitoral, o que indicava que ele obedecia às regras do jogo democrático. Então, eu acho que isso ajudou porque eu falava nos *think tanks* mais importantes, no Inter-American Dialogue, no Center for Strategic and International Studies (CSIS). E havia gente do governo escutando e que registrava aquilo. A Donna Hrinak fazia o mesmo no Brasil, porque ela também tinha contato com Lula, diretamente, com José Dirceu, e ela reportava para Washington. Dessa forma, o que eu dizia correspondia ao que a embaixadora transmitia.

MS: Esse grupo de acadêmicos, os brasilianistas, que o senhor ajudou a reaproximar da embaixada, teve algum papel? Eles tinham algum papel de informação?
RB: Não.

MS: Lembro de um artigo do Kenneth Maxwell no *Financial Times* da época, mas não sei se isso...
RB: Não, não teve influência alguma. Os brasilianistas opinavam, mas havia muita gente contra. *Washington Times*, que é da extrema-direita, publicou muitos artigos assinados contra o Lula. E aí eu respondia, esclarecendo as questões suscitadas. Em Washington, a eleição não passou despercebida. O pessoal da direita, que já estava no poder com o Bush, falava contra e criticava a esquerdização que estava se instalando no Brasil.

MS: Em que momento da trajetória da narrativa o senhor diria que mudou o jogo e que os Estados Unidos passam a ficar tranquilizados?
RB: Acho que após Lula ter sido eleito. Não adianta falar e não provar. Se conferirmos a série, fica demonstrado que dois, três meses depois da eleição, o

country risk caiu de 2 mil e tanto para um mil e pouco, depois 300, 400. Portanto, três meses após a eleição, o meio financeiro já estava sabendo que Lula não faria um governo radical. E aí mudou o ambiente. No entanto, há dois pontos importantes, que quero mencionar, relacionados com Lula. O primeiro, a iniciativa de FHC de preparar a transição. Pedro Parente foi a Washington, juntos fomos recebidos pelo subchefe na Casa Civil, Joshua Bolten, a quem eu já conhecia. Ele nos mostrou o livro da transição americana, que era quase igual ao que Pedro Parente levara. FHC teve esse cuidado, porque ele queria fazer uma transição tranquila e democrática, principalmente pelo fato de ser a primeira vez que um partido de trabalhadores assumia a Presidência. Dessa forma, esse contato do Pedro Parente no Departamento de Estado para ver como a transição era feita na Casa Civil americana foi significativo, para confirmar como FHC conduzia aquele momento histórico no país. Em segundo lugar, o trabalho conjunto, da Donna Hrinak e o nosso na embaixada em Washington. Começamos a sugerir ao governo americano que recebesse Lula, como presidente eleito. Naquela oportunidade, quem recebia era Condoleezza e dependendo do candidato eleito, o presidente, nesse caso Bush, aparecia para fazer rápido cumprimento como grande concessão para o visitante. Sendo importante para o Brasil, Donna e eu conversávamos com vários interlocutores para que o presidente Bush o convidasse. Isso de fato ocorreu entre novembro e dezembro, quando Lula esteve na capital americana, antes de tomar posse.

MS: Com quem o senhor falava?
RB: Meu interlocutor era Otto Reich, ou quem estivesse no lugar dele, e falava também com congressistas. O *lobby* feito por nós deu resultado, tanto que Bush convidou Lula, para surpresa de todos.

MS: Por que convidou? O que é que o convenceu?
RB: Não devo falar que foi apenas o trabalho da embaixada. O que convenceu o governo norte-americano a fazer esse gesto foi a percepção que eles passaram a ter do presidente Lula: um esquerdista socialista moderado que, na visão deles, poderia fortalecer a esquerda democrática na região.

MS: Embaixador, na visita que o Lula faz a Washington, ainda em dezembro de 2002, como presidente eleito, mas antes de tomar posse, ele ficou na embaixada?
RB: Todas as vezes que esteve em Washington Lula ficou na embaixada. Entendo que todos os presidentes que vão aos Estados Unidos deveriam se hos-

pedar na embaixada. Nessa viagem, em dezembro, estava acompanhado por vários ministros, e também em março, quando foi com 10 deles, ele esteve abrigado — não com todos —, mas os principais foram acolhidos na embaixada. A então ministra Dilma Rousseff hospedou-se várias vezes na embaixada.

MS: O senhor teve oportunidade de conversar com o Lula nesse encontro de dezembro?
RB: Sim, conversei muito com ele.

MS: Qual foi o tom da conversa, em dezembro?
RB: Muito afável e muito franca; Lula é direto, não faz rodeios ao conversar. Tratava-me com respeito porque o presidente FHC havia falado sobre mim, acho que a então deputada Marta Suplicy também, pois a gente se conhecia e minha mulher é muito amiga dela, além do senador Eduardo Suplicy, que esteve hospedado comigo em Washington. Acredito que eles fizeram a Lula referências pessoais e a respeito do meu trabalho. Então, ele não foi prevenido contra mim, e eu, durante toda a minha carreira, mantive o hábito de conversar bastante de política. Conversei com Lula assuntos os mais diversos. Em uma dessas conversas, de carro pelas ruas de Washington, depois do 11 de setembro, com bandeiras americanas em quase todas as casas, comentei que no Brasil não havia um símbolo nacional imediatamente reconhecível. O símbolo brasileiro é o brasão da República, que é neutro, e ninguém se lembra como ele é. Observei que deveríamos fazer algo sobre a bandeira, pois a bandeira é um símbolo de valor que deveria ser cultuada, como uma marca representativa do país. Acrescentei que seria importante criar uma campanha para se reconhecer, na bandeira, um símbolo nacional. Lula ouviu, sem nada comentar. Meses depois, ainda no começo do governo, Lula assinou um decreto mandando as escolas públicas hastearem a bandeira e cantar o hino nacional. Como em outros casos, a legislação não pegou. Fiz também relatos sucintos sobre a situação no Iraque, a situação política interna nos EUA, sobre o começo do governo Bush, sobre nossas dificuldades na questão comercial.

MS: Quando é que começa a se cristalizar o convite para o senhor ficar? O senhor diria que é como efeito dessa primeira visita de Dirceu a Washington, em maio de 2002?
RB: Não, acho que foi quando Lula esteve lá em dezembro.

EMBAIXADOR EM WASHINGTON

MS: Até lá, o senhor não sabia?

RB: Não. Em novembro, eu pedi demissão e a aposentadoria do Itamaraty porque achei que deixaria a embaixada em Washington e que o governo petista colocaria outra pessoa em meu lugar. Aliás, foi o presidente Lula, em janeiro, quem assinou minha demissão, mas na exposição de motivos da minha aposentadoria, está dito que ele me mantinha no cargo em Washington como embaixador político.

MS: Quando o senhor ficou sabendo, de fato, que o senhor ia ficar?

RB: Quando o presidente eleito me convidou. Acho que esse foi um dos problemas com o ministro Celso Amorim, porque, de fato, quem me convidou para ficar foi Lula diretamente.

MS: Quando? Durante a viagem de Lula em dezembro de 2002?

RB: É. Foi em dezembro.

MS: Mas o senhor já não tinha uma dica de Dirceu?

RB: Não. Desde o meu tempo de Londres mantive atitude independente, de ajudar todos, sem nenhuma restrição político-partidária, porque todos sabiam da minha ligação com o PSDB, com FHC e com José Serra. Era público isso. Eles sabiam e eu também não fazia segredo.

MS: Em dezembro, o senhor já sabia que o Celso Amorim seria o chanceler?

RB: Não. Não estava escolhido.

MS: Quais eram os candidatos?

RB: Soube, por várias fontes, que meu nome foi sugerido para assumir o ministério, o que evidentemente seria difícil para mim. O fato de me ter mantido embaixador em Washington foi inteligente da parte de Lula por representar um sinal para o governo americano da continuidade de políticas, como ocorreu com a manutenção da política econômica. Os sinais tinham um peso muito forte, em virtude da instabilidade e de toda a incerteza diante do novo governo sob a liderança de um partido mais à esquerda. A "Carta aos brasileiros" foi um dos sinais. Na área externa, a manutenção do embaixador do Brasil em Washington foi outro sinal positivo para o governo americano. O governo americano deve ter apreciado o gesto porque já me conhecia, não era uma personalidade nova. Desconheço a motivação de Lula para manter-me na embaixada e qual terá sido seu propósito, mas de qualquer maneira deu sinais sobre como atuaria na área externa e em relação aos Estados Unidos. O governo de Washington podia achar que o sentimento antiamericano talvez prevalecesse desde o começo do mandato de Lula. Do ponto de vista do grupo do FHC, não houve problema algum, e do ponto de vista do Lula, foi um *plus*, porque eu continuei a atuar do mesmo modo, com os mesmos objetivos definidos quando cheguei em 1999. Continuei a explicar o novo governo da maneira que eu explicava o governo FHC. As pessoas me atribuíam credibilidade para falar em nome do governo, inclusive em circunstâncias complicadas. Houve outro problema que gerou tensão entre os dois governos, que tentei resolver, mas que, por questões ideológicas, não foi possível contornar. Tratava-se do acordo de salvaguarda tecnológica na área espacial, negociado pelo governo FHC e vetado pelo PT e depois pelo governo Lula. Cheguei a negociar uma solução — a que o Itamaraty não se opôs — para os itens sensíveis para o Brasil, por minha interferência junto ao Departamento de Estado. Como o Itamaraty não enviava as instruções solicitadas, disse que proporia as mudanças por minha conta e risco a fim de resolver o assunto. A máquina do Itamaraty imaginava que o governo de Washington não aprovaria minhas sugestões em relação a quatro ou cinco pontos pendentes. Acontece que o negociador do Departamento de Estado aceitou. As dificuldades para aprovação do acordo foram criadas pelo PT no Congresso e depois pelo governo Lula. Tudo isso está documentado nas comunicações com o MRE. Dos quatro pontos pendentes, três eu havia conseguido resolver. Havia uma cláusula pendente que precisava ter a concordância de Brasília. Mas com minha saída de Washington, o assunto morreu.

MS: O Lula eleito, antes de ele ir a Washington, passa por Buenos Aires e por Santiago. O senhor chegou a acompanhar a viagem do Lula a Buenos Aires?
RB: Não tive nenhuma informação.

MS: Já no final do ano, em dezembro, nas vésperas do Natal, o Marco Aurélio Garcia é destacado para ir a Caracas. E o Marco Aurélio Garcia, ainda como representante informal do Lula, tem uma série de encontros. Isso chegou a bater em Washington de alguma maneira? O senhor teve alguma conversa com o seu colega venezuelano?
RB: Não, nenhuma. O pessoal da Venezuela em Washington era contra o Chávez. Lá estava o embaixador Ignácio Arcaya, que até renunciou. Mas os encontros do Marco Aurélio não repercutiram em Washington.

MS: No dia 3 de janeiro de 2003, o senhor teve um encontro com Lula logo depois da eleição, que foi muito positivo. Nesse dia, o senhor também teve encontros com o Celso Amorim e com o Samuel Pinheiro Guimarães, já eles ocupando os novos postos. O senhor lembra o tom da conversa com eles?

RB: As reuniões foram muito positivas. Lembro que a conversa com o Samuel foi mais longa, porque ele me segurou acho que por mais de uma hora. Como costumava fazer, pegou um bloquinho com papel carbono e não parava de tomar nota de tudo que eu dizia. Lembrei a ele o gesto dos Estados Unidos, muito significativo, de receber o presidente, e portanto, logo que possível, era preciso que Lula fosse ao país em visita oficial. Foi esse o tom. Falei bastante da relação comercial, da imagem externa do Brasil, da incerteza que precisaria acabar definitivamente. Ele não disse nada. E Celso repetiu que iríamos trabalhar juntos e que estava acompanhando o meu trabalho e que achava ótimo o presidente ter me mantido em Washington. Mencionei a institucionalização, minhas ideias sobre o trabalho na capital americana, porém ambos ouviram mais do que falaram, porque mal acabavam de assumir.

MS: Tem uma reunião preparatória da visita do presidente, e o senhor vai a Brasília para isso e tem um encontro organizado, imagino, que pelo Samuel Pinheiro Guimarães. Nesse momento, já dava para sentir o clima mais ou menos antiamericano pegando?

RB: Nessa ocasião houve um episódio interessante. Fui chamado justamente para preparar a visita de Lula aos EUA. E o Samuel me convidou para falar à chefia da Casa. Ele não costumava chamar quem tivesse um pensamento um pouco diferente da linha oficial, mas, de qualquer maneira, como embaixador em Washington, me convidou para falar. Os embaixadores, quando passavam por Brasília, faziam apresentação sobre o país onde estavam servindo. Nessa qualidade, eles me convidaram para fazer a apresentação apenas para um grupo de diplomatas. O local estava cheio, tinha gente de pé, eu não esperava que o evento pudesse ser assim tão concorrido. E eu falei francamente, defendendo todas as minhas ideias. Isso aconteceu no fim de maio ou começo de junho, mais ou menos.

MS: E como o Samuel reagiu a isso? Ou não reagiu?

RB: Não reagiu. Ele presenciou tudo. Porque eu mencionei a importância dos Estados Unidos, da visita presidencial, do ambiente em relação ao Brasil. Eu tinha a percepção, que aparece também em vários documentos meus, que o Brasil começava a ser diferenciado, que a receptividade do governo americano mudara. E na visita presidencial de junho foi, claramente, o ápice dessa diferenciação de tratamento em relação ao Brasil. Enfatizei tudo isso na apresentação, inclusive sobre o peso da relação comercial, do mercado, o problema da tecnologia... Enfim, fiz meu discurso, o mesmo que eu fazia dia sim, dia não em Washington. Estavam presentes pessoas que não rezavam pela "cartilha então vigente", que aplaudiram minha apresentação; embora transcorridos seis meses de governo, já ficara claro para todos qual era a nova linha adotada. Sem exagero, havia umas 100, cento e tantas pessoas que se levantaram e me aplaudiram de pé.

MS: A mesma coisa aconteceu com o Marco Aurélio Garcia? O senhor esteve com o Marco Aurélio também?
RB: Fiz contato com ele sim, mas já o conhecia. Fui também cumprimentá-lo porque era assessor presidencial. Tivemos várias reuniões.

MS: E ele chegou a falar alguma coisa da América Latina logo naquele começo?
RB: Não. Todos eles citavam a integração como a grande prioridade para o hemisfério. E Celso Amorim falava da Área de Livre Comércio das Américas (Alca), e mostrava as dificuldades para avançar. Eu era a favor. O Celso Amorim sabia das restrições que eu tinha a alguns tópicos da negociação.

MS: Embaixador, logo na primeira semana de governo, até o dia 10 de janeiro de 2003, mais ou menos, tem na imprensa, principalmente no *Washington Post*, algumas matérias, onde se fala de uma certa dissonância entre Brasília e Washington a respeito da Venezuela. Como é que isso era sentido em Washington?
RB: Não foi só o *Washington Post*, o *Washington Times* publicou cartas, e eu mandei cartas de resposta para os jornais. Havia, por parte do pessoal da extrema-direita, mais conservador, a preocupação de que o Brasil se transformasse em uma nova Venezuela. E quando logo nos primeiros dias Marco Aurélio viaja para lá, a reação foi imediata no sentido de que o Brasil iria se associar a Hugo Chávez e que seria mais um país contra os EUA. Havia essa preocupação e a ida do Marco Aurélio reforçou a suspeita. Na minha opinião, essa condição também era um tanto estimulada pelo Departamento de Estado, por pessoas como o Otto Reich, que falavam com os jornalistas ainda dentro dessa linha de Guerra Fria.

MS: Como foi o primeiro encontro do presidente eleito com o presidente Bush?

RB: Segundo as informações que recebi, foi a primeira vez em muitos anos que o presidente americano recebeu um presidente eleito, situação raríssima. Soube do detalhe: quando um presidente eleito pedia para ir a Washington, era recebido pela secretária de Estado ou pelo National Security Advisor; mas há exceção, dependendo do país, o presidente norte-americano pode passar, cumprimentar e sair. Assim me foi contado. Penso que o fato de Bush ter recebido Lula seria parte da estratégia de prestigiar uma esquerda democrática no Brasil, em oposição aos governos bolivarianos que começavam a emergir.

RB: O que aconteceu na Casa Branca foi incrível. Estavam Antonio Palocci, futuro ministro da Fazenda, Marta Suplicy, prefeita de São Paulo, Aloysio Mercadante, senador eleito, André Singer, porta-voz da presidência, e eu. Todos entraram no Salão Oval. Do lado americano eram Colin Powell e Condoleezza Rice. Bush recebeu Lula como presidente eleito, algo que nunca tinha acontecido por lá. Ou, se houve, foram pouquíssimas vezes e todos comentavam que o encontro era raro na Casa Branca. Eu não me lembrava do presidente americano receber, formalmente, na Casa Branca, mas o vi aparecer no Oval Office, em uma reunião com Lula, sentado em torno da mesa, de um lado, e, de outro, com os ministros. E houve um bom entendimento e interessante, porque juntar Bush e Lula, que não se conheciam, era como você reunir extremos opostos. Como conciliar isso? Bush não é brilhante, mas era um político conservador que se elegeu presidente em um país dividido. Ele pode ter estado totalmente equivocado na sua visão política, mas ele era o presidente da maior nação do planeta. Nessa ocasião, Bush disse para Lula a frase que eu gosto de contar: "Presidente, o senhor sabe que nessa cidade tem muita gente que acha que uma pessoa como eu não pode se dar com uma pessoa como o senhor. Nós estamos aqui para mostrar que eles estão errados" (*You know mister president, there are people here, in this city, who say that someone like you can not get along well with someone like me. We are here to prove they're wrong.*"). Imagino que essa frase foi pensada para o Bush repetir: primeiro, para mostrar a diferença ideológica, segundo, a fim de criar uma ligação pessoal entre os dois, e, terceiro, para indicar que queriam colaborar com o Brasil. Gravei na minha memória porque achei uma frase inteligente. Com isso quebrou-se o gelo. Bush foi muito claro ao dizer que ele estava em um lado e Lula estava em outro, mas que eles ali estavam por causa dos seus respectivos países e por isso tinham de ajudar em uma agenda comum e que iriam conseguir isso. O presidente eleito Lula adorou a conversa, usou seu charme e impressionou muito a todos. Nós, brasileiros, sabíamos como ele falava ao público internamente, mas fora era diferente. Por exemplo, quando os políticos falam em desigualdade, dizem que querem a justiça social, querem diminuir a pobreza, que querem igualdade. Lula, no entanto, disse simplesmente que no final do seu mandato, ele queria que todo mundo no Brasil tivesse três refeições diárias: café da manhã, almoço e jantar. Bush apreciou muito o estilo direto de Lula. Era a mesma coisa, mas dita de maneira diferente, concreta. E eles acharam que Lula resolveria o problema social no Brasil, que Lula tinha uma grande preocupação social, que diminuiria a desigualdade, diminuiria a pobreza no Brasil. Ele falou do *safety net* social, que ele desenvolveria em seu governo. Portanto, falou para o Bush o que pretendia fazer e como ele arrumaria o Brasil. Enfim, o discurso que fazia no Brasil, fez em Washington. Houve também uma entrevista que a embaixada organizou na National Press Conference. O encontro com a imprensa foi muito concorrido com expressiva quantidade de perguntas, todas respondidas pelo presidente eleito.

MS: O senhor soube de onde veio essa frase, quem teve a ideia?
RB: Não. Houve empatia entre Lula e Bush. Aliás, Bush não gostava muito do presidente FHC, assim como Fernando Henrique olhava o Bush de cima para baixo. Tratavam-se com amabilidade, mas não havia uma química boa. Com Lula foi diferente desde o primeiro momento. Mais tarde, Bush repetiu na reunião de março, e eu o ouvi várias vezes repetir durante os encontros: "*I like this guy. I like this guy. He delivers*". Inclusive, um dos pontos que chamava muito a atenção de todos, e creio também chamou a de Bush no linguajar simples e direto do Lula, era o fato de ele não empregar frases clichês que os políticos tradicionais costumam usar; não falava, por exemplo, em justiça social, redução da desigualdade. Lula afirmou a Bush que no final do seu governo, em quatro anos, ele queria que todos os brasileiros pudessem ter três refeições diárias, o que deixou Bush fascinado. E completou que queria que todo brasileiro tomasse café da manhã, almoçasse e jantasse. Isso seria reduzir a desigualdade, seria diminuir a pobreza, de fato. Bush queria, inclusive, colaborar para o Fome Zero, além de outras propostas apresentadas por Lula.

MS: Quando entraram no Salão Oval, vocês já tinham ideia de que a recepção seria tão calorosa?
RB: Eu tinha sim, porque nós da embaixada estávamos preparando tudo, percebíamos qual era o clima, era de receptividade.

MS: Falaram da América Latina?

RB: Não nessa oportunidade, porque Lula ainda não era presidente empossado. Nessa primeira reunião, em dezembro, o foco foi a situação no Brasil. A posse foi em janeiro e já adianto logo o que se passou no ano seguinte, pois tem ligação com isso. Em junho de 2003, Lula voltou a Washington e isso aconteceu, em grande parte, por influência da embaixada, sem nenhum exagero. No fim do governo FHC, antes da eleição, eu tinha preparado um papel para o Departamento de Estado sugerindo que nós "institucionalizássemos" as relações do Brasil com os Estados Unidos. Se Lula ganhasse e fizesse tudo o que o PT propagava, haveria enorme problema com os Estados Unidos. Por esse motivo, durante o período FHC, pensei que devíamos criar as condições e os mecanismos para que as relações pudessem continuar a fluir normalmente, quem quer que viesse a se eleger presidente. Estariam sendo criadas as condições para que não houvesse um hiato, um *gap*, nas relações bilaterais.

MS: Institucionalizar em que sentido? Tipo um memorando de entendimento do Silveira?

RB: Não, era algo bem mais sofisticado. Está tudo documentado nas propostas que foram feitas ao Departamento de Estado. Tratava-se de criar uma série de grupos de trabalho, de reuniões periódicas dos presidentes, de ministros, do Congresso. Entreguei isso no Departamento de Estado e começamos as discussões. Mas, como acontece em qualquer chancelaria, os participantes dos grupos de trabalho acharam boa a ideia, mas não quiseram que o presidente FHC fosse o criador da institucionalização das relações, porque o presidente estava em fim de mandato. O governo norte-americano preferiu guardar tudo para o presidente eleito, quem quer que fosse. Quando Lula fez sua primeira visita oficial a Washington, adotaram um procedimento que, segundo me disseram, acontecia apenas com o Canadá, com o México e com a União Europeia. Houve três níveis de reuniões: uma reunião bilateral, pequena, dos dois presidentes com os ministros e os embaixadores. Depois, em uma reunião ministerial, juntaram-se 10 ministros do Lula e 10 ministros do Bush. Isso jamais aconteceu na história das relações bilaterais do Brasil com os EUA. Finda a reunião, foi servido um almoço para as duas delegações, a fim de discutirem a situação do mundo relacionada à dívida, à condição econômica, entre outros. Após o almoço, seguiu-se uma reunião ministerial na qual se debateu a relação dos dois países nas áreas de educação, ciência, energia, meio ambiente e outras. Houve ainda reunião bilateral menor entre os dois presidentes para discutir temas específicos. Repito, esse formato nunca houve na história do

222   Um diplomata a serviço do Estado

Brasil com os Estados Unidos, como também não mais aconteceu nos governos do PT. Nessas reuniões, a institucionalização foi aprovada.

MS: Por que o Brasil tirou o time e isso não se repetiu?
RB: Porque a política do governo petista deu prioridade às relações Sul-Sul, deixando os países desenvolvidos em segundo plano.

MS: Na visita do Robert Zeollick ao Brasil ele encontra Palocci, mas o José Dirceu nem o Mercadante não, pessoas que até aquele momento estavam se reunindo com as autoridades americanas. Depois, Zeollick encontra Celso Amorim, Roberto Rodrigues, Luiz Fernando Furlan e o vice-presidente. O senhor pode falar sobre isso um pouco?
RB: Zeollick era o USTR e veio conversar sobre o lado comercial da visita presidencial aos EUA, tratou de temas econômicos; o contencioso brasileiro, a negociação da Alca. Esse foi o motivo da vinda dele.

MS: Mas Dirceu se metia na Alca.
RB: Verdade, mas ele não tinha competência institucional. Era o ministro-chefe da Casa Civil. Lembro que estive nessas reuniões. Zeollick tratou em detalhe com o Celso Amorim, com o Furlan e com o Roberto Rodrigues a questão da Alca. A visita ao vice-presidente Alencar foi apenas um gesto político. Ocorreu no anexo do Palácio. Com o Palocci, a visita foi também política porque viam nele um aliado, uma pessoa que, enfim, estava executando uma política econômica sólida.

MS: Como evoluíram as relações Brasil-EUA durante seu período em Washington?
RB: Durante o período de um ano e meio em que permaneci como embaixador de Lula, não houve tensões nas relações e os grupos criados se reuniram, porque eu ficava atrás de todos, cobrando as reuniões. Mas houve alguns momentos de dificuldade por causa da guerra do Iraque, pela oposição ao José Maurício Bustani, então diretor executivo da Opaq, assim como em virtude da negociação da Alca. Mas não era fácil, pois tínhamos que administrar as tensões para evitar que saíssem de controle. Em 2003, foi a questão do Iraque. Lula, Celso Amorim e Marco Aurélio deram declarações muito críticas e pessoais contra Bush. Agora, do ponto de vista da relação bilateral, a posição política contrária deveria ser mantida e o governo de Washington iria

EMBAIXADOR EM WASHINGTON

entender, mas não era conveniente atacar pessoalmente o presidente Bush, o que todos estavam fazendo. Com o ministro da Fazenda, Palocci, observei que ele deveria conter as declarações pessoais contra Bush, pois, caso contrário, se ele tivesse de ir a Washington falar com o Tesouro, na eventualidade de algum problema na economia, haveria má vontade para com o Brasil. Soube que ele falou dentro do governo, pois a exaltação foi substituída por certa calma. Na minha conversa com Lula, o presidente concordou e disse que falaria com o ministro Celso Amorim.

MS: Lula também gostava do Bush?
RB: Gostava sim, da maneira como ele *approach* os problemas, por exemplo. Voltando à institucionalização, acho que foi uma das iniciativas mais importantes que aconteceram nesses últimos anos na relação Brasil-Estados Unidos e foi com o Lula, não foi com FHC. Portanto, ele gostava do Lula, apesar das diferenças ideológicas, o entendimento entre os dois foi muito bom.

MS: Embora a proposta tivesse sido feita com Fernando Henrique.
RB: É. Mas...

MS: Mas não se sustentou. Logo depois, o Brasil abandonou.
RB: Quando Bush esteve no Brasil em 2005, foram criados mais dois ou três grupos em acréscimo aos que já tinham sido formados. Dentre esses, eu insisti muito pela inclusão do grupo de energia. Enquanto eu estava em Washington, tentei fazer reuniões dos grupos. Dilma Rousseff era a ministra de Energia. Porém, os encontros não aconteciam, porque a questão ideológica já era forte dentro do governo. Chamei atenção para isso no meu relatório de gestão, em 2004. Havia alguns setores muito antiamericanos nos governos petistas, que impediam que as relações se desenvolvessem. Sempre observei isso, mas meus sucessores comentavam, diplomaticamente, que nos governos do PT nunca as relações Brasil-Estados Unidos estiveram em nível tão bom. É verdade do ponto de vista político e diplomático, com fortes qualificações durante todo o governo petista. Por quê? Porque os Estados Unidos preferiram manter esse nível nas relações. O governo norte-americano continuou a enviar ministros e altas autoridades ao Brasil. O ministro Celso Amorim, contudo, levou três anos para ir a Washington. O ministro Amorim ia a Nova York para a Assembleia Geral da ONU, mas não ia a Washington. Só após três anos como ministro é que o Celso se encontrou com a secretária de Estado, Condoleezza Rice.

MS: O senhor está me dizendo que o sentimento antiamericano está no primeiro escalão do governo?

RB: É, no primeiro escalão do governo. Dentro do Itamaraty, o Samuel Pinheiro Guimarães sempre demonstrou um lado muito antiamericano. O ministro Celso Amorim menos, ele trabalhou na área comercial, sempre teve boas relações com todo mundo. No entanto, a carga ideológica dentro de parte do governo petista existia. Soube, pelo lado americano, que um subsecretário no Itamaraty disse a um alto funcionário americano, a quem recebia em Brasília: "*We don't care about our relation with the United States. It is not a priority*". Imagine, a frase teria sido dita no Itamaraty, por um servidor com credibilidade para um funcionário americano. Não foi nem o ministro, nem o secretário-geral. Isso refletia a visão da maioria. Não digo todos, mas era a visão no lado diplomático, do Marco Aurélio e do Samuel Pinheiro Guimarães. E no Itamaraty quem dá o tom é o ministro, os outros funcionários seguem a orientação superior. Por isso, do ponto de vista institucional, a relação com os Estados Unidos gradualmente foi sendo relegada para segundo plano. Se o Brasil tivesse se interessado, do lado de Washington, as relações teriam avançado. A única iniciativa importante que houve nesses últimos anos entre Brasil e Estados Unidos foi em 2005, quando o presidente Bush visitou Brasília e propôs memorando sobre a cooperação no etanol. Não foi o Brasil que propôs o programa sobre o etanol, os Estados Unidos propuseram. Aliás, nada propusemos para os Estados Unidos nesses últimos seis anos, exceto a questão da institucionalização. Lembro que me manifestei publicamente sobre as oportunidades perdidas no relacionamento Brasil-Estados Unidos, onde creio, menciono, de passagem, o tema institucionalização, mas nunca entrei nos detalhes. Agora, passados anos dos governos Lula e Dilma, os mecanismos estão prontos para serem acionados. Se for do interesse brasileiro, é só o ministro das Relações Exteriores retomar o tema e propor nova agenda bilateral. No relatório de gestão preparado por mim e enviado para Brasília, anoto que passei a detectar um sentimento antiamericano em certos setores do governo. Não citei os nomes por ser desnecessário, todos sabiam que estava me referindo ao Marco Aurélio Garcia e ao Samuel Pinheiro Guimarães. Há alguns momentos, inclusive, em que a situação se tornou extremamente difícil, como nos últimos meses que estive no comando da embaixada em Washington, em vista da guerra provocada por atitudes antiamericanas, em circunstâncias variadas, em incidentes menores que se acumulam com frequência. Tudo foi registrado em telegramas e em trabalhos meus da época. Registrei também essas questões no livro *O dissenso de Washington*. Portanto, quando saí já havia indícios de certas mudanças na política em relação aos EUA.

MS: Por que ele recebeu todos os embaixadores?
RB: Com relação a esse depoimento, também para ficar registrado, quando o Lula tomou posse em 2003, no dia 2 de janeiro, fui o primeiro embaixador que ele recebeu. Assim, estive em Brasília, mas não para a posse, e no dia seguinte reuni-me com o presidente Lula. Não tinha recebido ninguém e não sei se recebeu outros. Sei que eu fui o primeiro, e na conversa com ele disse que o visitava para agradecer o convite e para receber suas instruções. Certamente, o Itamaraty enviaria algumas recomendações, mas queria ter com o presidente o mesmo tipo de relacionamento que havia mantido com FHC. Mencionei que, quando fui designado para Washington, Fernando Henrique me deu instruções muito claras sobre como eu devia agir. Lula perguntou: "O que FHC falou?". Respondi: "FHC disse-me que eu tinha que atuar em Washington com o objetivo de ampliar o relacionamento do Brasil com os Estados Unidos, em todos os setores. Tudo que eu pudesse fazer para contribuir a fim de ampliar o relacionamento entre os dois países, eu devia fazer". Por isso, perguntei se deveria continuar a agir da mesma forma. Lula respondeu: "Você deve continuar a fazer tudo que o FHC mandou que fizesse. E quero a aproximação com os Estados Unidos". Agradeci e disse que continuaria meu trabalho nessa mesma linha. Acrescentei que precisaria ter o mesmo acesso que tinha com FHC. À pergunta de como eu fazia com FHC, esclareci que tinha total liberdade de telefonar para o presidente a qualquer hora da noite, do dia, porque os problemas em Washington têm relevância, e por isso não são resolvidos burocraticamente. Ressaltei que não iria incomodá-lo quando pudesse resolver o assunto com o ministro no Itamaraty. É em Washington que muitas decisões globais são tomadas. Portanto, se as autoridades locais pedem algo urgente, o embaixador tem que ter acesso ao presidente, ao ministro, a quem decide no Brasil. Lula disse que estava tudo bem e que eu deveria continuar a fazer a mesma coisa e, sempre que fosse necessário, falaria comigo. Assim foi, falei muitas vezes com Lula, como na crise do Iraque. Ele me respondia ou retornava quando não podia atender na hora, como havia combinado comigo. E assim procedi no período em que fiquei em Washington. Porém, após minha saída, não houve uma solução de continuidade no relacionamento bilateral, pelo fato de as prioridades na política externa terem ficado concentradas nos países em desenvolvimento. Os embaixadores Roberto Abdenur e Antônio Patriota, que foram nomeados

pelo ministro Celso Amorim, não tinham o mesmo grau de liberdade que eu, que falava com o presidente FHC e recebia instrução dele. Evidentemente, eu conversava com o Itamaraty e às vezes falava com o Itamaraty antes de falar com FHC, mas o entrosamento entre a embaixada e a secretaria de Estado era muito grande e os americanos sabiam disso.

Durante o período em que estive em Washington, foram várias as iniciativas apresentadas: proposta de institucionalização das relações, com a criação de reuniões periódicas de alto nível, visita de ministros, acordos na área de educação, na área de energia, os grupos de trabalho. O documento de criação de tudo isso foi formalizado na época do presidente Lula. Em novembro de 2003 estive em Miami na reunião hemisférica para tratar da Alca. Chegou-se a um acordo que não foi mantido no ano seguinte, e as negociações da Alca e os Estados Unidos foram suspensas.

MS: Eu só queria voltar para a questão do golpe contra o Chávez, em 2002. É o momento em que a eleição já está na agenda e, claramente, tem o golpe contra o Chávez. Os Estados Unidos se manifestam a favor do golpe. O que é que acontece, uma vez que Chávez volta, horas depois, e retoma o poder?

RB: O governo brasileiro manteve seu apoio ao Chávez; foi a favor da criação e conservou papel de liderança no grupo "Amigos da Venezuela", que começou com o presidente FHC e continuou com Lula e o ministro Celso Amorim, que insistia, incansavelmente, na ação do grupo. O secretário de Estado Colin Powell participava das reuniões junto com o Celso e outros ministros do exterior. O Brasil nunca deixou de dar apoio total ao Chávez.

MS: Não era o senhor que ia representar o Brasil no grupo "Amigos da Venezuela"?

RB: Eu participava das reuniões, mas iam diplomatas de Brasília, pois as conversas eram no nível de ministros, no âmbito da OEA, e não no âmbito de embaixadas. Os Estados Unidos aceitaram a liderança do Brasil no grupo de apoio da OEA, mas participavam sempre das reuniões. O Departamento de Estado mantinha-se crítico do governo de Chávez, porque Otto Reich continuava como subsecretário. Mas do ângulo do governo americano, não havia grande apreensão. Para os Estados Unidos, o único problema que poderia afetar o interesse nacional era o fornecimento de petróleo, visto que o país importava da PDVSA quinze por cento do petróleo para consumo interno; no entanto, a partir dessa época, começaram a diminuir as importações para cerca de dez por cento. Se o presidente Chávez ameaçasse suspender o fornecimento para o mercado norte-americano, aí sim, os EUA se preocupariam e poderiam até intervir, fariam o que fosse necessário. Chávez nunca ameaçou suspender, ao contrário, continuava fornecendo petróleo através da empresa distribuidora Citco, com 14 mil pontos de distribuição nos EUA.

MS: Na última semana de janeiro de 2003, Celso Amorim vai a Washington. No contexto da questão do grupo "Amigos da Venezuela", tem um encontro com o Colin Powell. E, nesse momento, a imprensa já começa a relatar, a descrever o Brasil como líder. O senhor participou desse encontro também?
RB: Participei sim. Não foi uma visita bilateral nos EUA, foi no contexto do grupo "Amigos da Venezuela", porque estava havendo o problema do referendo sobre o Hugo Chávez. E se criou esse grupo constituído na Organização dos Estados Americanos, com o Brasil na sua presidência. Além do encontro do Colin Powell com o Celso, houve uma reunião na OEA, a que compareci, que contou com a presença do próprio Colin Powell. Lula conversava muito com o Chávez tentando suavizar suas posições.

MS: Tinha algum impacto?
RB: Acabou ajudando a resolver a situação por lá. Não houve guerra civil e eu acho que esse movimento do grupo "Amigos" foi muito positivo.

MS: Embaixador, no comecinho de fevereiro de 2003, se iniciam manifestações do governo brasileiro, muito duras, em relação ao clima de guerra. Como é que o senhor via isso?
RB: Eu via com preocupação. Em fevereiro, sentia um clima pesado de incerteza em relação à posição de Lula. Tinha havido a viagem do Marco Aurélio à Venezuela cujas motivações não eram conhecidas. As notícias sobre os encontros apareceram. Nesse contexto, começaram os preparativos da guerra contra o Iraque e o governo brasileiro passou a se manifestar contrariamente. Falei com o Palocci mais de uma vez, falei com José Dirceu, falei com Lula várias vezes sobre isso. Ponderei que não sabíamos o que iria acontecer e que, se a guerra viesse, não seria possível saber quais as consequências se houvesse algum problema político conosco. Conversei com Palocci, alertando que ele teria de ir a Washington para tratar da situação econômica no Brasil. Assim, achava que a posição que deveria ser adotada em relação aos EUA na crise iraquiana teria de ser uma crítica política, e não personalizada contra o presidente Bush. Lula

deu entrevista na saída da Granja do Torto — me lembro que vi na televisão a imagem dele, cercado de jornalistas — criticando Bush, pessoalmente. Liguei para o presidente Lula para dizer que estava de pleno acordo com as críticas, que a guerra era uma insensatez, que os EUA iriam entrar em uma situação muito perigosa, que tinha certeza de que os EUA iriam atacar o Iraque e que o Brasil deveria fazer uma crítica política. Acrescentei que Lula já estivera com Bush, iniciara boa relação com o presidente norte-americano, que Bush era muito direto *eye to eye*, como falou para FHC, e que no caso de uma crítica pessoal, ele passaria a ter um visão muito negativa do Brasil. E isso permearia pelo governo americano inteiro. Minha sugestão a Lula foi a de que fosse feita uma crítica política da guerra, a favor da paz, e que fossem esgotados todos os meios de negociação na ONU. Insisti que achava essencial fazer o jogo público de cautela, contra a guerra, mas não personalizar. Não me lembro se foi nessa ocasião, mas em uma das vezes que falei com ele, disse-me que repassaria minha opinião para todo o ministério, para que ninguém fizesse nenhuma crítica pública.

Ele falou o mesmo quando da eleição nos EUA, realizada pouco antes. Havia uma preferência clara por Bush porque, até agora, o PT prefere os republicanos. O PT quer os republicanos, não quer os democratas. Lula disse que iria falar "para baixar a bola", para ninguém dizer nada, não comentar sobre a eleição. A gente não tem que tomar partido, Lula se conscientizou. Eles abaixaram o tom. O que estou contando não indica que eu apenas falasse com o Lula. Comunicava ao Itamaraty e depois me dirigia a eles, a fim de reforçar minha posição. Mandar telegrama, falar com o ministro, muitas vezes fica no âmbito do Itamaraty. E esse é um assunto de interesse do país. Era esse o motivo que me fazia falar também com as principais figuras do governo petista, diretamente.

MS: Embaixador, já em abril a situação está tão difícil, que o John Negroponte chega a fazer uma gestão com Ronaldo Sardenberg. E Luiz Felipe de Seixas Corrêa, em Genebra, também deu umas declarações sobre a guerra, criticando a guerra. E Sardenberg, na ONU, se apresenta junto à Venezuela e a Cuba na crítica. Como é que isso impacta? Ou isso não tem maior impacto?

RB: No começo do governo, antes da guerra, havia incerteza econômica e algumas manifestações controvertidas: a do ministro da Ciência, Roberto Amaral, que disse que o Brasil deveria fabricar a bomba atômica, além de outras ocorrências que o pessoal do Departamento de Estado, que não conhecia o Brasil, além de outros da área administrativa, que nem sabiam onde ficava o Brasil, tomavam essas declarações quase como se fossem políticas de governo, criando o clima de receio de que o Brasil formaria parte de um eixo contra os Estados Unidos. Era uma situação muito complicada. Por esse motivo, eu mantinha o canal aberto de conversas com o José Dirceu. Não me recordo de detalhes, mas naquela época essas declarações eram questões vivas, me forçavam a levar o assunto a José Dirceu, ao Palocci, ao próprio Lula. Deve haver outros exemplos, mas o contexto era esse, da incerteza em relação à posição do Brasil.

MS: Como se explica que dois presidentes, Lula e Bush, passem a manhã inteira juntos no dia 20 de março?

RB: O governo americano percebia Lula como uma esquerda democrática e um fator de moderação na região. Então, eles fizeram gestos concretos a fim de mostrar que a vontade deles de jogar com o Brasil ficasse muito clara. O Brasil era o canal que eles tinham aceitado dar tratamento preferencial na região. Era muito útil para os Estados Unidos ter um país do peso do Brasil, com uma liderança que não fosse hostil a eles. Essa era a minha interpretação.

MS: No ano de 2002, a figura principal dentro do Departamento de Estado era Otto Reich. Eu queria que o senhor nos contasse como era a figura do Reich. Qual era o perfil dele? Qual era a sua relação com ele?

RB: Durante minha permanência em Washington, o Bureau of Western Hemisphere Affairs foi dominado por descendentes de cubanos e de mexicanos. Otto Reich era de ascendência cubana, portanto, muito ligado a sua comunidade de origem, residente em Miami. Ele era uma figura muito afável. Tive muito boa relação com ele, discordávamos muito e sempre critiquei o viés da formulação da política externa americana para a América Latina, pela ótica de Cuba, e depois com Roger Noriega, pela do México. Nos anos que servi em Washington, a formulação da política americana para América Latina tinha muito baixa prioridade, era conduzida pela Subsecretaria do Hemisfério Ocidental. Com Otto Reich como subsecretário, a prioridade era Cuba, a Guerra Fria ainda, o que veio a se refletir no episódio mais marcante do golpe de Estado na Venezuela.

MS: Que ele saiu para defender...

RB: Que ele saiu para defender não. Eu acho que ele fez mais que isso, apoiou.

MS: Otto induziu ao erro?

RB: Induziu não é a palavra acertada, ele tomou a iniciativa. Eu nem sei se dentro do governo sabiam ou tinham consciência do que acontecia. Reich, além de decidir, apoiou o golpe publicamente e os Estados Unidos pagaram um preço político por isso. Fatos como esse aconteciam em Washington, a meu ver, motivados pela baixa prioridade da região no contexto da política externa americana. Otto Reich agiu no âmbito de suas atribuições como se fosse o "todo-poderoso" da região, tomava decisões e depois aguardava o que viria. Os Estados Unidos continuaram a participar do grupo de amigos, deixando o Brasil tomar a liderança. Muitas vezes, o Brasil propunha um curso de ação e os Estados Unidos acompanhavam. Pela minha experiência, desde o governo FHC até no governo Lula, os Estados Unidos ouviam muito o que o Brasil pensava sobre a região, achavam que o que o Brasil fazia era o correto. Com exceção da Colômbia, por causa da questão militar e a posição divergente em relação ao golpe contra Chávez, não houve nenhuma diferença entre a posição americana e a brasileira nos assuntos de interesse da região. No tocante à política hemisférica, a posição do Brasil, com FHC e com Lula, foi a de tentar explicar e ganhar o apoio norte-americano para tudo que o Brasil estava fazendo. Essa era a realidade. Nos governos do PT, passaram a existir diferenças e houve problemas em outras áreas, como o Oriente Médio e o Irã, por exemplo. Tivemos posições diferentes em outras partes do mundo, porém aqui na região os interesses e valores eram convergentes.

MS: Como é que uma figura dessa se sustenta no Departamento de Estado?

RB: Não havia prioridade para a região. Inclusive, se não me falha a memória, ele nunca foi confirmado e teve que sair depois de um prazo regulamentar. Ele era muito controvertido, de extrema-direita, e defensor do *lobby* cubano. Como nesses anos todos, e continua até agora, a baixa prioridade da América Latina era um fato. Curioso, porque quando George W. Bush assumiu, a primeira visita que fez foi ao México e o primeiro dignitário recebido por ele foi o presidente mexicano, Vicente Fox. Havia uma grande promessa de ampliação das relações com a América Latina. E Fox, na primeira semana de setembro de 2001, propôs acabar com o Tiar. Logo na semana seguinte, ocorreu o 11 de setembro, e surgiu a controvérsia da aplicação do Tiar, seguida pelo esvaziamento de toda a programação com a América Latina. Um dos tópicos principais que Fox levara ao encontro foi a questão dos imigrantes, e sua regulamentação era assunto operado pela Subsecretaria do Hemisfério Ocidental, pois os mais altos escalões do Departamento de Estado não se interessavam pela matéria. Após o 11 de setembro, o único assunto relevante era terrorismo e a América Latina transformou-se em área relegada aos humores dos subsecretários, o mexicano Peter Romero quando cheguei, depois o Otto Reich e mais tarde o Roger Noriega.

MS: Qual era o papel de John Maisto, que era do National Security Council?
RB: Essa era outra área importante no governo para a relação hemisférica. John Maisto — "Maísto", como eles chamavam — e Tom Shannon estavam na seção da América Latina do National Security Council. E a embaixada tinha relação direta com ambos, para os assuntos mais relevantes.

MS: Como era a relação do embaixador brasileiro em Washington com a pessoa do Departamento de Estado, no caso Otto Reich, e com a pessoa do National Security Council, no caso Maisto? Qual era a lógica desse jogo?
RB: No governo Lula, passou a existir um pouco disso, pela primeira vez na história. Nos Estados Unidos, a área de política externa é controlada pelo Departamento de Estado, pela Casa Branca, através do National Security Council, e pelo Departamento de Defesa. Havia equilíbrio de forças e de interesses. Podem ser lembrados os problemas entre Henry Kissinger, como o National Security Advisor, e Warren Christopher, então secretário de Estado. Havia uma situação muito complicada. Às vezes, ocorria um *overlapping*, uma sobreposição, e também às vezes havia uma descoordenação entre eles. No período que estive em Washington, na área da América Latina e com o Brasil em especial, não houve significativa descoordenação, porque a embaixada estava em permanente contato com ambos e eles se coordenavam.

MS: Mas tinha uma divisão de trabalho entre eles? O senhor falava sobre tudo com os dois?
RB: Eu falava com os dois, não tinha uma divisão. Caso houvesse algo importante do lado do Brasil, de iniciativa brasileira, eu procurava os dois. Se surgisse algo relevante do lado deles, a iniciativa ou era da Casa Branca ou era do Departamento de Estado. Justamente nessa crise do 11 de setembro, em que deveria ser convocada a Organização dos Estados Americanos (OEA) para examinar a utilização ou não do Tiar, lembro-me que Maisto me ligou às nove horas da noite; disse-me estar no Situation Room, da Casa Branca, no meio de uma crise, porque Hugo Chávez não queria aprovar o Tiar na reunião da OEA

e só o presidente FHC poderia demovê-lo. O pedido era para que eu transmitisse mensagem para o presidente FHC. Eram duas horas de diferença. Liguei e soube que FHC jantava e que retornaria assim que possível. Mais tarde, FHC ligou perguntando o que havia acontecido. Relatei que o Departamento de Estado queria uma conversa dele com Hugo Chávez, sobre o assunto da OEA, para evitar a ruptura de importante negociação. Isso aconteceu depois do 11 de setembro, quando o Tratado Interamericano de Assistência Recíproca (Tiar) iria ser invocado por proposta do Brasil na OEA, e Chávez iria votar contra. O presidente FHC comentou que não tinha nenhuma influência sobre o Chávez; mas na Casa Branca eles achavam que tinha, atalhei. Ele ligou para Chávez e retornou informando que havia falado com o presidente venezuelano, que não prometeu nada. Pediu para eu dizer ao CSN que Chávez era imprevisível, mas que ele insistira muito. Dez e meia, onze horas, liguei de novo para o Maisto, na Casa Branca, e informei que o presidente havia conversado com Chávez, mas que o presidente venezuelano era imprevisível e, portanto, o que iria acontecer era uma interrogação. Maisto, confiante, disse que estava bem e que o telefonema iria resolver. De manhã cedo, fui buscar o Celso Lafer no aeroporto.

MS: Ele tinha ido para a reunião da OEA?
RB: Sim. Aguardava Celso Lafer no aeroporto, quando passou o embaixador da Venezuela do meu lado, correndo para encontrar seu ministro do Exterior em outro voo. Comunicou-me que estava tudo resolvido: o presidente Chávez havia mudado de posição. Tom Shannon, que foi embaixador no Brasil, ajudou muito nesses contatos, pois conhece bem a região. Trabalhou na América Latina por 10 anos e foi o primeiro subsecretário nomeado que não era ligado ao *lobby* latino, nem cubano, nem mexicano. Trata-se de alguém que conhece o Brasil, o que na época era uma novidade. Tom foi cônsul na Bahia, depois serviu em Brasília. Nós dois tivemos muito contato em Washington e em uma das visitas de Lula ele foi essencial.

MS: Na visita de Lula a Washington em 10 de dezembro de 2002?
RB: Não, na segunda, em 2003. Quando se definiu a institucionalização das relações.

MS: Quando teve o encontro dos 10 ministros de cada lado.
RB: Isso mesmo!

MS: Otto Reich vinha de linhagem conservadora de diplomatas americanos, que trabalham com a América Latina. A presença dele em Washington naquele momento mostrava, claramente, que a prioridade ainda era lidar com a América Latina com todos os fantasmas da Guerra Fria. Maisto entra nessa linhagem?

RB: Não. Maisto fora embaixador na Venezuela e não era da mesma linha radical, mas sua atitude era semelhante, ainda com resquícios da Guerra Fria, como Peter Romero, Otto Reich e Roger Noriega. Todos eram muito de direita e anticomunistas por virem daquela época, porém com ênfases diferentes: dois em relação a Cuba e um em relação ao México. Mas com Maisto na Casa Branca, a visão era um pouco mais global. O núcleo conservador de direita estava na Subsecretaria do Hemisfério Ocidental do Departamento de Estado. Isso mudou e mudou tanto com Tom Shannon como com Arturo Valenzuela, que não tiveram ligação alguma com a Guerra Fria e nem com o *lobby* cubano. Contudo, o *lobby* cubano é respeitado, porque é uma questão de política interna, assim como a de Israel, ambas condicionadas pela política interna.

MS: Um mês depois da visita de Lula, em julho, o Brasil tem um problema por causa do Tribunal Penal Internacional (TPI). Os Estados Unidos fizeram um corte de ajuda militar. O senhor pode falar um pouco disso?

RB: O Brasil foi dos que primeiro aceitou o TPI. Os Estados Unidos se recusaram a assinar por causa de uma questão de soberania. Não são membros da Corte de Haia. Assim, se iniciou o esforço americano para negociar com os países acordos bilaterais, a fim de isentar os militares americanos de qualquer julgamento fora dos Estados Unidos, por crimes cometidos por eles, fossem eles civis ou militares, durante missões militares no exterior. Um massacre numa guerra, ou alguém sai com uma moça e a estupra ou a mata, ambos são crimes, um é crime de guerra, outro é crime civil, e os americanos queriam que esse ponto ficasse fora da competência do TPI. O Brasil foi um dos que não aceitou essa pretensão. Acho que o Chile aceitou, a Argentina acho também que aceitou, mas o Brasil não. Após muitas discussões, os americanos informaram que quem não assinasse esses acordos bilaterais teria suspensa a ajuda militar. No nosso caso, não teve importância alguma, porque a ajuda militar americana para o Brasil era mínima. O que fazíamos com eles era comprar peças de reposição. E havia poucos estudantes em colégios militares americanos. Perguntei para os adidos, eles realizaram um levantamento e o que podia ser afetado não passaria de algo em torno de 30 milhões de dólares. Era uma coisa mínima. Ninguém ficou preocupado. Informamos que se eles quisessem suspender, que suspendessem. Os acordos operacionais foram suspensos, mas creio que depois a decisão foi revertida.

MS: O senhor acha que o Itamaraty representa bem a sociedade brasileira? Ou seja, a sociedade brasileira de modo geral não está preparada para tomar uma atitude dessas, para ter jogo com os Estados Unidos.

RB: A sociedade brasileira não tem essa percepção, mantém-se completamente alheia, digamos, na base do ufanismo petista. Essa questão da projeção externa do Brasil tem um lado verdadeiro, pelo peso que o país desfruta, e tem uma boa parte de ufanismo. Quer dizer, quando você examina o lado real da política internacional, no meu modo de ver os fatos, o Brasil não soube como se comportar. Se a pretensão era ter um papel maior no concerto internacional, influir nas decisões, o governo petista não poderia ter recebido no país o presidente do Irã, quando esse líder não era recebido em lugar algum, por nenhum dirigente global. Por alguma razão isso acontecia. A menos que existisse algum objetivo concreto por parte do governo petista, qualquer que seja ele, o que não era o caso, na minha opinião. Trata-se de uma política arriscada, mas aí decidiram praticá-la... Acontece o mesmo com relação ao interesse pelo Hamas. Qual foi o objetivo disso? Então, a política externa brasileira nesse momento adotou uma série de atitudes meio gratuitas, sem embasamento sólido algum. Quando os Estados Unidos tomam medidas, eles sabem que estão defendendo o seu interesse nacional, do modo como entendem o que é o interesse nacional. Agora, foi do interesse nacional brasileiro ter certas atitudes na área externa e seguir a política que foi seguida? Acho que do lado do Brasil faltou definir os interesses brasileiros, e no seguimento da política com os Estados Unidos, faltou defender o interesse nacional. Seria do interesse do país ter relação mais próxima dos Estados Unidos ou não? Para quê? Se for interesse nacional, para que e como? A partir de minha volta ao Brasil, continuei a acompanhar de perto as negociações com os Estados Unidos. Por exemplo, na questão do acordo de salvaguardas tecnológicas para lançamento de satélites, no governo petista foi estimulada a visão de que teria havido uma coordenação entre as autoridades dos dois países por terem defendido posições convergentes e o lado brasileiro ter agido com subserviência. Existe um problema psicológico, sobretudo com o então governo Lula na relação com Washington. O Brasil ainda não identificou onde está o seu interesse. O fato de concordar com os Estados Unidos, ou discordar dos Estados Unidos, não quer dizer que o país seja contra ou a favor dos Estados Unidos. Está havendo apenas a defesa da sua posição, como os EUA defendem a deles, como a Bolívia defendeu a dela nacionalizando duas refinarias da Petrobras. Como tenho dito com frequência, das mais variadas formas, em relação à administração Lula, isso ocorreu pela confusão de interesses partidários, interesses ideológicos, com o interesse nacional. O interesse nacional é definido pela sociedade como um todo, não é determinado por um partido ou por um grupo ou por uma pessoa. O interesse nacional é definido na eleição, é definido depois de um debate com a sociedade. No Brasil, o debate da política externa está engatinhando, apenas começando. Porque o consenso na política externa desapareceu, foi quebrado. Se o consenso não houvesse sido quebrado, existiria espaço para você ampliar a discussão sobre política externa.

MS: Agora é natural que o consenso tenha sido quebrado, tendo em vista que a posição relativa do Brasil no sistema mudou.
RB: Não. Do meu ponto de vista, o consenso foi quebrado por causa da partidarização da política externa, não por causa da emergência do Brasil. E a emergência do Brasil vai colocar outro tipo de problema, que deverá ser resolvido. E no caso dos Estados Unidos, a relação bilateral não avançou porque prevaleceu uma visão partidária, ideológica, com o propósito de evitar maior entrosamento no plano técnico, no plano setorial (agricultura, ciência e tecnologia), não apenas na questão política.

MS: Muito bem. Muito obrigado!

A vida começa aos 65 anos

Quando deixei o serviço diplomático aos 65 anos, decidi dar continuidade ao meu trabalho na iniciativa privada. Essa me pareceu uma tendência natural, depois de mais de 30 anos em contato com empresários na área econômica e comercial. Comecei a pensar nessa possibilidade logo após a eleição, quando solicitei minha aposentadoria antecipada, sabendo que não teria sentido voltar a Brasília com um governo de oposição, vencedor nas urnas. A intenção teve de ser adiada por causa do convite que o presidente eleito me fez para permanecer em Washington. Tive tempo para preparar a volta, após ter pedido para sair e fixar a data do meu desligamento. Fiz tudo dentro das regras previstas e consulta à Comissão de Ética da Presidência da República.

Não me via aposentado sem uma agenda de trabalho definida, que ocupasse meu tempo na volta a São Paulo, passados 10 anos de intenso trabalho em Londres e em Washington.

Desde janeiro de 2004, devidamente autorizado pela Comissão de Ética, preparei meu retorno com a criação da consultoria RB & Associados, em espaço alugado no edifício San Paolo, na avenida Faria Lima.

Desliguei-me no dia 31 de março e no dia 2 de abril estava sentado no escritório da consultoria, tendo como sócios dois colegas que estavam trabalhando fora do Itamaraty: José Estanislau do Amaral Souza Neto e Helena Maria Gasparian, que me ajudaram no começo da nova vida com as providências iniciais e as sondagens dos possíveis primeiros clientes, na busca de contratos de consultoria. Mantivemos a parceria até que Estanislau decidiu voltar ao ministério das Relações Exteriores e retomar sua carreira, e Helena, convidada por José Serra, foi trabalhar na Prefeitura de São Paulo. Momentos desafiadores que deixaram boas lembranças.

O recomeço de um trabalho em bases totalmente distintas e em campo inexplorado não é tão simples como pode parecer. Nunca tive ilusão de que o fato de ser conhecido pelo trabalho anterior e pelas minhas amplas relações no setor privado poderia facilitar o desenvolvimento da consultoria. A iniciativa privada tem outra lógica. Não oferece a segurança de que todo funcionário público goza. A competição é grande e a procura de contratos é difícil e lenta. Você não faz mais a hora, mas fica na dependência da decisão de empresas que têm sua própria lógica e tempo. Aprendi que, no ramo da consultoria, persistência e paciência são requisitos fundamentais.

O que estimulou o novo trabalho foi o convite para representar no Brasil a empresa de consultoria Stonebridge, de Washington. Um dos que comandava a Stonebridge era o ex-embaixador dos EUA no Brasil, Anthony Harrington, com quem mantive excelente relacionamento enquanto ambos chefiávamos as missões diplomáticas em Brasília e em Washington. O convite foi referendado pelo então CEO, Sandy Berger, que havia ocupado a chefia da Casa Civil no governo de Bill Clinton. Com esse impulso inaugural, pude desenvolver trabalho junto a clientes da Stonebridge com negócios no Brasil. Era um trabalho técnico e político de relacionamento com diversos setores governamentais e de assessoramento na estratégia de atuação dessas empresas no Brasil. A atuação conjunta com a consultoria de Washington dura mais de 13 anos, até hoje, se bem que, nos últimos dois ou três anos, em função da crise no Brasil, os clientes da Stonebridge diminuíram, e o interesse em relação ao nosso país reduziu-se, significativamente. A ex-secretária de Estado, Madeleine Albright, com sua empresa de consultoria, associou-se mais tarde e a firma passou a chamar-se Albrightstonebridge, e a RB & Associados continuou afiliada no Brasil.

Ao longo desses anos, minha consultoria trabalhou com empresas europeias, norte-americanas, asiáticas e sul-americanas. Menciono alguns trabalhos que me deram satisfação nesses últimos anos.

A substituição do presidente Lugo, no Paraguai, com ativa participação do Brasil ao lado da Argentina, e a Venezuela — um dos maiores equívocos da política externa do "lulopetismo" por ter sido contra os interesses brasileiros —, deixou o governo e os empresários paraguaios perplexos. Logo depois, o setor privado guarani organizou grande encontro, com a presença do governo de Assunção, inclusive o presidente Andrés Rodriguez, para discutir as opções que se abriam para o Paraguai. Fui convidado para tomar parte junto com o senador Sergio Abreu, do Uruguai, e o economista Félix Peña, da Argentina. Em vista de minha apresentação e da discussão que mantive no encontro, uma associação empresarial, Fundação Desarrollo en Democracia (Dende), me contratou para desenvolver trabalho de consultoria por seis meses. Mantive visitas mensais regulares a Assunção e discuti com executivos e políticos paraguaios alternativas de ação no Mercosul. Em algumas circunstâncias, servi de ponte com o governo brasileiro, que nos tempos petistas isolou o Paraguai e retirou nosso embaixador na capital daquele país. Lembro-me de ter organizado na Fiesp encontro empresarial para discutir as oportunidades de negócios com companhias brasileiras. Com o alto custo do Estado brasileiro, as empresas nacionais poderiam ganhar competitividade aproveitando a Lei de Maquila e as isenções e os baixos custos na fronteira com o Brasil. Ajudei a concretizar esse evento — que contou com a presença de dezenas de companhias — a fim de viabilizar seminário programado pelo governo de Assunção para acontecer em São Paulo, e que havia sido proibido por Brasília, não permitindo a vinda do presidente Andrés Rodriguez e seus ministros para tomar parte no encontro.

No Reino Unido, os embaixadores se aposentam aos 60 anos e os mais atuantes, invariavelmente, passam a trabalhar no setor privado, ocupando funções de direção em grandes empresas, que aproveitam a experiência e os contatos para promover seus negócios no exterior, e ajudar a defender os interesses dos clientes em Londres. Há mais de cinco anos, alguns desses embaixadores se reuniram e criaram uma consultoria, The Ambassadors Group, composta por diplomatas que serviram nos mais diferentes postos, mas, sobretudo, aqueles próximos da influência britânica, como Índia, Paquistão, Malásia e, no Oriente Médio, a Arábia Saudita e países do Golfo. Um dos integrantes do grupo, ex-embaixador no Brasil, Peter Collecott, me convidou para juntar-me à consultoria. Comecei a colaborar com o grupo e um dos trabalhos que realizei foi o de prestar assistência ao Ministério do Exterior da Arábia Saudita, em processo de ampliação e modernização. Foram muitas conversas telefônicas nas quais procurei transmitir meu conhecimento e minha experiência com o funcionamento do Itamaraty, que poderiam ser úteis nas reformas pelas quais passava a chancelaria saudita.

Mais recentemente, a Abinee contratou minha consultoria para atuar entre o setor privado e o governo brasileiro na defesa da política vigente na área da informática, em virtude do pedido feito na Organização Mundial de Comércio (OMC) para o desmonte das medidas em vigor, julgadas discriminatórias contra produtos importados. União Europeia e Japão iniciaram uma ação em Genebra contra a política industrial no setor automotriz e de tecnologia da informação. Atuei com o objetivo de facilitar a coordenação entre o setor eletroeletrônico, o Itamaraty e o escritório de advocacia que estava dando assistência jurídica à Abinee. Ao longo de mais de dois anos, acompanhei a evolução do assunto, que teve como desenlace a condenação do Brasil e a decisão de considerar as regras — algumas delas de mais de 50 anos — de subsídios e incentivos contrárias às da OMC. Por isso, o governo brasileiro teve de mudar essas políticas a fim de torná-las compatíveis com as normas internacionais de comércio.

Esses três exemplos de consultoria, como muitos outros, me colocaram em contato com o governo e, em especial, com o Itamaraty e com a política externa.

Durante todos os anos que militei no setor privado, por circunstâncias diferentes, não deixei de manter os laços de trabalho e de amizade estabelecidos nos meus 42 anos de serviço diplomático.

Durante a campanha para eleição do presidente da Fiesp, Paulo Skaf me procurou para eu conseguir o apoio do presidente da Associação Brasileira das Indústrias de Produtos de Limpeza e Afins (Abipla), ocupada pelo diplomata José Estanislau do Amaral Souza. Eleito em chapa de oposição, Paulo Skaf me convidou para assumir o Departamento de Comércio Exterior da entidade. Diante da minha relutância em aceitar uma obrigação que tornaria difícil o trabalho de consultoria em fase inicial, preferi assumir a presidência do Conselho Superior de Comércio Exterior (Coscex), que deveria reunir-se apenas uma vez por mês. Passados 13 anos, continuo a presidir o Coscex — sem qualquer remuneração — e a ajudar, quando solicitado, em reuniões com presidentes, ministros, embaixadores e altos funcionários de países amigos, missões estrangeiras que têm interesse em saber o pensamento empresarial sobre o Mercosul, sobre as negociações comerciais na OMC e sobre uma variedade de outros assuntos nessas áreas.

O trabalho e a participação no Conselho Superior Estratégico da Fiesp e meu gradual envolvimento no Conselho de Defesa e na diretoria da Abinee possibilitaram o acompanhamento de assuntos que estariam fora do meu alcance.

Pude verificar a qualidade do trabalho técnico desenvolvido pelos diferentes departamentos e o peso político do apoio da federação nas questões de interesse da indústria. Procurei também influir na discussão dos rumos para o futuro do setor industrial, abalado por políticas equivocadas dos governos petistas e por atitudes defensivas, no tocante a políticas industriais que estavam, de modo perceptível, quase superadas depois pelas novas realidades. Em 2017, durante reunião da diretoria da Fiesp, a pedido do presidente Skaf, respondi a críticas de empresários contra o pedido de entrada do Brasil na OCDE, e a negociação do acordo de comércio com a União Europeia. Diante de silêncio geral, expressei minha opinião de que a política industrial que havia beneficiado a indústria durante as últimas décadas não funcionara (a indústria passou de 25% para 9% do PIB), e estava esgotada pela falência do Estado, que não mais poderá arcar com o custo das desonerações, dos incentivos e subsídios nos créditos do BNDES, pelas regras do comércio internacional e pela ação da OMC, que obrigariam o Brasil a se ajustar às rápidas e profundas transformações que estão ocorrendo no mundo.

Tive e estou desfrutando imenso gosto em contribuir para a mudança de percepção dos empresários industriais no tocante a renovadas formas de inserção externa do Brasil e como o setor privado melhor poderia aproveitar as circunstâncias de um mundo diferente e incorporar outros parceiros comerciais.

Logo depois de meu retorno de Washington, ampliei meus contatos com o setor privado ao passar a integrar o Conselho de Administração da Embraer e o Conselho Consultivo da Bolsa de Mercadorias de São Paulo. Participei em ambas por mais de dois anos, e saí quando houve mudanças estruturais na empresa e na Bolsa. Foram anos de aprendizado em duas grandes instituições, que me defrontaram, logo no início de minha volta de Washington, com as realidades empresariais do setor industrial e financeiro. Trinta anos depois de ajudar a abrir a embaixada brasileira em Pequim, voltei à China para falar em nome da BM&F e, posteriormente, atendendo a convite do Partido Comunista Chinês, participei das comemorações dos 50 anos da doutrina da Coexistência Pacífica com nomes consagrados da diplomacia mundial. Nos anos seguintes, passei a integrar os conselhos de administração da CSU CardSystem, a maior administradora de cartões de crédito do país, e a cadeia de *fast food* Giraffas, a partir do momento em que começava seu processo de internacionalização com a abertura de uma cadeia de restaurantes na Flórida e planos de expansão em outros estados. Meu filho, João Bernardo, fora indicado para comandar a operação nos EUA e sugeriu que eu poderia colaborar nesse processo, em vista de minha experiência em Washington. Mais tarde, o escritório de advocacia Veirano criou um conselho consultivo e me chamou para ajudar a pensar a expansão e os desafios da empresa.

Além de me colocar em contato com diferentes setores da economia, minha presença nesses conselhos ajudou a cobrir os custos da consultoria.

Não foi apenas o trabalho remunerado que me atraiu para os conselhos de empresas. Procurei ajudar também, *pro-bono*, isto é, sem remuneração, a Orquestra Sinfônica do Estado de São Paulo, onde me sentei, durante oito anos, junto a um representativo conselho — o primeiro da orquestra — presidido pelo presidente FHC. Os conselhos do Museu de Arte de São Paulo (Masp) e da Fundação Padre Anchieta foram outras instituições que tive o prazer de integrar, ao lado de um grupo renomado de conselheiros oriundos do setor privado e de diversos segmentos da sociedade. Em ambas as organizações pude acompanhar momentos de satisfação e outros de grande preocupação com problemas financeiros que ameaçavam a continuidade do trabalho normal. No Masp, a situação era mais grave causada por decisões tomadas quanto à aquisição de prédio ao lado da sede, na avenida Paulista, com contrato com a empresa Vivo, em processo adiantado de construção. Na TV Cultura, pela indefinição de sua personalidade jurídica e pela incerteza do recebimento de recursos do governo paulista em virtude da crise econômica, sempre havia questões importantes para serem discutidas pelo conselho. Mais recentemente, acompanhei todo o trabalho de revisão do estatuto da fundação.

Na minha área de atuação durante tantos anos, participo do Conselho da Associação dos Exportadores Brasileiros (AEB) e, em meados de 2017, fui convidado a integrar o conselho deliberativo da empresa Negócios SP, estabelecida pelo prefeito João Doria e presidida por Juan Quirós, e o Conselho de Relações Internacionais do Governo do Estado de São Paulo, criado pelo governador Geraldo Alckmin.

Desde 2004, como articulista dos jornais *O Estado de S. Paulo* (até hoje) e do *O Globo* (agosto de 2015), passei a escrever duas vezes por mês sobre política externa, comércio exterior, política interna e defesa. Nesses artigos, durante os governos do PT, fui crítico da influência partidária na formulação e execução da política externa e do esvaziamento do Itamaraty, bem como da política de comércio exterior equivocada, que fez o Brasil isolar-se nas negociações comerciais e praticamente paralisou o Mercosul. A rotina de preparar os artigos em todos esses anos me proporcionou enorme prazer. Desde 2016, procurei analisar os temas mais relevantes dessas áreas com vistas à elaboração de uma agenda modernizante para o Brasil, levando em conta as eleições de 2018. A partir de 2015, venho mantendo também coluna no jornal *El País*, de Montevidéu.

Em 2015, assumi a presidência da Sociedade Brasileira de Estudos de Empresas Transnacionais e da Globalização Econômica (Sobeet), que estuda não apenas as empresas multinacionais instaladas no Brasil, mas também as brasileiras que se estabelecem no exterior. Entre os temas tratados pela Sobeet estão o acordo de bitributação e o acompanhamento dos investimentos externos no Brasil e o de companhias multinacionais brasileiras no exterior.

Há muitos anos, venho participando como membro efetivo do Grupo de Análise da Conjuntura Internacional (Gacint) da Universidade de São Paulo e do G-100, instituição privada que reúne empresários para discutir questões políticas, econômicas e sociais brasileiras.

Influenciado pelo que vi e participei no meu trabalho como embaixador em Washington, em 2007 criei uma revista para discutir o Brasil. Nos EUA, em qualquer debate sobre os problemas da sociedade norte-americana, o conceito de "interesse nacional" é sempre invocado, com a ideia de que os interesses pessoais e partidários não devem estar descolados dos interesses maiores do país. *Interesse Nacional* surgiu como uma revista plural e independente dos partidos políticos nacionais. No auge da crescente polarização política interna, *Interesse Nacional* acolhe articulistas de todas as correntes de pensamento e o conceito "interesse nacional" começa a aparecer nos discursos e na mídia. No início de 2017, busquei transformar a revista numa organização da sociedade civil de interesse público (Oscip) a fim de conseguir apoio financeiro e ampliar as atividades da *Interesse Nacional*. Depois de período razoável para os trâmites burocráticos necessários, o Ministério da Justiça certificou a revista como uma Oscip.

Mais recentemente, montei o Instituto de Relações Internacionais e Comércio Exterior (Irice), o primeiro *think tank* de São Paulo nessas áreas, além de defesa, energia e direitos humanos. A iniciativa, ousada para o momento de sua formação, no meio da mais séria crise econômica vivida pelo país, resultou positiva e o Irice foi responsável pela organização de dezenas de encontros e discussões nos últimos dois anos. Como presidente do Irice, tenho sido convidado para encontros acadêmicos e empresariais no exterior. Entre eles, o formulado pelo governo da região autônoma de Macau, em meados de 2017, para discutir o projeto One Belt One Road, a reconstituição da rota da seda do passado, a primeira grande iniciativa da China como superpotência.

Em 2016, o embaixador Sérgio Amaral, indicado para assumir a embaixada em Washington, convidou-me para tomar seu lugar na presidência da Associação Brasileira da Indústria do Trigo (Abitrigo). Depois de conversas com os representantes de moinhos, membros da associação, fui confirmado na sua presidência. As atividades na Abitrigo permitiram que eu voltasse a tratar temas agrícolas, passados mais de 20 anos. Quando embaixador em Londres, exerci, por quatro anos, a presidência da Associação dos Países Produtores de Café. Com o trigo voltei a me conectar com o Itamaraty, o Ministério da Agricultura e o Mercosul, por questões relacionadas com normas técnicas sobre os limites máximos de resíduos. A legislação brasileira nem sempre é convergente com a regulamentação dos países exportadores.

Encontrei tempo ainda para escrever, em 2011, *O dissenso de Washington*, em que procurei mostrar não só o trabalho diplomático da embaixada nos EUA durante minha gestão, mas também comentar as relações Brasil-EUA, do ponto de vista de um observador privilegiado, e examinar a sociedade norte-americana em um momento especial. No livro, examinei as eleições de 2002, quando George W. Bush saiu vencedor, e a do Brasil, com a vitória de Lula, os efeitos do atentado terrorista de 11 de setembro e as guerras do Afeganistão e do Iraque.

Em junho de 2018 foi editado o livro *O lugar do Brasil no mundo*, coletânea de artigos publicados pelo *O Estado de S. Paulo* de 2016 a 2018. Em outubro, houve o lançamento de *Um diplomata a serviço do Estado*, reproduzindo mais de 20 horas de gravação de depoimentos para o projeto de história oral da Fundação Getulio Vargas.

Ao longo dos últimos anos fui, repetidamente, convidado a participar de programas de prestígio como Painel, dirigido por William Waack, da Globo-News, Canal Livre, da TV Bandeirantes, e Roda Viva, da TV Cultura, além de muitas entrevistas na TV Globo, TV Cultura, TV Gazeta e TV Record. Depois de ter saído da Globo News, mais recentemente voltei a participar no PainelWW para debater temas de política externa, comércio exterior e economia brasileira. Tomei parte ainda de um sem-número de seminários e palestras no Brasil e no exterior.

Tanto em minhas apresentações na tevê e nas rádios como nos artigos em jornais e revistas, tratei de assuntos que considerei de interesse para a melhor compreensão dos problemas e dos desafios do Brasil na política interna e na política externa. Fui um dos mais diretos críticos dos governos "lulopetistas" nessas áreas, e me engajei na discussão de matérias controvertidas, como a integração regional, o Brics, a OCDE e a questão da reindustrialização do país.

Nas três últimas eleições presidenciais, fui convidado para coordenar os capítulos de política externa, comércio exterior e defesa nos programas de governo de Geraldo Alckmin, José Serra e Aécio Neves. Na eleição de outubro de 2018, fui convidado e coordenei o capítulo de política externa e colaborei nos de comércio exterior e defesa na campanha de Geraldo Alckmin. O trabalho nem sempre foi fácil pela baixa prioridade desses temas durante a campanha eleitoral, e pela atenção relativa que esses mesmos temas despertavam nos candidatos.

Tão variada experiência no setor privado foi possível em virtude do rigoroso método de trabalho que segui todos esses anos, e pela forma como consegui organizar meu tempo entre a consultoria e todas as outras atividades.

A experiência multifacetada no setor privado e como analista da cena doméstica e internacional completou minha percepção sobre o funcionamento da máquina estatal, que servi por quatro décadas. Com a prática vivenciada nas atividades do serviço público e conhecendo seus meandros, pude passar a ver avanços e atrasos da ação pública com o distanciamento necessário para colaborar naquilo que fosse do meu alcance e refletindo apenas o interesse nacional.

Engajei-me nos debates sobre a modernização do Brasil e sobre a necessidade de o setor privado, sobretudo o industrial, passar a examinar alternativas para a política de incentivos, desonerações e créditos subsidiados, com a falência do Estado e a crise fiscal com o crescente défice público.

Três questões que ocuparam minha atenção por muito tempo durante meus anos de serviço público continuaram no centro de minhas atividades no setor público: o melhor aproveitamento da hidrovia Paraná-Paraguai com a criação de uma autoridade internacional para supervisionar as operações do corredor fluvial, projeto símbolo da integração regional; o programa espacial brasileiro com a viabilização do aproveitamento comercial do Centro de Lançamento de Alcântara; e as mudanças necessárias para que o Mercosul possa voltar ao seu leito original, o de instrumento econômico e comercial de abertura de mercado e liberalização comercial. Com o apoio de segmentos do setor privado, procurei ajudar com sugestões de políticas, de estímulos e de iniciativas que possam permitir o avanço de temas tão importantes para o Brasil. Não deixei de criticar políticas governamentais equivocadas ao longo dos últimos anos, que atrasaram, por duas décadas, sua implementação, com prejuízos para os interesses maiores do país e para o desenvolvimento de oportunidades no setor privado.

No fim de 2017, o Instituto de Relações Internacionais e de Comércio Exterior recebeu convite para ser um dos fundadores da "Frente para a Renovação" junto com o movimento "Vem Pra Rua" e o "Ranking dos Políticos", e, depois, do movimento "Daqui pra Frente", com o objetivo principal de ajudar a promover uma renovação do Congresso Nacional com qualidade, oferecendo apoio técnico e visibilidade aos candidatos para a eleição de outubro de 2018.

Essas eleições serão um divisor de águas para a sociedade brasileira. Dependendo do resultado das urnas na escolha do próximo presidente, daremos um grande salto para a frente com o aprofundamento das reformas modernizadoras com uma agenda que torne o país mais justo, democrático, sustentável e competitivo, ou o retrocesso será inevitável em vista da gravidade da situação política, econômica e social.

No cenário otimista, em termos de política externa, incluindo comércio exterior e defesa, estou discutindo e tentando influir para que o Brasil tenha sua voz fortalecida no cenário internacional e o país volte a inserir-se de forma competitiva, nos fluxos dinâmicos da economia e do comércio global. Para isso, estou procurando colaborar na formulação de políticas proativas a partir de 2019, que inclua entre outros aspectos: o Brasil assumir a liderança regional, com a execução de grandes projetos como hidrovia, ferrovias, corredores, cadeias produtivas regionais; definir políticas em relação aos BricS, aos EUA, à China, à UE, ao Japão, e à expansão do Mercosul; entrar para a OCDE; atuação mais vigorosa nas instituições multilaterais em meio ambiente, direitos humanos, democracia, refugiados, terrorismo, guerra cibernética; definir posição em relação a uma nova OMC e aos acordos comerciais; além de outros temas tópicos como política espacial, defesa das fronteiras contra a entrada ilegal de armas e drogas e coordenação com o Ministério da Defesa nas ações externas.

Guiando-me pela percepção de que nada é impossível, mantive todas essas atividades ao longo dos últimos anos com empenho e sentido de prioridade, na defesa do interesse nacional.

Mais amadurecido e experiente, o trabalho, para mim, é a busca do novo para conservar-me motivado. Sem ver o tempo passar, cumpro a rotina diária de encontros, reuniões, almoços de trabalho, sempre que possível, misturada com exercícios, partidas de tênis, bons filmes e boa música.

Depoimentos

Embaixador Eduardo dos Santos

Não me considero a melhor pessoa para dar um depoimento abalizado a respeito da trajetória profissional do embaixador Rubens Antonio Barbosa. Isso porque tudo o que ele realizou no Itamaraty, em particular, e na vida pública, em geral, foi inegavelmente muito maior do que a minha capacidade de descrever, com precisão, os seus feitos a serviço do Brasil. Entretanto, eu me considero, sim, capaz de dizer algo sobre episódios de sua carreira, em especial no tempo em que servi com ele na Embaixada em Londres, entre 1994 e 1999.

Antes, por diversas vezes, nossos passos haviam-se cruzado brevemente, o que para mim foi suficiente para antecipar a importância das missões que estava predestinado a cumprir. Em meados da década de 1970, no início da minha carreira, servi em Moscou quando Rubens chefiava a antiga Coleste, órgão de natureza interministerial coordenado no Itamaraty com responsabilidade pelas relações econômicas e comerciais com os países do leste europeu.

Anos mais tarde, quando trabalhava no gabinete do ministro de Estado, pude acompanhar de perto o trabalho que Rubens já executava ao comandar todo o processo negociador no âmbito do Mercosul, primeiro como chefe do departamento competente e, em seguida, como subsecretário-geral. Ficou tempo relativamente longo nessa função, para a qual havia trazido sua experiência anterior como embaixador junto à Aladi, em Montevidéu, e sem dúvida deixou sua marca na obra pioneira da integração do bloco sul-americano.

Foi, porém, em Londres onde convivi mais direta e intensamente com Rubens Barbosa. Convidado por ele para ser ministro-conselheiro naquele posto, lembro-me bem do dia em que cheguei para assumir. Era uma noite de domingo, e mal depositara as malas no hotel, o embaixador me convocou para ir à residência de Mount Street. "Você tem como anotar?", perguntou-me ele de imediato, e começou a desfiar, ponto por ponto, o programa de trabalho que tinha o propósito de cumprir como embaixador na Corte de St. James's. Faço a seguir uma listagem das metas que iria perseguir, e esclareço que recorro apenas à memória, talvez me esquecendo de um ou outro detalhe. Desenvolver ações junto à City de Londres, o maior centro financeiro da Europa; promover seminários de divulgação sobre o Brasil; ampliar parcerias com a comunidade empresarial; realizar simpósios sobre o Mercosul; buscar aproximação estreita com o Parlamento; intensificar contatos com as organizações não governamentais, sobretudo aquelas ligadas a meio ambiente e direitos humanos; elevar o perfil do Brasil junto aos meios acadêmicos; estimular projetos de promoção artística e cultural, entre os quais o de organizar uma importante exposição que viria a materializar-se dois anos depois com a mostra "Brazil through European Eyes", na Christie's; investir na maior divulgação do Brasil junto às escolas britânicas que ganharia forma em um bem-sucedido programa denominado "Brasil nas Escolas"; e, ainda, publicar um livro de arte sobre a história da residência e da chancelaria da embaixada (projeto este para o qual tive, particularmente, o prazer de colaborar com uma pesquisa sobre a aquisição daqueles prédios com créditos comerciais que o Brasil tinha acumulado durante a Segunda Guerra Mundial).

Estes são apenas alguns exemplos do que Rubens tinha em mente para dinamizar o trabalho da embaixada. Ele colocava em prática, na verdade, um plano estratégico de aprofundamento das relações do Brasil com o Reino Unido a partir de uma série de iniciativas e projetos nas áreas comercial, financeira, econômica, política e cultural. Era o momento certo de levar adiante tal estratégia. O Brasil, naquele momento, implantava o Plano Real, a economia se estabilizava, e abriam-se novas e promissoras perspectivas de atração de investimentos britânicos e ampliação dos fluxos de comércio.

Rubens Barbosa sempre resumia a importância do posto que chefiava ao falar de Londres como centro global formador de opinião e irradiador de conhecimento e informação. Ressaltava o papel da City como centro financeiro que influenciava diretamente as decisões dos agentes econômicos. Enfatizava a excelência das universidades e centros de pesquisa no Reino Unido e comentava a qualidade e o poder de ressonância global da mídia britânica. Tudo isso era de molde a valorizar as ações da embaixada, que transcendiam o âmbito bilateral do relacionamento com o Reino Unido. Ademais, o embaixador atuava como representante do Brasil junto aos organismos internacionais sediados em Londres, entre os quais, as organizações internacionais do café, do açúcar e do cacau, bem como a Organização Marítima Internacional. Havia também, portanto, uma dimensão de trabalho multilateral nas atribuições do embaixador em Londres.

Uma das conquistas mais expressivas de Rubens Barbosa em Londres foi, sem dúvida, a criação do Centro de Estudos Brasileiros em Oxford, projeto que perseguiu com empenho desde que assumiu o posto. À época, aquele centro tornou-se a única instituição acadêmica no Reino Unido exclusivamente dedicada a estudos sobre o Brasil, o qual viria a ser dirigido pelo renomado historiador britânico Leslie Bethell.

Algo de significativo que o embaixador também pôde realizar em Londres foi a renovação dos contratos de arrendamento de longo prazo (*long-lease hold*) das casas que abrigam nossa missão diplomática naquela capital. Pude acompanhar todo o desenrolar dessa delicada negociação que foi feita com os representantes imobiliários do duque de Westminster e que permitiu, graças à persistência e visão de futuro do embaixador, que o Brasil continuasse a manter uma sede digna para sua representação.

Nessa e em outras importantes iniciativas que logrou implementar em Londres, Rubens não se limitou a buscar unicamente apoio governamental. Ao contrário, estabeleceu parcerias com o setor privado que ajudaram a viabilizar os diferentes projetos e atividades, como no caso do Centro de Oxford.

Justamente pela sua capacidade de conceber e materializar tantos programas de relevo no conjunto da ação diplomática da embaixada, Rubens sempre foi considerado um realizador. Fazia e acontecia. Não se contentava com que as iniciativas do posto fossem avaliadas meramente pelo valor ou pelo significado.

Queria resultados concretos, quantificáveis, materializáveis. E era isso o que conseguia, de alguma forma ou de outra.

Mas igualmente no plano das ações meramente políticas ou diplomáticas, não foram poucos nem irrelevantes os resultados logrados. Em três oportunidades, levou ao Reino Unido o presidente da República, Fernando Henrique Cardoso, em visitas oficiais, uma delas com caráter de visita de Estado, em 1997, a convite da rainha Elizabeth II. A primeira visita ocorreu em 1995 por ocasião das celebrações do 50º aniversário do fim da Segunda Guerra Mundial na Europa (VE Day), já que o Brasil foi o único país latino-americano que participou das operações bélicas daquele conflito com o envio da Força

Expedicionária para lutar junto às forças aliadas. Uma terceira visita realizou--se em 1996 durante uma conferência (Link into Latin America) organizada pelo governo britânico para promover as relações econômicas e comerciais do Reino Unido com a América Latina.

Inegavelmente, portanto, sua missão como embaixador em Londres foi coroada de pleno êxito. Regressei a Brasília em abril de 1999, quando Rubens ainda não havia terminado seu período na capital britânica. Fui substituir Gelson Fonseca na assessoria diplomática do presidente Fernando Henrique Cardoso. Mas poucos meses depois Rubens seria designado embaixador em Washington, cargo que exerceu até 2004, já no governo do presidente Lula. Nas minhas atribuições no Planalto, ocuparam espaço importante o diálogo e a comunicação com o novo embaixador nos Estados Unidos. Com frequência, cabia-me atuar como intermediário das mensagens que Rubens costumava trazer à atenção do presidente. O momento era especialmente sensível à luz das repercussões da crise cambial brasileira do início de 1999. O embaixador recolhia diariamente entre as autoridades econômicas norte-americanas, bem como entre representantes da praça financeira e dos organismos internacionais de crédito, elementos fundamentais para avaliação do governo brasileiro.

Rubens também cumpriu, em Washington, um papel fundamental no diálogo entre o presidente Fernando Henrique e o então recém-eleito presidente George W. Bush. Naquele momento havia dois temas altamente sensíveis no relacionamento Brasil-Reino Unido: a negociação da Área de Livre Comércio das Américas (Alca) e a questão das patentes sobre medicamentos, esta última que culminou no acordo Trips-Saúde no âmbito da reunião da Organização Mundial do Comércio que inaugurou a rodada Doha. Para tratar desses e outros assuntos, Fernando Henrique esteve em Washington para um encontro na Casa Branca com George W. Bush em 2002. Rubens lá estava, juntamente com o chanceler Celso Lafer. Quanto à Alca, falou-se da possibilidade de um acordo 4 + 1 (Mercosul e EUA), e sobre os medicamentos Bush comunicou ali a Fernando Henrique sua concordância com o entendimento a que se havia chegado entre os negociadores.

Estas são breves reminiscências da passagem de Rubens Barbosa pelos Estados Unidos, às quais tive acesso. Muito mais se passou naquele período de sua carreira, com importantes resultados para as relações Brasil-EUA, que estão fielmente retratados no seu livro *O dissenso de Washington*.

Rubens Barbosa serviu ao Brasil, em todos os momentos, com a firmeza de suas convicções, com a criatividade de suas ideias e com seu espírito empreendedor. Não se abatia ante os desafios nem as adversidades. Buscava sempre a maneira de contornar os obstáculos. Movia-se invariavelmente por um senso de realismo e pragmatismo. Não se perdia em retórica ou generalidades. Queria sempre o concreto e o realizável. Tinha, sempre, a visão da diplomacia para resultados, expressão que no Itamaraty ficou consagrada na gestão do chanceler Olavo Setúbal, de quem foi chefe de gabinete no alvorecer da Nova República.

Eduardo dos Santos
Londres, novembro de 2017

Embaixador Marcos Galvão

Matias Spektor: Embaixador, queria começar perguntando ao senhor em que circunstâncias o senhor conheceu o embaixador Rubens Barbosa, na sua carreira.

Marcos Galvão: Eu conheci o embaixador Rubens Barbosa, então conselheiro, se eu não me engano, assim que eu entrei no Itamaraty. Estamos falando de setembro de 1980. Ele era chefe da Divisão da Europa do Leste, que se chamava, formalmente, Divisão da Europa II, que tinha também o papel de secretaria da Coleste, que era a comissão encarregada da relação com o Leste Europeu de modo geral e do comércio, que era aquele comércio administrado com o Comecon. Um dos meus melhores amigos, o Evandro Didonet, meu colega de turma, foi trabalhar com ele. Nesse período, trabalhavam com ele também, se eu não me engano, o Paulo Roberto de Almeida, o José Soares Júnior, que era um outro colega do Itamaraty; não me lembro quem era o subchefe da divisão. O Paulo Roberto de Almeida conheceu a mulher dele lá, a Carmen Lícia, que era funcionária da Coleste. E foi aí que eu conheci o Rubens Barbosa, nesse contexto. Ele era amigo de algumas pessoas com as quais eu passaria a conviver com o passar do tempo. Por exemplo, eu servi com o Carlos Garcia, que era muito amigo dele, e cuja mulher, Christina, tinha sido sócia da Maria Ignez e da Tite, mulher do Bambino, numa loja de móveis e decoração em Brasília. Com o Marcos Azambuja, também, muito amigo do Rubens Barbosa, eu viria a ter uma relação. Mas eu, no fundo, nunca trabalhei ou tive qualquer proximidade ou maior convívio com o Rubens Barbosa antes de servir com ele na embaixada em Londres, para onde eu fui em fevereiro de 1995.

MS: Conta para a gente como foi o convite. O senhor já era ministro-conselheiro à época, não é?

MG: Não. Eu servia no Ministério da Fazenda, na equipe de Rubens Ricupero, e fui promovido de primeiro-secretário a conselheiro. No período em que Ricupero esteve na Fazenda, eu estive com ele. Para Londres, o convite não foi do embaixador; foi do ministro-conselheiro dele, Eduardo dos Santos, que era o ministro-conselheiro responsável pelos assuntos políticos, entre outros. No fundo, o meu plano não era ir para Londres. Eu tinha tentado ir para Nova York, porque minha mulher, Ana, era funcionária das Nações Unidas, do Unifem, em Brasília, mas esse projeto não deu certo, porque o Celso Amorim fez outras escolhas. Eu tinha cogitado também ir para Genebra, trabalhar com o Lampreia, mas mudei de ideia. E aí o acerto foi feito com o Eduardo dos Santos em Brasília, até porque o Rubens já tinha assumido em Londres desde 1994. O Eduardo dos Santos acertou tudo com ele e assim eu fui parar em Londres.

MS: E quais eram as suas funções na embaixada em Londres?

MG: Bem, eu conhecia a fama do embaixador Rubens Barbosa, que era a de incansável trabalhador. Cheguei a Londres, acho que num domingo. Na segunda-feira eu ia me apresentar a ele. Era inverno. O normal, nos ritmos do Itamaraty, é você chegar, se apresentar ao seu chefe e ele dizer: "Olha, agora, você tira duas semanas aí, vai arrumar casa, se instalar, comprar carro, essa coisa, depois você aparece". Com o Rubens Barbosa, eu sabia que não ia ser assim, você ia ter que, como se diz em inglês, *hit the ground running*. Eu me lembro que estava hospedado num apartamento mobiliado na Edgware Road. Saí de lá cedo na manhã de segunda e fui comprar uma capa de chuva, antes de ir para o serviço. E comprei um sapato com sola de borracha — era um Church's até, foi um investimento —, e aí fui me apresentar ao embaixador Rubens Barbosa. Ele não me decepcionou e imediatamente a conversa foi sobre trabalho. Dali fui para a minha sala, como chefe do Setor de Promoção Comercial da embaixada.

MS: À época, a atividade de promoção comercial em Londres era o quê? Porque minha impressão é que, à época, provavelmente, Londres seria uma praça na qual o *core* da nossa atividade era a financeira.

MG: Era a financeira. E isso eu logo senti. Eu tinha passado pelo Ministério da Fazenda, embora, naquela época, ao contrário da minha segunda passagem, não na área substantiva. Cuidava da comunicação do Plano Real. Minha experiência tinha sido de relação com a mídia. Eu fui para a chefia do Setor de Promoção Comercial. Fazia outras coisas também, mas, no fundo, eu não gostei da experiência e, a partir de um certo momento, eu decidi pedir a ele para mudar. E justamente fui para a área que cuidava de economia, quando o colega que estava lá saiu, exatamente da relação com a City, que era uma área na qual o embaixador trabalhava muito. Londres é, basicamente, entre outras coisas, muito fortemente, uma praça financeira. O Brasil estava vivendo o pós--Plano Real, mas não era um Plano Pós-Real de facilidades, era um Plano Pós-Real desafiador. Já em dezembro de 1994 tinha vindo a crise do México. O Fernando Henrique Cardoso nunca teve vida fácil. Ele já começou com a crise do México; a credibilidade do Plano Real ainda não estava estabelecida; e o Rubens fez um trabalho muito forte de construção nessa área.

MS: Eu queria lhe pedir para descrever um pouco esse trabalho.
MG: Sim.

MS: E, só para dar contexto, na entrevista que o Luiz Felipe Lampreia deu para nós, ele tem uma memória que é ele no carro com o Fernando Henrique, no dia da posse, em que o Fernando Henrique teria dito a ele: "Eu jamais imaginei, Felipe, que eu começaria meu governo assim". Por causa da crise do México, não é?
MG: Sim.

MS: Porque o governo já começou com uma grande crise internacional. Em que consistia o trabalho da embaixada em Londres exatamente na City? Imagino que seja trabalho de *signaling* para o mercado.
MG: Sim. São várias coisas.

MS: Mas na prática.
MG: Na prática, e isso eu já comecei a fazer como chefe do Setor de Promoção Comercial, são eventos. Era apoio a *road shows* que se estavam fazendo para explicar o Brasil. Por exemplo, um *road show* importante, que eu não sei se o embaixador lhe terá mencionado, foi o do Sérgio Motta, quando ele foi lá vender a privatização das telecomunicações no Brasil. Na embaixada, quem organizou o apoio a esse *road show* fui eu. Porque o Setor de Promoção Comercial tinha um quadro, tinha cinco ou seis bons funcionários com experiência, contratados locais, que apoiavam. E o trabalho dele com a City

era muito de fazer almoços, convidar banqueiros. Outra parte do trabalho que ele fez foi identificar e mapear todos os brasileiros, jovens brasileiros de modo geral, que trabalhavam na City, em diversos bancos. Nós tínhamos almoços periódicos com esses jovens. Pessoas, aliás, muitos deles, de grande qualidade. Eu me lembro até de questionar: por que o Brasil tem tanta gente trabalhando no mercado financeiro? Por que um desses não foi ser um grande médico, ou uma coisa assim? O Rubens tinha essa e outras redes na City. Ele visitava e era visitado e convidava para almoçar dirigentes de bancos, CEOs etc. Ele tinha uma atividade social intensíssima. O Rubens é incansável, desse ponto de vista. E é até hoje. E, nessa atividade diplomática, tinha o apoio muito talentoso da Maria Ignez. Ao lado da Maria Ignez, cujo pai tinha sido embaixador lá, eles também sabiam usar a mística que aquela casa tem — e tinha sido reforçada, porque se criou toda aquela mitologia em torno da frequência da Lady Di na casa, com o Paulo Tarso e com a Lúcia. Havia muita atividade mais social, mas também muitos almoços de trabalho. E ele ia almoçar na City com dirigentes de bancos. Depois que eu assumi esse setor, eu ia com ele. Era um trabalho constante. Ele também mantinha uma comunicação constante com o Brasil, com o Gustavo Franco, do Banco Central, com o Ministério da Fazenda. Londres é diferente de Washington: Londres é uma embaixada cuja missão, digamos, não é tão evidente, automática. Ao contrário, também, da embaixada em Buenos Aires, por exemplo. Porque o embaixador de Buenos Aires, mesmo se ele for, digamos, descansado ou passivo, terá uma enorme demanda que vai cair sobre ele, de problemas, de questões para resolver. Há uma agenda monumental entre os dois países. É o que eu diria hoje, em 2017, sobre a China. Você, embaixador em Pequim, mesmo se for um completo preguiçoso, ainda assim você vai ter uma enorme agenda despencando sobre você. Não é o caso de Londres.

MS: Tem que procurar.

MG: Você tem que construir. O Rubens faz isso. Até quando não tem que procurar, ele procura, para agregar. Mas no caso lá, claramente, ele procurava. O Rubens, em Londres, era, em certo sentido, excesso de capacidade instalada. Ele sabia disso, nós sabíamos disso, e ele foi gerando resultados. Por exemplo, dando um *fast forward*, para ficar no plano financeiro, para depois que o Armínio assumiu o Banco Central. Muito para a frente. Eu já tinha saído da embaixada, mas eu assisti ao começo disso. Em 1997, o Blair tinha estabelecido aquele modelo de autonomia operacional do banco central. Ele não deu independência completa ao banco central, mas deu autonomia operacional. É o modelo que o Brasil adotou depois.

MS: Foi esse.

MG: É exatamente o modelo inglês, dos *quarterly reports*, daquilo tudo. E muito daquela informação sobre o funcionamento do banco central da Inglaterra, muitas informações não eram demandadas de Brasília. Não é que sempre o Banco Central do Brasil, ou as pessoas que estavam formulando o Brasil viessem atrás da informação. O Rubens identificava o que ele achava que era de interesse e mandava. Em muitos casos, usando a tecnologia da época que era o fax.

MS: Hum, hum.

MG: O Rubens era incessante. O gabinete do Rubens era uma máquina de comunicação para dentro de Londres e com o Brasil. Então, realmente, o Rubens Barbosa deu à embaixada em Londres uma dimensão que ela não tinha. É uma força.

MS: Uma das coisas que chama muita atenção no arquivo pessoal do embaixador Rubens Barbosa que está conosco é que, no período em Washington, pelo menos, o contato dele com Brasília é diretamente na Presidência da República, é diretamente no Ministério da Fazenda. É um embaixador que atravessa um pouco a estrutura formal hierárquica do ministério e fala direto. E tem muita evidência de fax, de telefonema, de um contato constante, que aconteceu, no caso dele, tanto com o Fernando Henrique, quando ele era o embaixador do Fernando Henrique em Washington, quanto com o Lula, de não parar, independentemente de quem fosse o ministro das Relações Exteriores etc. Como era essa comunicação com Brasília, de Londres? Ela passava pelo Ministério das Relações Exteriores, pelo Ministério da Fazenda ou era a rede pessoal…?

MG: Era a rede pessoal, também. Isso, é claro que gerava algum incômodo em pessoas do Itamaraty. Não sei exatamente, não me lembro se e como o Lampreia reagia. O Lampreia era meio frio, mais *cool*, assim, do que outras pessoas, então não sei como é que ele reagia a isso. Mas, evidentemente, o Rubens não era um embaixador qualquer. Lampreia sabia, quando assumiu, que o Rubens tinha sido mandado para lá, ainda antes da eleição do Fernando Henrique, pelo presidente. Quando eu cheguei, o Fernando Henrique já era presidente.

Era sabido que ele tinha uma relação pessoal com o presidente, e ele não fazia muita cerimônia em manter contatos com a Esplanada inteira e com o setor privado, com a Fundação Roberto Marinho e com quem quer que fosse. Ele nunca teve essa coisa de fazer cerimônia e de fazer a comunicação toda através do Itamaraty. E o Itamaraty sempre soube que ele era assim, porque as pessoas também conheciam o Rubens Barbosa. E também era incontornável, na medida em que ele era uma pessoa que tinha ligação com o presidente, tinha uma ligação com o Pedro Malan, e cujo estilo era esse mesmo, de comunicação direta, e assim ele via o papel dele de embaixador. Quando precisava do Itamaraty, precisava; quando não, não. Ele não achava que precisava, em muitos casos, porque, digamos, se ele mandasse um telegrama para o Itamaraty, ia para o secretário da divisão, que ia mandar um expediente, 10 dias depois, para um burocrata do Banco Central de sétimo escalão, e aí ia subir. Ele passava a mão no telefone e ligava. Ele tinha acesso e usava.

MS: Perfeito. O senhor tem memória de quando é que, em Londres, a mensagem de que o Brasil vai dar certo, no início do Plano Real, pega de fato? Porque, se o senhor se lembra, o Plano Real tinha muitos críticos no exterior — no início, sobretudo —, porque não era um plano ortodoxo, um ponto zero, havia alguma dúvida a respeito. A *The Economist* não cessava de dar matérias que criavam uma sombra, sobretudo por causa da crise do México, e depois viriam outras, com enorme efeito deletério sobre a estabilidade financeira brasileira. O senhor tem memória de se em algum momento isso cessa? Ou todo o período de vocês na embaixada é um período em que o trabalho da embaixada é dar resseguro à City de que isto vai para a frente?
MG: Olha, eu não tenho a memória muito clara, não, para ser honesto. Mas, me lembrando dos fatos, eu acho que em nenhum momento se achou que tudo estava resolvido. Dito isto, a partir de certo momento, já ninguém imaginava que nós fôssemos talvez voltar a 1988 e 1989. Mas havia, sim, vários aspectos do plano que todo mundo sabia que podiam ser um problema, a começar pela política cambial. O Fernando Henrique reconhece hoje que foi um equívoco estender a superapreciação do real até as eleições de 1998. Então, com o passar do tempo, evidentemente, o nível de confiança na economia brasileira foi aumentando, mas eu não acho que tenha havido um momento mágico em que houve um clique e que as pessoas se convenceram que tinha dado certo. Até porque, como sabemos, o que viria depois a estourar em janeiro de 1999 já estava um pouco previsto.

MS: Precificado.

MG: Precificado. Eu me lembro de certas apresentações que havia lá. O Gustavo Franco, por exemplo, ia frequentemente. As pessoas da área econômica iam lá falar. E, entre os brasileiros, e acho que entre os outros atores, as perguntas existiam, sobre contas externas etc. Então, acho que não houve um momento mágico em que disseram que o Brasil... "está tudo resolvido", não. Acho que pode ter diminuído a desconfiança, ou aumentado a confiança, obviamente, em sentido inverso, mas não acho que houve esse momento em que a gente podia descansar e dizer "está feito", porque... Não, não houve, não.

MS: Embaixador, para a gente fechar o período Londres, eu queria lhe perguntar a respeito do impacto, se é que houve, para a embaixada, do relacionamento que se cria entre o Tony Blair e o presidente Fernando Henrique. Em determinado momento, cria-se a imagem de um Fernando Henrique que é parte de um consórcio de presidentes relativamente jovens, relativamente modernos, relativamente progressistas, vinculados a uma terceira via que tinha por fim dar uma face humana à globalização neoliberal. É a imagem do jovem Blair, o Blair pré-Iraque. O que nunca fica claro na documentação — e não fica claro para mim, também — é se isso em algum momento ganhou uma substância na relação diplomática Grã-Bretanha-Brasil ou se isso sempre foi mantido no nível de chefes de Estado, numa dimensão quase de tertúlia pessoal entre as pessoas físicas.

MG: Olha, é difícil dizer, inclusive porque aí eu saí antes. Eu saí em fevereiro de 1998, para voltar para o gabinete do Lampreia. E a eleição do Blair, se eu não me engano, foi em abril de 1997, não é?

MS: Hum, hum.

MG: Então, eu peguei lá somente 10 meses desse período. Um dado: no tempo do Major e no tempo do Blair, o Fernando Henrique foi várias vezes a Londres, e eu não excluo que em algumas dessas vezes ele teria ido se o embaixador não fosse o Rubens Barbosa, seja pela relação que ele tinha, seja pela insistência do Rubens para que ele fosse, que ele passasse por lá. Por exemplo, em um dos anos, ele foi ao VE Day, o dia da vitória dos aliados na Europa. Ele foi várias vezes a Londres. Então, claramente, a relação que o Rubens Barbosa tinha com o presidente Fernando Henrique ajudou a adensar as relações também, digamos, no plano diplomático. Mas eu não tenho como responder com segurança a essa pergunta, isso que você está perguntando: se a relação entre o Blair e o Fernando Henrique e a questão da terceira via teriam ficado ou não mais no plano interpessoal. Apenas uma tertúlia pessoal, não; aí eu diria que não. Algum fruto terá rendido, na relação. Da mesma maneira que a relação do Fernando Henrique com os Clinton, que eram desse clube, digamos, da terceira via, que eram pessoas que vinham de uma extração, digamos, social-democrata. Uma centro-esquerda fazendo políticas ortodoxas.

MS: Isso. Só que a relação com os Estados Unidos era mais densa, Brasil-Estados Unidos, não é? Então, naturalmente...

MG: Sim. Os americanos tiveram e o Clinton teve um papel decisivo na aprovação do pacote de 1998, com o dinheiro do Fundo Monetário, que não teria saído sem isso, não é?

MS: Exatamente. Muito bem. Conta para a gente brevemente seu retorno ao Brasil, por que o gabinete e como é que se dá o processo até sua volta ao trabalho com o Rubens, já na fase posterior.

MG: Sim. O Sérgio Danese, de quem eu sou amigo próximo, era o subchefe de gabinete, assessor político e porta-voz do Lampreia nos três primeiros anos do governo Fernando Henrique. Em certo momento, o Sérgio queria sair e conversou comigo — ele queria ir para Paris, e foi —, e me perguntou se eu aceitaria substituí-lo no gabinete. Eu disse que sim, mas que tinha dúvidas se o Lampreia aceitaria. Porque tinha havido um aborrecimento quando, no final de 1994, eu desisti de Genebra e mudei de ideia e fui para Londres. Ocorre que o Danese e eu nos esquecemos de avisar ao Lampreia que eu tinha mudado de opinião. E o Lampreia justamente foi a Londres, jantou com o Eduardo dos Santos e o Eduardo disse que eu estava indo para lá. O Lampreia, com razão, ficou muito aborrecido, para usar uma expressão mais diplomática do que eu poderia dizer aqui, e ligou para o Sérgio Danese perguntando a ele — porque o Lampreia, quando se zangava, se zangava — se a gente achava que ele era moleque, que ele tinha sabido em Londres que eu não ia mais trabalhar com ele. Então meu prognóstico quanto a ele me querer como assessor direto não era muito favorável. Mas ele aceitou e nós nos tornamos e fomos bons amigos até o fim da vida dele. Então eu voltei. Vim durante o Carnaval de 1998 para o Brasil, assumi na Quarta-Feira de Cinzas, no gabinete do Lampreia, e fiquei no Brasil por exatos três anos, de 22 de fevereiro de 1998 a 22 de fevereiro de 2001, até porque o Lampreia saiu. Nesse período, o Rubens Barbosa foi removido para Washington. Era o que ele queria, então, é dos poucos casos em que não havia problema em pedir Washington. Porque há uma regra não escrita no Itamaraty de que ser embaixador em Washington é algo que não se pede. Mas isso não se aplicava ao Rubens Barbosa. Essa regra de Washington não se pede, tem a ver com o fato de que, sobretudo se for perto de uma transição de governo, o embaixador em Washington tem que ser e ser percebido como alinhado e próximo ao presidente ou, no mínimo, do chanceler. Portanto, no caso do Rubens Barbosa, ele vai para Washington no começo do segundo mandato de Fernando Henrique. Em 1999, não me lembro o mês.

MS: Mais tarde. Em agosto, eu acho.
MG: Mais tarde, não é?

MS: É.
MG: Ele conta naquele livro dele...

MS: Porque o Paulo Tarso demora para sair.
MG: Exatamente. E ele conta naquele livro que o Fernando Henrique o convidou para ir para Washington, ele estava em Londres tomando um drinque num *pub* que fica na Mount Street, ali ao lado da residência. Ele conta esse momento. Então, o Rubens Barbosa queria ir para Washington, sempre deixou isso claro, e pediu Washington. E nesse caso não houve nada de errado, porque ele tinha a proximidade necessária com o presidente, ele queria, e não havia por que ele não ser contemplado com isso. E eu queria servir em Washington. Sempre quis. Eu fiz estágio-prêmio em Washington, porque eu fui o primeiro da minha turma no Rio Branco. Eu sempre quis ser ministro-conselheiro em Washington, não sei por quê. E note que, de modo geral, eu nunca busquei qualquer dos postos que eu tive.

MS: Não é difícil saber por quê.
MG: Eu sempre quis ser ministro-conselheiro, mas eu não sei por quê. Meu sonho, na época em que comecei, em que fiz estágio, não era ser embaixador em Washington; era ser ministro-conselheiro em Washington. Acho que eu sou mais modesto. Portanto, eu queria mesmo ir para Washington. E havia um dado adicional: desde 1996, meus filhos tinham se mudado para Washington com minha ex-mulher. Então, eu tinha um forte motivo adicional. Washington foi, na minha carreira — exceto talvez Assunção, que mais ou

menos eu pedi também —, o único posto que eu pedi diretamente. Nenhum outro posto, nenhuma outra função que eu exerci, eu pedi. Para todos eu fui convidado de surpresa, sem saber antes: Japão, Genebra, secretário-geral, Sain, gabinete do Lampreia, tudo. Menos Washington. Isso eu pedi, e fui. Quando eu cheguei lá, eu era o quarto, de quatro ministros-conselheiros; terminei como o segundo do Rubens Barbosa.

MS: O senhor se lembra quem eram os outros ministros-conselheiros, no momento da chegada?

MG: Sim. Regis Arslanian era o mais antigo; Roberto Jaguaribe, que tinha ido uns meses antes de mim; Paulo Roberto de Almeida; e eu. O Regis saiu logo; o Roberto, em 2003, foi para o MDIC; Paulo Roberto de Almeida ficou um tempo e voltou à Secretaria de Estado; e, no final, eu era o segundo da embaixada, e fui o segundo do Abdenur, o DCM, o *deputy chief of mission*. E assim é que eu fui parar em Washington.

MS: Muito bem. Qual era a sua tarefa, no início da sua gestão, então, em 2001? Em 22 de fevereiro, não é isso?

MG: Em Washington, eu cuidava de assuntos políticos. Quando eu cheguei lá, quem no fundo pilotava o setor político da embaixada era o Julio Bitelli que, se eu não me engano, era primeiro-secretário, que é muito competente, e ele é que tocava. E eu, que tinha sido assessor político do Lampreia, além de porta-voz, fui cuidar da parte política. Eu era o ministro-conselheiro para Assuntos Políticos; o Regis logo saiu; o Roberto era para Assuntos Econômicos e Comerciais.

MS: O Bitelli estava na sua equipe, então?

MG: O Bitelli era da minha equipe. Havia uns cinco ou seis diplomatas trabalhando comigo. Nós fazíamos reuniões diárias. O trabalho político é de diálogo local, de informação e de diálogo com outras embaixadas. Talvez, uma coisa de que eu me lembre do meu trabalho foi tratar com o Tom Shannon, então NSC.

MS: Casa Branca.

MG: Casa Branca. Me lembro de conversar com ele sobre como os americanos poderiam lidar com a então quase certa eleição do Lula — acho que a gente já falou sobre isso —, sobre como eles poderiam conduzir esse momento. Isso eu inclusive me lembro de sugerir a eles — não sei se isso teve algum efeito ou não —, de sugerir que eles fizessem uma visita, mandassem uma delegação falar com o presidente eleito. O que eles fizeram.

MS: Fizeram. Agora, essa sua conversa foi mais tarde. Essa sua conversa é de 2002.
MG: É de 2002, exatamente.

MS: Ou seja, quando o senhor chega a Washington, seu interlocutor em Washington é o John Maisto.
MG: É. E aí houve um episódio relevante da gestão do Rubens Barbosa. O Celso Lafer fez uma visita um pouco depois que eu cheguei a Washington, e depois o Fernando Henrique passou por Washington — se eu não me engano, a caminho de Montreal, onde haveria uma reunião da Alca.

MS: Isso. E que tem aquele encontro com o Bush que é muito ruim.
MG: É. Antes disso, o Rubens Barbosa foi falar com o John Maisto sobre a Alca. E os americanos, no fundo, estavam jogando muito duro conosco e não estavam dando nada para nós continuarmos na Alca. Essa foi uma conversa em que, do lado americano, era o John Maisto, e eu não lembro se havia um *note taker*, e do lado brasileiro era o embaixador e eu, e foi uma das conversas mais duras a que eu assisti em minha carreira diplomática. Porque existe essa mitologia que se criou no governo seguinte, de que o Fernando Henrique tinha se rendido à Alca. Isso não é verdade.

MS: Claro. E já muito documentada.
MG: Já muito documentada.

MS: Não há dúvidas quanto a isso.
MG: E nesse dia o Rubens teve uma conversa duríssima com o Maisto, que não era nenhum Tom Shannon. Era um homem de bem, mas que não tinha nenhum domínio dessa área e que ficou um pouco nervoso. Mas era um nervosismo um pouco frágil. O Rubens Barbosa, ao contrário, não tem fragilidades, é um homem forte. E foi uma conversa fascinante, pela dureza, e que não veio a público. Porque as pessoas não imaginavam que as coisas estivessem se dando, que as conversas com os Estados Unidos estivessem se dando naquele tom de dissonância, e de dissonância muito dura, e de que o Fernando Hen-

rique estivesse peitando os americanos na Alca. Vai na contramão de toda a mitologia que se criou depois.

MS: É plausível dizer que a dureza dessa conversa já é um reflexo do que é a deterioração da relação bilateral, no período Fernando Henrique, com o Bush, que é frio desde o início, e só degringola, até o fim do governo Fernando Henrique?
MG: Eu acho que não. A minha lembrança daquela conversa, e o Rubens poderá corrigir, é de uma conversa focada na questão da Alca e no fato de os americanos, continuadamente, fazerem propostas e repropostas que eles sabiam que eram inaceitáveis para nós e que, portanto, aquilo não tinha como dar certo.

MS: E a dureza foi porque a gente disse a eles que, se continuasse assim, a gente se retrairia?
MG: Sim. Se eu não me engano — porque eu posso estar enganado, mas há um telegrama que relata essa conversa —, era basicamente isso, "assim não dá", mas dito em termos muito duros. E o Maisto tentando, digamos, vir com o argumento americano, mas o Rubens rebatendo. A lembrança que eu tenho dessa conversa, e essa lembrança pode ter sido distorcida pelo passar do tempo, é de uma conversa em que o Brasil dá um recado fortíssimo aos americanos.

MS: Tem esse telegrama e tem também os telegramas, depois, das reuniões entre os presidentes, que estão no arquivo do embaixador Rubens, e uma das coisas que eu sempre fico me perguntando, quando eu olho essa documentação, e queria lhe ouvir a esse respeito, é: o que o senhor acha de um contrafatual, um mundo no qual o Robert Zoellick não ocupasse a função que ocupava? A impressão às vezes que fica é que o Zoellick era o *veto player*, na relação... no sentido de que ele impedia que se destravasse uma situação com o Brasil que poderia ter sido destravada de outra maneira. Mas não sei se é uma interpretação *ex post* minha. Não fica claro na documentação que os interesses americanos impossibilitam avanço. Parece muito mais uma coisa política, muito pontual, muito centrada no Zoellick, que era uma pessoa a qual a Condoleezza Rice, nessas conversas — ela ainda assessora de Segurança Nacional —, sempre passa a bola para o Zoellick e o Zoellick sempre mata. Ali não tem conversa.
MG: Isso eu não tenho como te responder, porque eu não lidava com isso na embaixada. Nem sei por que o Rubens Barbosa me levou nessa conversa,

a mim, e não ao ministro econômico. Talvez pela nossa relação pessoal e porque ele... sei lá, porque ele talvez achasse que eu era bom para escrever o relato, e porque era no contexto de uma visita. Quando houve visitas presidenciais, eu coordenava a parte da negociação das declarações e tal. Então, por alguma razão ele me levou, mas eu não acompanhava esse tema. Não me lembro, não tenho lembrança nenhuma dessa dinâmica, então, não teria como te responder.

MS: Está bom. Outro episódio logo depois é o 11 de setembro...
MG: Sim.

MS: ...e todo o trabalho que o Brasil faz na OEA. O ministro Celso Lafer realiza... Isso teve envolvimento da embaixada, de alguma maneira? Teve algum impacto na vida da embaixada, na sua interlocução com as contrapartes em Washington? Ou isso é uma coisa que veio de Brasília e que foi um evento pontual, digamos? Estou tentando pegar os episódios marcantes do seu período.
MG: Bem, o 11 de setembro foi, é óbvio, marcante para o mundo inteiro. O Rubens Barbosa ia almoçar naquele dia no Pentágono e eu ia com ele. De manhã, se eu não me engano, foi meu irmão, Luís, que servia em Madri, que me avisou que um avião tinha batido em uma das torres. Eu liguei a televisão, vi que tinha acontecido alguma coisa, peguei o carro e comecei a dirigir para a embaixada. Naquele tempo não era proibido falar no celular, e fui eu que avisei ao embaixador que estava acontecendo isso. Ele tentou falar com o Fernando Henrique imediatamente. Não foi fácil. Havia um *overload* das comunicações e eu me lembro que houve uma dificuldade para completar a ligação, que acho que ele fez diretamente para o Fernando Henrique, se eu não me engano, e também para o chanceler. Mas ele ligou diretamente para o Fernando Henrique, isso eu acho que sim. E depois aquilo gerou uma enorme transformação... Eu me lembro de acompanhar as reações iniciais. Primeiro, um governo meio perdido, diante do que tinha acontecido, e o momento, se eu não me engano, em que o Bush consegue se impor. O 11 de setembro acontece a um governo muito fraco, a um governo debilitado, que vinha um pouco aos trancos e barrancos e que não apontava para nenhuma hipótese de reeleição, assim, à primeira vista. E aí o momento marcante de afirmação da liderança do Bush é o discurso que ele fez na Catedral, no dia...

MS: Uma semana depois.

MG: ...no dia 14, se eu não me engano... Esse é um grande discurso, com todos os ex-presidentes presentes. É um discurso muito bem-feito. E aí nós acompanhamos aquilo... quer dizer, a reação... O Rubens, nessa época aí, já tinha uma boa rede de contatos em Washington. E, basicamente, a partir de então, a gente vai vendo os Estados Unidos avançarem para, digamos, Afeganistão, depois Guerra do Iraque e, *mientras tanto*, você tem o processo político acontecendo no Brasil. Então, basicamente, nós tínhamos duas coisas que eram focais para nós: uma é, digamos, acompanhar e ver as implicações disso para o mundo, das respostas dos Estados Unidos ao 11 de setembro e a preparação da guerra no Iraque, que viria depois; e, também depois, ver como a relação ia ficar, numa eleição do Lula, que começava a se prenunciar como dada. Então, você ir fazendo isso. E o Rubens, então já com o acesso mais forte e muitos contatos, passava o dia inteiro operando, quer dizer, se comunicando em Washington, convidando pessoas, falando com o Brasil, trazendo pessoas do Brasil, indo a *think tanks*. Tudo que era evento em *think tanks*, dissesse ou não respeito ao Brasil, oito horas da manhã, lá estava ele. Era incessante. Ele realmente não parava. Ele não tinha esse negócio de sentar na cadeira e... Era uma atividade incessante. Eu devo dizer a você que — e eu ouço isso de pessoas que eram então mais jovens, como o Alexandre Porto, para citar um que trabalhava na minha equipe — as pessoas gostavam de trabalhar com ele. Mesmo que às vezes achassem que pudesse ser, aqui ou ali, mais áspero. Não áspero no sentido de levantar a voz, mas no sentido de ser mais duro na cobrança.

MS: Vida.

MG: Sim, dava mais vida à atividade deles. Dava às pessoas um sentido de que elas estavam fazendo um trabalho importante e de realização. Ele era um grande embaixador. Porque ele era um exemplo. Ele não mandava os outros trabalharem; ele mandava os outros trabalharem para ele trabalhar, numa velocidade ainda maior do que aquela que ele cobrava de qualquer um de seus subordinados. Porque, no fundo, nós éramos 23 ou 24 diplomatas na embaixada, ele ocupava a todos, e tudo que ia para ele ia ser usado. Muita coisa... Em Londres era assim, em Washington, também. Em Londres, mais. Muita coisa era feita para informar gente do Brasil, municiar gente no Brasil, dar ideias a pessoas no Brasil — pessoas em todos os campos, do governo, parlamentares, quem quer que fosse. Então, era um embaixador que realmente era impressionante e que conduziu muito bem a transição para o governo Lula. Você tratou disso historicamente. E se manteve por um bom tempo no governo Lula, um ano e quatro meses, até que sai e é substituído pelo Abdenur, em abril de 2004.

MS: Perfeito. Eu acho que é mais ou menos isso. Tem algum outro episódio ou alguma coisa que o senhor queira acrescentar?

MG: Tem. Eu quero acrescentar um registro, que é o fato de que o Rubens Barbosa me abriu muitas portas, e esse é um dado que eu faço questão de registrar. Eu acho que ele, ao longo da vida e desde cedo, talvez tenha conquistado uma reputação de individualista, de uma pessoa que tinha ambições. E, obviamente, ele tinha e tem e não há nada de errado nisso. Ele queria, tanto quanto possível, ocupar um espaço no qual ele achava que podia contribuir, assumir responsabilidades crescentes. Ele tinha, sim, ambição. Era muito competitivo. Ele é muito competitivo. E, com isso, ele incomodava, sobretudo em um Itamaraty de um outro período, em que o ser competitivo, e mais ostensivamente, não era exatamente parte da regra do jogo, ou da regra faz de conta do jogo. Então, havia certas cerimônias em você ser mais competitivo, ou mesmo em ser mais *workaholic*, ser mais dedicado ao trabalho do que a outras atividades. E aí há duas coisas. Primeiro, o mesmo apetite pela vida que o Rubens tem no trabalho, ele tem fora do trabalho, por atividades de lazer, por atividades de esporte, cultura, por sair de casa, viajar. Eu sempre tive dificuldade de entender como é que o dia do Rubens cabe no dia do Rubens. E não é só o dia profissional. Ele tem uma enorme disposição social, ele e a mulher são muito bem casados, fazem tudo juntos e sempre foram parceiros, e isso tudo eram ativos diplomáticos importantes. A Maria Ignez era um grande ativo na vida do Rubens, diplomática e de sensibilidade política e de energia. Os dois tinham uma energia infindável e eram um casal extraordinário de diplomatas. Então ele tinha, entre as pessoas que tinham outros estilos… A gente tem que se lembrar também que o Itamaraty da geração do Rubens era basicamente uma instituição carioca, e ele, paulistano, era um bicho diferente entre os principais embaixadores. Isso mudou muito, de lá para cá. Acho que hoje em dia o Itamaraty talvez seja mais paulista do que carioca. Acho que é, estatisticamente. Deve ser. Mas naquele tempo era o contrário. Eram outros códigos, era outro mundo. A Maria Ignez vinha desse outro mundo, o Rio de Janeiro e tal. E aí, para chegar… Mas voltando ao registro que quero fazer, o Rubens me abriu muitas portas, a mim e à Ana, tanto em Londres quanto em Washington. Em Londres, eu era conselheiro, eu era o quarto, quando eu cheguei, e depois, o terceiro abaixo dele — havia os dois ministros-conselheiros e um conselheiro mais antigo. Eles tiveram simpatia por nós. Não conheciam nem a mim nem a Ana, e eu tinha me casado com a Ana cinco anos antes. Eles nos convidavam para muita coisa. Não vou dizer tudo, porque não era para tudo; até porque, normalmente, o embaixador chama, para os eventos X, Y, Z, os responsáveis pelos assuntos X, Y, Z, mas ele sempre dava um jeito de nos incluir, por exemplo, em jantares, encontros com pessoas importantes, interessantes, locais e vindas do Brasil. Tanto em Londres como em Washington, vem muita gente importante, interessante, do Brasil, e há muitas pessoas locais importantes e interessantes. Então, para dar um exemplo, o conhecimento que eu tenho, que Ana e eu temos hoje com o presidente Fernando Henrique se deve muito ao Rubens e à Maria Ignez. É verdade que conhecemos o então senador quando eu trabalhava com o Gelson Fonseca, que tinha uma relação com o Fernando Henrique, mas eles nos proporcionaram encontros frequentes com d. Ruth e Fernando Henrique. Faço este registro porque o Rubens sempre fez, comigo e com a Ana, o contrário do que eu acho que as pessoas imaginavam que fosse o estilo dele, que seria, na mitologia adversa, digamos, de ele se preocupar em se projetar, de usar os colaboradores apenas para auxiliá-lo nessa tarefa. A imagem de uma pessoa mais fria e prática. Mas não. Pelo menos na minha experiência com ele, foi o contrário: o Rubens sempre me distinguiu, desde que trabalhei com ele pela primeira vez. Sempre me promoveu — promoveu no sentido lato, não no sentido itamaratiano de promoção —, e nos abriu o convívio e o conhecimento de coisas não profissionais. Nós íamos juntos ao cinema, em Londres e Washington. Eu vi pela primeira vez *Amores perros*, Ana, eu e ele — o grande filme do Alejandro González Iñarritu. Porque ele era incessante, então, domingo à noite, ele tinha energia para sair, ir comer pizza, e nós íamos com ele. Ana e eu não estávamos com as crianças, então, nós tínhamos talvez mais autonomia, também. Mas eu sou muito devedor a ele disso. E mesmo depois que ele se aposentou, ele continuou a fazer isso, até hoje. Até hoje o Rubens Barbosa faz jantares para 30 pessoas em minha homenagem, na casa dele — quando eu fui para Tóquio e quando eu fui para Genebra. Então ele sempre me jogou e me lançou no círculo mais alto que ele podia reunir em torno de um jovem diplomata, digamos, um jovem embaixador, ou o que fosse. Então, realmente, eu sou muito devedor ao Rubens por tudo que ele fez por mim. E eu acho que o Rubens é, sabidamente, reconhecido como um grande embaixador e um servidor público de muita inteligência e que consegue produzir resultados. O Rubens vai fazer 80 anos no ano que vem. Não parece. Ele tem uma energia infindável, continua tendo muito apetite por fazer, por mudar. E ele nunca se intimidou diante da dificuldade em fazer as coisas. O Rubens sempre quis mudar as coisas e fazer coisas diferentemente. E, muitas vezes, essas mudanças não foram possíveis. No mundo, é difícil promover mudança; no Brasil, mais ainda. Nós somos um país com uma inércia extraordinária. Mesmo diante dos problemas mais gritantes e óbvios, a gente não consegue resolver as coisas mais elementares. E o Rubens se frustra com isso, mas nunca desanimou com isso. Os diplomatas, no mundo todo, tendem a ser vistos como seres mais irônicos. A imagem mais caricatural do intelecto dos integrantes do Itamaraty, dos diplomatas de modo geral, tem um traço de forte ironia, de um certo distanciamento. O Rubens, é claro, tem a picardia dele, a inteligência dele, percebe tudo, mas, no fundo, essas coisas, ele punha em segundo plano; o essencial era resultado.

MS: Trabalhar.

MG: Sempre trabalho. E não trabalhar em benefício próprio; trabalhar pelas coisas em que ele acreditava, que ele tinha que mudar, fazer. E ele continua, no fundo, a ser isso. Ele não mudou. Foi um grande embaixador, um grande diplomata. Acho que o passar do tempo fez com que a realidade se tenha aproximado do que ele sempre foi. O Brasil foi mudando, o Itamaraty foi mudando e se aproximando mais, no fundo, eu acho, do que o Itamaraty tem que ser. E eu acredito que o Brasil de hoje e o Itamaraty de hoje são mais parecidos e precisam mais, e sabem que precisam, de um Rubens Barbosa — que como todos... temos limitações, temos defeitos —, do que a geração que entrou no Itamaraty nos anos 1950 e 1960 achava que sabia. Havia uma resistência, talvez, a colegas cuja vida fosse organizada da maneira que a vida do Rubens era organizada, e estruturada e priorizada. Nesse sentido, o Rubens foi um homem do seu tempo, quando ele chegou ao topo: foi um grande embaixador em Washington, um grande embaixador em Londres e um subsecretário econômico brutalmente incansável, com sua energia inacreditável, quando ele volta de Montevidéu no início nos anos noventa; que também é uma parte importante da vida dele.

MS: Sim.

MG: Muito importante. O papel dele no Mercosul, tudo isso é muito importante. O Rubens, no fundo, é o embaixador de hoje. E talvez não fosse, em 1960, o itamaratiano típico — o típico "itamarateca", na terminologia de nossos críticos mais venenosos — dos anos 1960 e, sobretudo, dos anos 1970 e 1980, quando essa geração, a geração dele, vai subindo até chegar ao comando do Itamaraty.

MS: Excelente! Uau! Que depoimento!

[Fim do depoimento]

Depoimento prestado a Matias Spektor, Centro de Pesquisa e Documentação de História Contemporânea do Brasil (CPDOC) da Fundação Getulio Vargas, em 22 de setembro de 2017.

Ministro Paulo Roberto de Almeida

"Você é um *accident-prone diplomat*"
Minhas interações com o embaixador Rubens Antonio Barbosa

A frase destacada no título foi pronunciada em Washington, pelo embaixador Rubens Antonio Barbosa, em algum momento do ano de 2001; concordo inteiramente com ela e, de certa forma, dela me orgulho, pois ela expressa, com rara felicidade, minha atitude na diplomacia e, talvez, na própria vida.

Creio que o embaixador Rubens Antonio Barbosa captou, com total percuciência, um traço de meu caráter, responsável tanto pela minha trajetória profissional e acadêmica quanto por alguns "acidentes de trabalho" ao longo de uma carreira a que ele não esteve alheio, muito pelo contrário. Mas a frase em questão foi dita em meio a uma interação profissional que durou várias décadas, ou seja, quase toda minha carreira ativa no serviço diplomático, e ela talvez esteja na origem da trajetória ulterior, de encerramento parcial da cooperação ativa, quando Rubens Barbosa decidiu se aposentar.

Gênese

Conheci o então jovem conselheiro Rubens Antonio Barbosa ainda antes de ingressar na carreira, em outubro de 1977, mas por puro acaso e sem que eu sequer tivesse me movimentado para tanto, posto que não tinha certeza, então, de conseguir entrar na diplomacia.

O fato é que, um belo dia, sem que eu soubesse a razão ou a origem, alguém do Rio Branco pediu que eu fosse ver o conselheiro Rubens Barbosa, na Divisão de Europa Oriental, a DE-II, no terceiro andar do Anexo I do Palácio do Itamaraty. Cheguei ainda em meio às provas e sem saber exatamente por que eu tinha sido chamado, posto que não conhecia absolutamente ninguém na carreira ou na Casa.

Desajeitado e meio confuso, apresentei-me na DE-II e fui imediatamente recebido pelo jovem e desconhecido conselheiro. Sem maiores rodeios, ele me convidou para trabalhar com ele, ou melhor, naquela Divisão, anunciando que eu passaria a cuidar dos temas comerciais e econômicos relativos a um projeto recém-começado, de análise e diagnóstico do comércio do Brasil com os países do Leste Europeu — ou seja, todos os Estados da esfera soviética, inclusive a própria — e de proposições para a ampliação desses fluxos de comércio. A DE-II era a única divisão política que também fazia promoção comercial, dadas as outras peculiaridades do comércio com o Leste Europeu, quase todo ele estatizado. Eu até teria, sob o meu comando, economistas contratados no quadro desse projeto — financiado pela Secretaria do Planejamento — para atingir os objetivos propostos, quais sejam, a ampliação e diversificação do comércio com os países do Leste Europeu.

Fiquei surpreso pelo convite, quando eu tinha dúvidas sinceras de que conseguiria ingressar na carreira pela via direta. Algum tempo depois, eu soube a origem do convite: o "professor" que corrigiu a prova de economia, feita no dia anterior, o conselheiro Carlos Eduardo Paes de Carvalho, era vizinho de Rubens Antonio Barbosa e casado com a irmã de sua esposa, Maria Ignez Côrrea da Costa Barbosa. Ele obviamente alertou o Rubens Barbosa de que havia um candidato especialmente competente em economia, o que gerou, então, aquele convite imediato. Eu só deveria tomar posse em 1º de dezembro de 1977, quando também deveria escolher a minha divisão, passando a trabalhar imediatamente. Pela minha classificação no concurso direto — o segundo lugar me dava direito a um prêmio vinculado a essa qualificação —, eu poderia escolher praticamente qualquer divisão que quisesse, inclusive as de maior prestígio (isto é, com viagens), que normalmente eram a DNU (Nações Unidas) e a DPC (política comercial, ou seja, Gatt e todo o resto). O que eu não previa era receber, ainda em São Paulo, um telefonema do conselheiro Rubens Barbosa pedindo-me não só para aceitar trabalhar na DE-II (uma divisão não exatamente requisitada pelos novos diplomatas, dispondo de tanto charme quanto um sapato soviético), como também para antecipar-me ao calendário oficial e ir mais cedo para Brasília, de fato para começar a trabalhar imediatamente. Como se vê, o conselheiro estava ansioso para me fazer trabalhar, o que era um indicativo de que queria fazer da até então obscura DE-II — já que cuidando de países não exatamente apreciados pelo regime militar — um verdadeiro "departamento de promoção comercial", a exemplo daquele sob o comando de uma das "estrelas montantes" do Itamaraty, o ministro Paulo Tarso Flecha de Lima.

Cercado assim pelo conselheiro, fui sutilmente constrangido a aceitar o convite, do qual, aliás, eu nunca vim a me arrepender, a despeito de ter ido, justamente, para uma divisão sem o charme habitual das "grandes divisões" do Itamaraty. Com muitas dúvidas a respeito de meu futuro imediato, viajei a Brasília sem saber exatamente o que eu iria fazer...

No dia 1º de dezembro de 1977, estávamos os 13 membros daquele pequeno exército brancaleônico alinhados na Divisão do Pessoal, aguardando que o conselheiro Sergio Duarte, chefe da DP, nos desse posse e lotação. O chefe da DP, que nos listou as vagas disponíveis na Secretaria de Estado, chamou o primeiro da turma, que não hesitou um momento: DPC. Em seguida, se virou para mim: "Secretário Paulo Roberto de Almeida, qual a sua preferência?".

Olhei para ele e disse: "DE-II". Ele franziu os sobrolhos — como se dizia nos livros de antigamente — e me interrogou novamente: "Qual a sua escolha?" Eu repeti: "DE-II". Ele então adotou um tom paternalista e tentou me explicar: "Você não entendeu: eu ainda tenho uma vaga na DPC e duas na DNU; você pode escolher o que você quiser". Repeti, pela terceira vez: "DE--II". Todos me olharam como se eu fosse um ser bizarro, diretamente saído de outro planeta, como se pensassem: "Esse cara deve ser maluco, tanta divisão boa e ele fica logo com a DE-II?!". Mas ela foi decisiva no meu itinerário ulterior, e provavelmente durante os 30 anos seguintes da minha carreira.

Ritos de passagem

O primeiro expediente que apresentei ao conselheiro Rubens Barbosa — um telegrama para um dos postos que estavam sob minha responsabilidade, Polônia ou Iugoslávia, já não me recordo — estava redigido em linguagem "civil", em total desconformidade com a redação profissional, que, aliás, eu ainda não tinha aprendido. O conselheiro foi compreensivo, e me ensinou as primeiras letras, o "bê-á-bá" da redação diplomática (embora eu acredite não ter jamais incorporado todos os trejeitos redacionais da Casa).

De hábito, ele era muito exigente, consigo mesmo e com os subordinados, e pouco paciente com os "lentos": seu foco exclusivo era o trabalho, não apenas o trabalho burocrático, normal, costumeiro, mas aquilo que os marxistas chamam de "sobretrabalho", a mais-valia a ser extraída do trabalho duro e dedicado.

Embora determinativo, o conselheiro Rubens Barbosa gostava de ouvir, desde que os argumentos fossem razoáveis e ponderados, sem aquilo que habitualmente se chama de "enrolação". Ele queria resultados, sem se importar muito com os meios, ou os instrumentos para chegar a algum resultado. Creio que foi isso que me fez apreciar o estilo do conselheiro: o foco no trabalho, a despreocupação com os formalismos e maneirismos dos demais diplomatas, apenas produção e resultados.

O conselheiro apreciou meu resumo sobre o papel político da Igreja Católica no leste europeu e, em especial, sobre seu papel decisivo na história da Polônia comunista, no momento em que um cardeal polonês era eleito papa. Comecei bem: meu *memorandum* parece ter sido apreciado; lamento não ter guardado cópia em meus registros pessoais, na verdade organizados bem depois.

O conselheiro era um grande trabalhador e, toda noite, era um dos últimos a sair, carregando várias pastas embaixo do braço; no dia seguinte, às nove horas, já estava no trabalho com todos os expedientes processados, corrigidos, aumentados. Ele então começava a fazer o que sempre fez: distribuir mais trabalho a cada um de nós — um punhado de terceiros secretários, quatro ou cinco, e um ou dois primeiros secretários. O conselheiro talvez apreciasse meu estilo anarco-marxista, contestador mas trabalhador, e o fato é que eu fiquei bem, muito bem, na "irrelevante" DE-II.

Tão bem que acabei namorando e, depois, casando na DE-II, graças a um complô do conselheiro, que me colocou para trabalhar com a menina mais inteligente e bonita de toda a tropa de economistas. Carmen Lícia estava, teoricamente, sob a minha "chefia" (seja lá o que isso queria dizer), mas ela ganhava praticamente o dobro do que eu ganhava (bem, ela era economista; eu, um simples diplomata).

Nova República, novos tempos, velhas relações

Na volta de meus dois primeiros postos, meu primeiro chefe, depois ministro de segunda classe, já tinha sido promovido a embaixador. O embaixador Rubens Barbosa convidou-me, pouco antes da posse do presidente eleito Tancredo Neves, a trabalhar com ele na então SRC, Secretaria de Relações com o Congresso, a ponte entre o Itamaraty e o Poder Legislativo. A partir do governo de José Sarney, o ministro Olavo Setúbal convidou o embaixador Rubens Barbosa para a chefia de seu gabinete. Menos de um ano depois, doutor Olavo deixou o Itamaraty para sua aventura político-eleitoreira, com o que o embaixador Rubens Barbosa perdeu seu cargo no gabinete: quase que ele fica numa difícil situação, a se deslanchar uma dessas batalhas clânicas de que são pródigas as burocracias introvertidas, como é o caso do Itamaraty. Antes de deixar o ministério, e se desvincular do governo para ingressar na arena política, Olavo Setúbal nomeou o embaixador Rubens Barbosa como chefe da administração, o cargo provavelmente mais poderoso entre as várias funções dos estamentos funcionais do Itamaraty, imediatamente após o de secretário-geral da Casa, então exercido pelo poderoso embaixador Paulo Tarso Flecha de Lima. A primeira medida de Paulo Tarso foi demitir sumariamente Rubens Barbosa desse cargo, uma vez que era notória a competição — alguns diriam animosidade, ou até hostilidade — entre ambos. Ainda antes de se encerrar 1985, o s.g. o transferiu para uma outra subsecretaria, a de Assuntos Multilaterais.

Pouco tempo depois, ele me mandou chamar da Secretaria de Relações com o Congresso para trabalhar em seu gabinete da Sgam, o que eu teria aceito com prazer e imediatamente, se colegas não tivessem iniciado uma campanha de "terrorismo funcional" contra essa aceitação. Tranquilizado a respeito dessa aceitação, passei então a trabalhar, pela terceira vez, com Rubens Barbosa, em meio a certo ambiente de tensão em virtude, justamente, dessa mais propalada do que real disputa de poder entre dois embaixadores poderosos da Casa.

Foram meses de intenso trabalho durante todo o ano de 1986, como sempre ocorreu com Rubens Barbosa, um homem que conseguia resolver os mais diversos assuntos rapidamente, dominando, literalmente, dossiês totalmente novos da noite para o dia. Ele sempre partia para casa em horários já avançados (mesmo para os padrões do Itamaraty) sobraçando vários maços para dar continuidade ao trabalho noite adentro, e voltava na manhã seguinte, já com os diversos assuntos digeridos e instruções precisas para cada um dos assessores diretos e para os chefes dos respectivos departamentos e divisões da área política multilateral.

Mudança de planos, alteração de situação, um intervalo na cooperação

Pois foi nesse clima de instabilidade quase caótica que o embaixador Rubens Barbosa me despachou na frente, em fevereiro de 1987, para adiantar os trabalhos de instalação da nova representação em Genebra, antes que ele chegasse para cuidar de encontrar uma residência oficial e outras providências do gênero. Estava eu, portanto, cuidando da minha própria instalação na cidade, quando a notícia bombástica chegou por telefonema do próprio: com o agravamento da doença do então ministro da Fazenda, Dilson Funaro — o segundo da administração Sarney, depois de seis meses do indicado por Tancredo, Francisco Dornelles, seu próprio sobrinho, até 1985 um funcionário da Receita Federal —, o presidente resolveu designar um socialdemocrata heterodoxo, o administrador e professor paulista Luiz Carlos Bresser-Pereira, como novo chefe das finanças do país, tendo este convidado o embaixador Rubens Barbosa para ser o seu secretário de Assuntos Internacionais.

Para surpresa, talvez sorte, do embaixador Rubens Barbosa, seu novo chefe não durou muito na cadeira de ministro econômico, pois depois de mais um plano de estabilização fracassado e de uma tentativa de renegociação da dívida brasileira com base num desconto do valor face dos títulos (proposta recebida com um *non starter* pelo secretário americano do Tesouro), Bresser-Pereira acabou sendo substituído no governo, com o que se encerrou a carreira de assessor financeiro internacional do meu ex e novamente futuro chefe. Depois de aguardar alguns poucos meses para sua nomeação para um novo posto, o embaixador Rubens Barbosa foi designado chefe da delegação brasileira junto à Aladi, em Montevidéu. Assim que sua designação foi confirmada, ele me telefonou para novamente me convidar a segui-lo no novo posto, mas desta vez recusei partir de imediato: em Genebra eu tinha acabado de ser transferido de uma delegação para outra, ao ter sido removido o embaixador Rubens Ricupero para servir como chefe da "grande" delegação junto aos organismos econômicos ali sediados.

Ao final da estada, em 1989, ainda fomos brindados com a chegada de nossa filha, Maíra, logo embarcada aos seis meses, aí sim, para o novo posto, desta vez Montevidéu, para atender ao convite feito bem antes pelo embaixador Rubens Barbosa.

Montevidéu: uma pequena, mas igualmente frutífera estada

Na Aladi, a defesa dos interesses da "grande potência" regional se dava frequentemente como representante alterno do Brasil, uma vez que o embaixador Barbosa podia estar viajando a serviço, ou exercendo a própria chefia do

Conselho de Representantes da organização de integração, o que representou não só um aprendizado de minha parte, junto a delegados mais experientes, alguns até provenientes da velha Alalc, mas também uma nova oportunidade de exercer meus talentos como "negociador", ou como "representante oficial" do Brasil numa entidade multilateral regional.

O embaixador Rubens Barbosa mantinha em Montevidéu o mesmo ritmo intenso de trabalho, propriamente stakhanovista, a que eu já estava acostumado desde as vezes anteriores: não apenas o atendimento completo de todas as instruções de Brasília, assim como a cobrança a Brasília de respostas a nossos próprios telegramas e, mais importante, a elaboração de uma agenda suplementar de trabalho, para o Brasil e para a própria Aladi, ou seja, criando novas frentes de trabalho para todos nós, da delegação, e para os burocratas da Secretaria da Aladi, que talvez não estivessem acostumados com todas aquelas demandas de informação e de elaboração de estudos sobre os mais diferentes aspectos da integração regional. Não contente com o mourejar incessante da delegação e da Aladi, ele ainda encontrava tempo, energia e disposição para se lançar em novas iniciativas, seja de trabalho, seja mesmo de contatos intensos com a elite local, a começar pelo próprio presidente uruguaio. Suponho que essas incursões no relacionamento social e político local suscitassem restrições ou comentários ferinos por parte da embaixada bilateral, o que realmente nunca me incomodou, e tampouco parece ter tido qualquer efeito no "representante" junto à Aladi: as recepções e convites na residência oficial se sucediam, assim como convites para falar ou participar de eventos propriamente "nacionais" no Uruguai, não apenas aqueles estritamente no âmbito comercial ou multilateral.

Não durou muito a aventura uruguaia: um ano e meio para mim, um pouco mais para Rubens Barbosa. Já em meados de 1991 o presidente Collor, pressionado pelas novas demandas de trabalho em consequência das próprias iniciativas de "aprendiz de feiticeiro" que iniciou em sua curta e tumultuada gestão, criava uma Secretaria Especial de Integração, para cuidar do Mercosul, com o que o Itamaraty corria o risco de perder o controle do mais importante projeto político-estratégico em curso. Mas o presidente deve tê-lo feito apenas para tirar um ministro rejeitado pela sua clientela universitária: o da Educação, tornado repentinamente "coordenador" do processo de integração, a despeito de o próprio Tratado de Assunção designar os ministros de Relações Exteriores e de Economia como os titulares do Conselho do bloco. Ato imediato, o chanceler Francisco Rezek criou um "Departamento da Integração", para cuja chefia foi convidado Rubens Barbosa; ele partiu imediatamente para assumir as novas funções em Brasília, mesmo com residência ainda montada em Montevidéu.

O novo departamento teria duas divisões, uma do Mercosul propriamente dito e outra dos demais assuntos da Aladi; recebi, obviamente, um convite para associar-me à nova aventura, no seu gabinete, o que aceitei imediatamente.

Rubens Barbosa também voltou ao posto, no intervalo, para as despedidas de praxe e a mudança de volta ao Brasil. Com o que ambos, entre o final de 1991 e o início de 1992, demos início a uma etapa de uma colaboração que já vinha tornando-se um hábito. De Montevidéu trouxemos não apenas o aprendizado e a experiência nessa nova agenda da política comercial externa do Brasil, mas o conhecimento prático para nossos dois primeiros livros publicados por uma editora comercial do setor: a Aduaneiras. Rubens Barbosa estava dando os retoques finais ao seu livro sobre a Aladi e a integração latino-americana, e eu ainda pensava aproveitar todos os materiais que havia preparado e escrito em Montevidéu para preparar um livro sobre o Mercosul, que só foi publicado às vésperas de partir novamente do Brasil, em 1993.

O Brasil do impeachment, em 1992: um ritmo alucinante de trabalhos

O ano e meio que passei trabalhando com o embaixador Rubens Barbosa em Brasília, do início de 1992 a meados de 1993, foi dos mais intensos e produtivos de minha carreira diplomática, graças, sobretudo, à imensa capacidade do chefe em mobilizar funcionários, recursos e iniciativas para tornar a rotina burocrática da Secretaria de Estado um turbilhão de atividades inovadoras nas mais diversas vertentes do trabalho diplomático. Pude colaborar, no limite de minha capacidade, em quase todas as novas iniciativas de Rubens Barbosa, mas o seu ritmo alucinante de trabalho aproximou-se várias vezes da exaustão, por começar cedo, terminar tarde e prolongar-se nas horas vagas e nos fins de semana.

Os fins sempre são mais importantes do que os meios, mas sem a necessária coordenação e ativação dos meios, o que foi provido justamente pela produtividade do chefe, teria sido impossível cumprir uma agenda impressionante de trabalho nesse curto espaço de tempo. Cabe registrar, em primeiro lugar, a ascensão fulgurante de Rubens Barbosa, de "simples" chefe de departamento, o DIN, a subsecretário-geral de toda a área econômica, passando pela elevação do departamento a subsecretaria setorial (integração), depois cobrindo toda a área econômica multilateral (ou seja, as negociações comerciais multilaterais, inclusive).

O Itamaraty, graças sobretudo à ação enérgica do embaixador Rubens Barbosa, conseguiu recuperar o protagonismo no terreno da integração, que parecia um momento ameaçado pela criação de uma "Secretaria Especial" atribuída a um ministro caído em desgraça. Barbosa deu imediatamente a partida a um conjunto impressionante de atividades, a maior parte delas vinculada às muitas tarefas que deveria cumprir o Mercosul em sua fase de transição, para o que seria, supostamente, um mercado comum, a ser instalado em menos de quatro anos. Eu, consoante minhas vantagens comparativas, fiquei encarregado da área de "informação", o que compreendia, antes de mais nada, uma base de dados, se possível aberta, voltada para o registro e a disseminação de todos os atos oficiais do novo bloco, inclusive os muitos relatórios de seus grupos de trabalho. Nessa conjuntura, a Secretaria Administrativa do Mercosul, instalada precariamente em Montevidéu, não possuía condições mínimas de operar adequadamente, até por falta de material e de pessoal.

Graças ao empenho de Rubens Barbosa, na mobilização dos meios e condições de trabalho, sobretudo na "captura" de pessoal de apoio (de outras áreas, sob a alegação, legítima, de que o processo de integração era prioritário), pudemos criar as condições para o desempenho mais que satisfatório do departamento, que logo virou SGIN e, mais adiante, SGIE, ao "açambarcar" toda a área econômica (sempre em função do extraordinário dinamismo do condutor e operador principal).

Assumindo plenamente minhas atividades em Brasília, no início do ano seguinte, minha primeira providência foi criar um *Boletim de Integração Latino-Americano* (Bila), que existiu enquanto eu pude impulsioná-lo pessoalmente, ao lado, pouco adiante, do *Boletim de Diplomacia Econômica*, que já existia no âmbito de outro projeto do MRE (e que também foi incorporado aos domínios imperiais do embaixador Rubens Barbosa).

A lista de tarefas levou o Mercosul à adoção, logo no segundo semestre de 1992, do chamado "cronograma de Las Lenãs", que nos deveria levar do purgatório ao paraíso, mas que na prática ficou sempre aquém do que recomendavam tanto a "teoria da integração" quanto as necessidades práticas dessas medidas para influenciar, facilitar, modernizar e integrar os agentes econômicos em cada um dos países-membros à região e ao mundo.

Rubens Barbosa conseguiu imprimir um ritmo impressionante aos diversos grupos de trabalho tratando de integração: participava plenamente do Grupo Mercado Comum, como "diretor executivo" pelo Brasil, que era a instância que realmente respondia pelas decisões do Conselho do Mercosul, ou seja, os ministros de Relações Exteriores e de Economia, e estava o tempo todo circulando no Brasil e pelas outras três capitais do bloco. Se não fosse pelo seu extraordinário dinamismo, sem mencionar o vigor físico ao pular de um encontro a outro, de reunião em reunião, numa jornada de trabalho que devia perfazer 12 ou 14 horas diárias, a fase de transição do Mercosul não teria sido o êxito que foi nos anos de 1992 a 1994, um período de mudanças dramáticas no Brasil.

Um dos primeiros textos que preparei para o embaixador Rubens Barbosa na era Itamar Franco referia-se justamente ao processo de reforma tarifária então em curso, que o vice-presidente no exercício da presidência — talvez instigado por setores protecionistas da indústria — pretendia delongar, ou em todo caso revisar, por achar que o Brasil poderia estar cedendo a padrões mais exigentes de liberalização. Por uma pequena nota — que não sei se foi ou não convertida em Informação ao PR —, fiz ver que o "refreamento" da reforma desejada por Itamar significaria renunciar à construção do Mercosul, pois a TEC programada iria refletir exatamente a pauta aduaneira do Brasil, a ser diluída naquela. A volta atrás da tarifa não veio mais à tona.

Nesses anos dinâmicos da chefia Barbosa em conexão com a participação brasileira no processo de integração sub-regional, minha interação com ele, e com sua esfera de atividades no Itamaraty, se deu sobretudo ao nível dos debates públicos e da informação sobre o processo; de maneira geral, uma ação tanto dirigida para dentro — ou seja, a constituição tentativa de uma abrangente base de dados eletrônica para uso dos negociadores brasileiros — quanto para fora — ou seja, a informação sobre os avanços do Mercosul para a sociedade em geral, o que era parcialmente feito através do boletim por mim editado, o Bila, e que eu pretendia ampliar para a esfera cibernética, ainda numa fase muito preliminar.

O que eu mais fazia, na verdade, era atender a demandas diversas que surgiam de todos os lados — de entidades empresariais, de instituições acadêmicas, associações de classe, jornalistas etc. — tanto para o embaixador Rubens Barbosa, em cuja intenção eu podia, eventualmente, preparar textos de apoio, quanto para mim mesmo, uma vez que também tinha de atender pedidos de informação, ou de palestras, geralmente no quadro de seminários de cunho acadêmico. Nesse período, fiz, a pedido de Barbosa, ou demandas externas, diversas viagens pelo Brasil, quase sempre com o objetivo de informar, explicar, esclarecer como estava sendo implementado o Mercosul.

O primeiro chanceler a ser designado por Itamar, num governo de ampla coalizão, foi o senador do PSDB paulista Fernando Henrique Cardoso, que já tinha sido cogitado para servir na mesma posição na primeira recomposição do governo Collor, e obstado de fazê-lo por reação contrária de líderes de seu partido. A despeito da expectativa de que Rubens Barbosa — em vista de suas conexões com o PSDB paulista, notadamente com o ex-governador Franco Montoro — pudesse assumir a Secretaria-Geral do MRE, a pedido do presidente Itamar Franco, o escolhido foi o embaixador Luiz Felipe Lampreia. A gestão FHC no Itamaraty durou menos de um ano, mas foi extremamente produtiva, com propostas de mudanças na política externa e de reformas na própria diplomacia. A "área" administrada pelo embaixador Barbosa continuou a se expandir, em temas e responsabilidades, e com isso novos assessores foram sendo incorporados à sua subsecretaria, e eu me tornei um entre vários outros.

Embaixador em Londres

Nessa altura, 1994, FHC, então ministro da Fazenda, influiu para que Rubens Barbosa fosse designado como o novo embaixador do Brasil junto à Corte de St. James, onde já servira como secretário da embaixada e cônsul adjunto, depois de seu casamento com Maria Ignez, filha do embaixador Sérgio Côrrea da Costa e neta de Oswaldo Aranha. De Paris, onde servia, me mantive permanentemente atento às suas muitas iniciativas como embaixador em Londres, sobretudo as de caráter acadêmico, como a criação de um Centro de Estudos Brasileiros junto à Universidade de Oxford, sob a liderança de Leslie Bethell, o brasilianista britânico — especialista em temas da escravidão — editor da grandiosa coleção de estudos reunidos na *Cambridge history of Latin America*. O CEB-Oxford foi um empreendimento meritório a todos os títulos, infelizmente descontinuado mais adiante, pela falta de apoio por parte da chancelaria brasileira durante o governo dos companheiros.

O período em que Rubens Barbosa esteve em Londres correspondeu ao patético governo liderado por John Major, e ao início do governo Tony Blair, o líder que conseguiu arrancar o Labour da sua camisa de força marxista e colocá-lo numa nova trajetória (o New Labour), que pouco distinguiu suas políticas daquelas seguidas efetivamente pela neoliberal Margaret Thatcher. Junto com o presidente americano Bill Clinton e líderes moderados da esquerda europeia, Tony Blair foi um dos animadores da chamada Terceira Via, uma espécie de social-democracia conciliada com a globalização, à qual o presidente FHC também passou a estar associado. Mais importante que isso, Rubens Barbosa assistiu aos efeitos devastadores que as crises financeiras do final dos anos 1990 tiveram sobre países emergentes na Ásia e na América Latina (inclusive o próprio Brasil), mas também no próprio centro, com reflexos nas políticas econômicas.

Embaixador em Washington

Pouco depois, no final do primeiro semestre de 1999, o embaixador Rubens Barbosa passava por Brasília para submeter-se a nova sabatina no Senado, desta vez para assumir a embaixada em Washington, após quatro anos em Londres; convidou-me para assumir o cargo de ministro-conselheiro naquela missão. Foi Carmen Lícia quem me convenceu que eu deveria aceitar, o que fiz numa segunda ou terceira consulta (telefônica) feita por Rubens Barbosa em sua transição entre uma e outra capital.

Mas, antes mesmo de partir para Washington, eu já sugeria a Rubens Barbosa uma iniciativa que correspondia inteiramente a minhas afinidades intelectuais, e secreto desejo acadêmico: a de reunir na Embaixada os mais importantes brasilianistas americanos, para efetuar uma espécie de balanço de sua produção intelectual, que eu já seguia pelos livros e pela produção em periódicos desde muitos anos.

Quase imediatamente depois de chegar, recebíamos na Embaixada uma massa respeitável de velhos e novos brasilianistas, e vários coordenadores de centros de estudos latino-americanos de grandes universidades americanas, com o objetivo de debater o estado da arte dos estudos brasileiros nesses centros de pesquisa e estudos.

Aproveitei, então, para propor meu projeto, o de se efetuar uma avaliação crítica da produção acumulada nas últimas décadas, uma vez que os brasilianistas tinham participado da própria formação e consolidação da área de ciências sociais e humanidades no Brasil, nos anos 1950 e 1960, e já tínhamos feito, portanto, nossa "substituição de importações" no limiar do novo milênio. A proposta foi bem acolhida por eles; levada adiante pelo embaixador Barbosa, que me alocou alguns recursos ("desviados" de um antigo projeto financiado pelo BID voltado para a modernização do MRE, e que ele direcionou para "pesquisas" nos EUA); esses poucos recursos me serviram para convidar participantes selecionados e financiar duas reuniões de trabalho destinadas a examinar os ensaios produzidos e prepará-los para edição e publicação.

A edição brasileira foi rapidamente preparada, saindo já em 2002: *O Brasil dos brasilianistas* (Paz e Terra), e a americana, *Envisaging Brazil*, foi publicada em 2005 pela Universidade do Wisconsin, com maior cuidado de revisão.

Outro projeto, para o qual pude igualmente contar com o apoio do embaixador Barbosa, foi a tentativa de copiar a documentação diplomática americana sobre o Brasil, ademais de outras fontes originais de papéis sobre o Brasil, muitos deles coletados na Oliveira Lima Library, junto à Catholic University of America. Não contando com o apoio financeiro da Sere para a cópia da documentação depositada nos National Archives, consegui, pelo menos, 20 mil dólares junto à Fundação Vitae, animada pelo bibliófilo José Mindlin, o que me permitiu reunir um pequeno grupo de estagiários na embaixada, e um historiador brasileiro, Francisco Rogido, para compor um *Guia dos arquivos americanos sobre o Brasil*, alguns anos depois publicado pela Funag. Fizemos alguns seminários tópicos sobre temas de interesse bilateral, em parceria com entidades americanas do universo dos *think tanks*, que são bastante influentes no *policy making* americano; o último dos seminários por mim organizado resultou num livro sobre as relações entre o Brasil e os Estados Unidos, publicado no Brasil em 2005.

O embaixador Barbosa, como sempre, foi especialmente ativo, incansável nas propostas tendentes a realçar o papel do Brasil no mapa político de Washington, atuando em todas as frentes abertas a um representante alerta e empreendedor como ele: a das comunicações locais e em direção do Brasil, a das relações com o Congresso, a das relações com os meios de negócios e também (que eu seguia particularmente) a da criação de espaços e de centros de estudos sobre o Brasil junto às universidades americanas. Ele conseguiu, com financiamento empresarial, criar um centro junto à Georgetown University, em Washington, e outro na Columbia, em Nova York, que foi inicialmente dirigida pelo conhecido economista brasilianista Albert Fishlow. Junto a outra grande universidade da capital americana, a George Washington, já funcionava, desde muitos anos, o programa Minerva, criado pelo diplomata e economista — mestre em economia pela GWU em 1947 — Roberto Campos, e que todo ano trazia um pequeno grupo de quadros da burocracia pública e das estatais brasileiras para um curso rápido em administração e finanças como forma de capacitá-los a melhor servir o processo brasileiro de desenvolvimento. A cooperação com outras entidades acadêmicas e as fundações existentes em Washington era conduzida de forma tópica e seletiva.

Aqui entra, finalmente, uma explicação para o título deste depoimento, pois a frase foi dita, como é óbvio, pelo embaixador Rubens Barbosa, ao enfrentar eu a segunda ou terceira "censura" da Secretaria de Estado, por artigos ou entrevistas que eu concedi enquanto em Washington.

A revista *Veja* contatou-me para uma entrevista para as Páginas Amarelas (http://diplomatizzando.blogspot.com.br/2016/02/uma-entrevista-normal-pela-qual-o.html). A entrevista foi feita, e causou certo impacto no Itamaraty, mas, a despeito do fato de que nenhum dos meus argumentos — sobre políticas comerciais, sobre o protecionismo dos mais ricos, sobre o comércio internacional em geral — confrontava ou desmentia qualquer posição do governo brasileiro ou do próprio Itamaraty, a Sere resolveu me "punir", nessa fase apenas alertando que existia a famigerada "lei da mordaça" — uma circular requerendo autorização prévia de Brasília para qualquer tipo de expressão ou manifestação pública por parte dos diplomatas. Considerei a censura injusta, mas concordei em que o embaixador Barbosa deveria responder claramente à consulta da Sere, dizendo que eu não o havia consultado, ou sequer previamente informado, sobre essa entrevista.

A segunda foi mais contundente. No final de janeiro de 2002, deveria ocorrer mais um daqueles circos anuais dos antiglobalizadores, o Fórum Social Mundial, em Porto Alegre, capital do PT e do "orçamento participativo", com o desfile habitual de altermundialistas de todas as partes do mundo. Provocativamente, eu mencionei o comparecimento no evento de vários ministros socialistas franceses, e escrevi — e publiquei vários dias antes da realização do evento — o que exatamente eles iriam falar no Fórum e quais seriam os resultados esperados: condenação do capitalismo selvagem, da globalização assimétrica, das desigualdades sociais, das iniquidades de gênero, da destruição do meio ambiente pela economia desregulada e coisas desse tipo.

Foi nessa conjuntura que o embaixador Rubens Barbosa, me chamando ao seu gabinete para me mostrar o telegrama de admoestação — desta vez com palavras mais diretas — e novamente censurar-me por essa nova incursão na "contravenção", pronunciou as palavras que figuram no título deste ensaio-depoimento. O fato de eu ser um diplomata propenso aos "acidentes de percurso" não diminuía em nada minhas outras utilidades no plano funcional, quais sejam, as habilidades na escrita, na elaboração de *papers* e outros elementos úteis na cooperação intelectual com os Estados Unidos. Barbosa voltou a repetir o que já me havia dito, alguns anos antes, quanto à estrita separação entre minhas obrigações funcionais e minhas atividades acadêmicas, algo que nunca observei, nem antes, nem durante, nem depois.

Ocorreu ainda um terceiro episódio, em decorrência de uma viagem que fiz ao Brasil em meados do ano. Como o Cebri me convidou para fazer uma palestra sobre a Alca e outras negociações comerciais em curso, formulei comentários "realistas" sobre as posturas de nossos parceiros no Mercosul, que foram registrados por um jornalista presente e reproduzidos no dia seguinte num dos maiores jornais nacionais. Novamente aquela agitação em Brasília, desta vez com a advertência de que um quarto episódio do gênero poderia motivar minha remoção de Washington. Creio que, depois desta terceira vez, o embaixador Barbosa conformou-se com que o diplomata "propenso a acidentes", como ele me classificou (em inglês), tinha se tornado imune a pressões ou punições, ainda que eu tivesse prometido moderação dali em diante.

Novos tempos, novas tarefas

Despedi-me do embaixador Rubens Barbosa, pela última vez como assessor direto, mas não como término da colaboração, em setembro de 2004. Nesse longo intervalo de mais de 10 anos sem cargos no Brasil, encontrei-me várias vezes com o embaixador Rubens Barbosa, já instalado em São Paulo e trabalhando na iniciativa privada, com seu próprio escritório de consultoria e a direção do Conselho de Comércio Exterior da Fiesp, ademais de muitas outras atividades. Acolhi com grande entusiasmo o lançamento da revista *Interesse Nacional*, que ele concebeu, financiou e dirigiu no plano executivo, com a editoria de assessores de qualidade; colaborei em alguns números.

Partilhando concepções relativamente próximas no que tange à política externa brasileira, foi mais do que natural o convite que eu formulei ao embaixador Rubens Barbosa para que ele prefaciasse o meu livro *Nunca antes na diplomacia...: a política externa do Brasil em tempos não convencionais* (Curitiba: Appris, 2014). Também saudei com satisfação outra iniciativa que ele teve, ao fundar e dar início ao funcionamento do Instituto de Relações Internacionais e Comércio Exterior (Irice), uma tentativa de trazer para São Paulo os grandes debates sobre política externa que já ocorriam no Rio de Janeiro sob a égide do Cebri, e da própria Funag, em Brasília.

Entre muitas outras atividades à frente do Ipri, convidei o embaixador Rubens Barbosa para protagonizar um dos capítulos da série criada com o Instituto Rio Branco, chamada "Percursos Diplomáticos", destinada, justamente, a recolher depoimentos de antigos diplomatas que se distinguiram ao serviço da política externa brasileira. Também associei-o ao lançamento de uma coletânea de textos do político gaúcho, seu antecessor na embaixada em Washington e ex-chanceler Oswaldo Aranha. Vários outros projetos em colaboração já estão planejados e figuram no *pipeline* do Ipri, enquanto eu estiver em sua direção.

Se ouso formular um julgamento sintético, ao final deste longo depoimento pessoal sobre uma colaboração de quase 40 anos (com intervalos), sobre minha visão do embaixador Rubens Barbosa, ele poderia ser simbolizado por uma expressão de caráter empresarial: um dos grandes, senão o maior, executivos da diplomacia brasileira durante cerca de meio século, ainda não de todo aproveitado em sua máxima capacidade de direção e de produtividade. Sem ser um dos intelectuais da carreira — a exemplo dos embaixadores Rubens Ricupero ou Gelson Fonseca —, Rubens Barbosa sobrepuja todos os demais diplomatas — desde que era secretário e em todas as demais fases de sua vida profissional — como condutor, administrador e executor de tarefas, tomando iniciativas e aproximando a diplomacia de um ambiente que se aproxima do estilo de trabalho de grandes corporações empresariais.

Se não fosse desonroso esse tipo de comparação "stalinista", Rubens Barbosa poderia ser chamado de Stakhanov da diplomacia brasileira, tal o seu vigor, energia e determinação na chefia de todos os cargos que ocupou, não apenas cobrando trabalho de todos os seus colaboradores, mas trabalhando ele mesmo muito além da rotina normal dos demais diplomatas (que tendem a cultivar hábitos mais amenos). Nunca deixou de trabalhar intensamente por mais de oito ou nove horas no escritório e de levar ainda trabalho para casa, hábito que eu também cultivo, por achar que o melhor ambiente para pensar e produzir, longe da chatice burocrática do dia, é o recesso do lar, em longas horas durante a noite, avançando na madrugada.

Tenho orgulho de ter trabalhado, e de ter podido colaborar, no limite de minha capacidade intelectual e dedicação funcional, com esse diplomata executivo que, mais do que qualquer outro da carreira, encarnou como poucos os dotes pessoais do servidor exemplar, no pleno atendimento desse objetivo fundamental que, na vida empresarial, se chama produtividade. Assinamos poucos trabalhos conjuntos, mas temos em nosso acervo pelo menos dois livros organizados, e diversos outros textos de serviço — sob a forma de expedientes diplomáticos, como memorandos, notas ao presidente, discursos para os chefes da Casa — que se juntam a comentários recíprocos destinados a publicações individuais. Não me considero um servidor fiel, pois sempre me pautei pelos meus próprios critérios de produção intelectual — recusando, por exemplo, todo o *bullshit* vernacular de que são pródigos os textos oficiais —, mas me considero um diplomata leal, que cumpriu funções normais da diplomacia e até algumas além da agenda corrente, que são, na verdade, as que me deram mais prazer intelectual. Se algumas vezes decepcionei o embaixador Rubens Barbosa, e certamente o fiz ao longo de mais de três décadas de colaboração, foi por manter meu espírito rebelde, contrarianista, infenso às regras normais da carreira diplomática, tendo a coragem, e assumindo o ônus, de manter minha liberdade pessoal, contra cânones e padrões de uma carreira pautada pela hierarquia e pela disciplina (duas regras que nunca cumpri, de fato). Em todo caso, sou grato ao embaixador Rubens Barbosa, pelas oportunidades que tive na carreira, por servir em postos e funções que me enriqueceram, no plano intelectual tremendamente, e por ter sempre tido gestos de apoio em momentos de contrariedade ao longo de minha travessia do deserto.

A despeito de ser, reconheço, um diplomata "propenso ao conflito" — por defender minha liberdade de expressão, contra os padrões habituais da Casa —, tive no embaixador Rubens Barbosa um chefe compreensivo e um colega de stakhanovismo diplomático, o que me deixou inteiramente à vontade numa carreira que, se foi importante em minha vida, nunca constituiu o meu único foco de interesse. O estudo, a pesquisa, a produção intelectual sempre estiveram acima da burocracia da Casa, e creio que o embaixador Rubens Barbosa compreendeu isso, e soube respeitar o meu jeito heterodoxo de ser. Meus agradecimentos, mas sobretudo meus cumprimentos pela belíssima carreira da qual ele pode estar legitimamente orgulhoso de ter construído e mantido ao longo de mais de meio século de intensos trabalhos.

Paulo Roberto de Almeida
Brasília, 2 de outubro de 2017
Revisto em 17 de dezembro de 2017

Sobre o autor

Rubens Antonio Barbosa fez mestrado na London School of Economics and Political Science em 1971. Foi secretário de Assuntos Internacionais do Ministério da Fazenda; subsecretário-geral de Integração, Comércio Exterior e Assuntos Econômicos do Ministério das Relações Exteriores e coordenador da Seção Brasileira do Grupo do Mercosul; principal negociador pelo Brasil da Rodada Uruguai no então Gatt até 1999; presidente da Associação dos Países Produtores de Café (APPC); embaixador do Brasil junto à Associação Latino-Americana de Integração (Aladi) (1987-90); embaixador do Brasil em Londres de 1994 a 1999 e embaixador em Washington de 1999 a 2004.

Colunista do jornal *Estado de S. Paulo*, é autor de, entre outros, *Panorama Visto de Londres*, *Integração Econômica da América Latina* e *The Mercosur Codes*, publicado pelo British Institute of International and Comparative Law, editor e organizador de *O Brasil dos brasilianistas*, *Mercosul e a integração regional*, *O dissenso de Washington* (2011) e *Interesse nacional e visão do futuro* (2012)

Funções atuais

Consultor de negócios; presidente do Conselho Superior de Comércio Exterior da Federação das Indústrias do Estado de São Paulo (Fiesp); presidente do Conselho Deliberativo da Sociedade Brasileira de Estudos de Empresas Transnacionais e da Globalização Econômica (Sobeet); presidente emérito do Conselho Empresarial Brasil-Estados Unidos (Cebeu); membro do Conselho

Deliberativo da Associação de Comércio Exterior do Brasil (AEB); membro do Conselho Negócios São Paulo; membro do Conselho de Relações Internacionais do Governo de São Paulo; Membro do Grupo de Análise da Conjuntura Internacional (Gacint) da Universidade de São Paulo (USP); integrante de diversos outros conselhos, como da empresa CSU CardSystem S.A. e Veirano Advogados; editor responsável da revista *Interesse Nacional*; presidente do Instituto de Relações Internacionais e Comércio Exterior (Irice); presidente da Associação Brasileira da Indústria do Trigo (Abitrigo).

Índice onomástico

Abdenur, Roberto, 28-29, 33, 107, 142, 202, 225, 264, 269

Abreu, Sergio, 239

Abreu Sodré *ver* Sodré, Roberto Costa de Abreu

Aith, Márcio, 199

Albright, Madeleine, 128, 151, 169-170, 238

Alckmin Filho, Geraldo, 25, 242, 245

Alconada Sempé, Raúl, 53, 59

Alencar Netto, Álvaro Gurgel de, 66

Alfonsín F., Raúl, 49-50, 57-60, 80-81

Allgeier, Peter Frederik, 123

Almeida, Paulo Roberto de, 10, 38, 124, 255, 264, 273, 275, 289

Almeida Rodrigues, Jatyr de *ver* Rodrigues, Jatyr de Almeida

Amadeo, Eduardo, 150

Amaral, Roberto, 193-194, 228

Amaral, Sérgio, 111, 162, 188, 243

Amorim, Celso, 11, 28, 33, 73, 79-81, 87, 89-90, 92-93, 100, 105, 107, 112-113, 117-118, 125, 142, 156, 176, 178, 183, 194, 201-202, 207-210, 215, 217-218, 222-224, 226-227, 256

Andrade, Auro Moura, 19

Aranha, Oswaldo, 29, 121, 283, 288

Aranha, Zazi, 29

Araújo, João Hermes de, 59

Arcaya, Ignacio Luis, 216

Archer, Renato B., 63

Argaña F., Luis María, 132

Arslanian, Regis, 124, 264

Azambuja, Marcos Castrioto de, 48, 54, 65, 73-75, 107-108, 255

Azeredo da Silveira, Antônio F. *ver* Silveira, Antônio F. Azeredo da

Baker, James A., 67-68

Barbosa, João Bernardo, 12, 241

Barbosa, Maria Ignez, 274

Barbosa, Mariana, 12

Barboza, Mário Gibson, 17, 29, 32

Barros Netto, Sebastião do Rêgo, 111

Barshefsky, Charlene, 104

Batalha, Ivan, 40

Batista, Paulo Nogueira, 29, 32, 52, 61, 66, 70, 114

Berger, Samuel Richard (Sandy), 129, 238

Berlinguer, Enrico, 41

Blair, Tony (Anthony Charles Lynton Blair), 128, 186, 258, 261-262, 283-284

Bolten, Joshua, 143, 213

Bolton, John R., 163-164

Bordón, José Octavio, 150

Bracher, Fernão C. B., 66-68
Bradley, William (Bill), 67
Branco, Antônio B. L. Castelo, 21
Branco, Carlos Castello, 64, 108
Branco, Humberto de Alencar Castello, 19-22
Branco, João Paulo da S. P. do Rio, 34-35
Bresser-Pereira, Luiz Carlos, 65-68, 111, 127, 187-188, 278
Bush, George H. W., 181
Bush, George W., 130-132, 135, 137, 141-145, 150, 153-155, 157, 159-161, 164, 166-167, 175, 181, 185-186, 191, 197-198, 203, 205-207, 212-214, 219-224, 227-230, 244, 252, 265-267
Bush, John Ellis (Jeb), 166
Bustani, José Maurício, 114-115, 163-166, 222
Campos, Roberto de Oliveira, 16, 21, 285
Canto, Antônio Cândido da Câmara, 21
Caputo, Dante, 53, 59
Card, Andrew (Andy), 131
Cardoso, Fernando Henrique, 24-26, 30, 32, 44, 55, 58, 77, 82-83, 86-92, 105, 107-113, 115-120, 122-126, 128-136, 140-141, 145-147, 151-156, 158-163, 165, 168-169, 172, 175, 177-180, 186, 188, 193-197, 199-200, 203-206, 208, 213-216, 220-221, 223, 225-226, 228, 230, 232, 242, 251-252, 257, 259-263, 265-267, 270, 283-284
Carneiro, João Geraldo Piquet, 44
Castello Branco, Antônio B. L.
    ver Branco, Antônio B. L. Castelo
Castello Branco, Carlos
    ver Branco, Carlos Castello
Castello Branco, Humberto de Alencar ver
    Branco, Humberto de Alencar Castello
Castro, Fidel, 185
Castro, João Augusto de Araújo, 17-20, 23
Castro, Luís Augusto de Araújo, 163-164
Cavallo, Domingo Felipe, 83, 102, 152
Chaves, Aureliano, 40, 50
Chávez, Hugo, 90-91, 130, 146, 168, 185, 191, 205, 216, 218, 226-227, 230-232

Cheney, Richard (Dick), 154, 175
Chermont, Jaime Sloan, 23, 27
Chiarelli, Carlos Alberto, 74-76, 100
Christopher, Warren, 231
Clinton, William (Bill), 122-123, 128-130, 135, 141, 144, 161, 166-167, 169, 195, 238, 262, 284
Coimbra, Marcos, 74-75
Collecott, Peter, 239
Collor de Mello, Fernando ver
    Mello, Fernando Collor de
Corrêa, Luiz Felipe de Seixas, 62, 111, 133, 228
Corrêa Jr., Manoel Pio, 21-22
Correia, Raimundo, 29
Costa, Sérgio Corrêa da, 27, 29, 31-32, 63-64, 121, 283
Cotrim, Paulo Augusto, 21
Covas, Mário, 25
Cubas Grau, Raúl, 131
Cunha, Helena Simões Bocaiúva, 28
Cunha, Luis Fernando Bocaiúva, 19, 28
Cunha, Vasco Leitão da, 19-21
Davidow, Jeffrey, 129
Delfim Netto, Antônio, 27, 40, 44
Dirceu de Oliveira e Silva, José ver Silva, José Dirceu de Oliveira e
Dobriansky, Paula, 144
Doria, João, 242
Dornelles, Francisco, 45-46, 278
Dulci, Luiz, 187, 198, 200
Falcão, Joaquim, 10
Faria, José Eduardo Campos de Oliveira, 46
Ferguson, Niall, 155
FHC ver Cardoso, Fernando Henrique
Figueiredo, João Baptista de Oliveira, 40, 43-44, 49
Fishlow, Albert, 200, 285
Florêncio Sobrinho, Sérgio A., 77
Flores, Carlos Martins Thompson, 22
Flores Netto, Francisco Thompson, 49, 59
Fonseca, Gelson, 204, 252, 270, 288
Fox, Vicente, 155, 157, 230
Fraga, Armínio, 84, 104, 258

ÍNDICE ONOMÁSTICO

Franco, Gustavo, 115-116, 120, 258, 261
Franco, Itamar, 87, 105, 108-109, 111, 202, 282-283
Frota, Maria Stela Pompeu Brasil, 47-48
Funaro, Dilson D., 66, 278
Furlan, Luiz Fernando, 189, 222
Gacek, Stanley, 183-184
Galvão, Marcos Bezerra Abbott, 10, 124, 255
Galvêas, Ernane, 40, 84
Garcia, Carlos Moreira, 51-52, 255
Garcia, Marco Aurélio, 118, 125-126, 179, 208-210, 216, 218, 222, 224, 227
García, Alan, 50, 53
Garnero, Mário, 180-182
Gasparian, Helena Maria, 237
Geisel, Ernesto, 24, 33-34, 81
Geithner, Timothy, 199
Giorgi, Débora Adriana, 96
Gomes, Ciro, 177, 179, 182, 184
Gonçalves, José Botafogo, 64, 99
Gonçalves, Leônidas Pires, 30, 81
González, Felipe, 128
Gore Jr., Albert Arnold (Al Gore), 143, 166
Goulart, João, 19, 21
Grau, Raúl Cubas ver Cubas Grau, Raúl
Grossi, Venâncio, 133-134
Guelar, Diego, 149-150, 207
Guerreiro, Ramiro Saraiva, 38, 40, 56, 66
Guimarães, Samuel Pinheiro, 73, 89-90, 208-210, 217, 224
Guimarães, Ulysses S., 25, 46, 63, 116
Haass, Richard N., 200, 202
Hakin, Peter, 182
Harrington, Anthony S., 128-130, 238
Harris, Katherine, 166
Helms, Jesse Alexander, 201
Houaiss, Antônio, 12, 21
Hrinak, Donna, 129, 177, 191, 211-213
Hugueney, Clodoaldo, 52, 76, 81, 100, 109, 123
Huntington, Samuel P., 42
Hussein, Saddam, 159

Iglesias García, Enrique V., 53
Jobim, Nelson A., 80
Jones, Jimmy, 178
Kirk, Ronald (Ron), 142
Kissinger, Henry, 39, 231
Lacombe, Cláudio, 34
Lafer, Celso, 82, 86-87, 111, 136, 160, 162-164, 177, 194, 210, 232, 252, 265, 267
Lago, Antônio Corrêa do, 29
Lampreia, Luiz Felipe P., 23, 58, 86, 104, 107, 109-111, 113, 115-119, 125, 131, 147, 162-163, 169, 194, 256-257, 259, 261-262, 264, 283
Lanusse, Alejandro Agustín, 81
Leal, Carlos, 10
Lee, Thea, 211
Leite, Cassiano Ricardo, 30
Lessa, Carlos, 16
Levitsky, Melvyn, 128
Lewinsky, Monica, 166
Lima, Afonso Augusto de Albuquerque, 33
Lima, Hermes, 17
Lima, José Alfredo Graça, 123
Lima, Lúcia Flecha de, 64
Lima, Paulo Tarso Flecha de, 37, 46-47, 108, 115, 119, 275, 277
Lindsey, Lawrence B., 181
Lins e Silva, Evandro ver Silva, Evandro Lins e
Lobo, Lucilo Haddock, 23
Lugo de M., Fernando, 238
Lula ver Silva, Luiz Inácio Lula da
McLarty, Mack, 123
Magalhães, Aloísio, 9
Magalhães, Antônio Carlos, 47, 108, 136
Magalhães, Fernando Paulo Simas, 69
Magalhães, Juracy, 21
Magalhães Pinto, José de
   ver Pinto, José de Magalhães
Magnavita, Maurício Carneiro, 27
Maia, Otto A., 74-75
Maisto, John F., 150, 181, 231-233, 265-266
Malan, Pedro Sampaio, 83, 103, 114, 120, 127, 133-135, 177, 206, 260

Mantega, Guido, 90, 124

Mattoso, Jorge, 180

Medeiros, José Artur Denot, 99

Médici, Emílio Garrastazu, 24

Meirelles, Henrique de C., 90

Mello, Fernando Collor de, 33, 41-44, 71, 73-77, 81, 87-88, 97-98, 100-101, 120, 163, 279, 283

Mello, Patrícia Campos, 139

Melo, Ovídio de Andrade, 29

Menem, Carlos S., 81, 149, 152, 185

Mercadante, Aloizio, 183, 186, 200, 209, 219, 222

Merquior, José Guilherme, 17-18, 23

Montenegro, Magda Maciel, 12

Montoro, André Franco, 18, 20, 25-26, 71, 80, 109, 119, 283

Moraes, Antônio Ermírio de, 95

Moreira, Marcílio Marques, 66, 83, 98, 127

Moreno, Luis Alberto, 148, 173

Moscardo de Souza, José Jerônimo ver Souza, José Jerônimo Moscardo de

Motta, Sérgio R. Vieira da, 120, 127, 257

Muñoz Valenzuela, Heraldo, 149

Murtinho, Wladimir do A., 9, 16, 23-24, 34, 43

Nakano, Yoshiaki, 188

Negroponte, John D., 228

Neill, Paul Henry O' ver O'Neill, Paul Henry

Neves, Aécio, 245

Neves, Carlos Augusto Rego Santos, 47, 55, 63-64

Neves, Tancredo, 45-46, 276

Noriega, Roger, 151, 181, 191, 201, 229, 231, 233

Obama, Barack, 154

Oliveira, José Aparecido de, 107, 109

Oliveira, Miguel Darcy de, 21

Oliveira Faria, José Eduardo Campos de ver Faria, José Eduardo Campos de Oliveira

O'Neill, Paul Henry, 177

Oviedo Silva, Lino C., 131-132

Palazzo-Almeida, Carmen Lícia, 38, 255, 276, 284

Palocci Filho, Antonio, 183, 186, 189, 191, 199-201, 206, 219, 222-223, 227, 229

Pardo-Maurer, Rogelio, 171

Parente, Pedro, 133, 205-206, 213

Patriota, Antonio, 142, 225

Peña, Félix, 98-100, 239

Penna, José Osvaldo de Meira, 41

Pereira, Luiz Carlos Bresser ver Bresser-Pereira, Luiz Carlos

Persson, Göran, 128

Pfirter, Rogelio, 114, 165

Pinochet U., Augusto, 21, 211

Pinto, José de Magalhães, 29

Pinto, Olavo Bilac P., 20, 22-23

Piquet Carneiro, João Geraldo ver Carneiro, João Geraldo Piquet

Pires, Waldyr, 193

Portillo, Michael, 113-114

Portugal, Murilo, 97-98, 135, 206-207

Powell, Colin, 131, 150-151, 161, 164, 174-175, 177, 211, 219, 226-227

Prodi, Romano, 128

Quércia, Orestes, 56

Quintão, Geraldo M. da C., 170

Quirós, Juan, 242

Rainho da S. N., Octávio, 24

Ramos, Pedro Paulo Leoni, 41

Reagan, Ronald W., 62

Reich, Otto J., 146, 151, 159, 184, 191-192, 200-201, 213, 218, 226, 229-231, 233

Reis, Fernando G., 93

Rezek, J. Francisco, 73-77, 82, 120, 279

Ribeiro, Darcy, 23

Ribeiro, Edgard Telles, 42-43

Ribeiro, Renato Janine, 183

Rice, Condoleezza, 130-132, 137, 150-151, 160, 174-176, 213, 219, 223, 266

Ricupero, Rubens, 17, 62, 108, 111, 139, 209-210, 256, 278, 288

Rio Branco ver Branco, João Paulo da S. P. do Rio

ÍNDICE ONOMÁSTICO

Rodrigues, Carlos Calero, 45-46
Rodrigues, J. Roberto, 189, 222
Rodrigues, Jaime de Azevedo, 20, 23
Rodrigues, Jatyr de Almeida, 21
Rodríguez Pedotti, Andrés, 78, 238-239
Romero, Peter F., 129, 151, 157, 231, 233
Rousseff, Dilma, 30, 146, 166, 214, 223-224
Rumsfeld, Donald H., 170-171, 175
Sachs, Jeffrey D., 154, 200
Salek, Namir, 44, 187
Sanguinetti C., Julio María, 78
Santos, Eduardo dos, 10, 26, 122-124, 128, 141, 153, 249, 253, 256, 262
Santos, Júlio César Gomes dos, 47, 204
Santos, Reginaldo, 133
Sardenberg, Ronaldo Mota, 115, 192, 228
Sargent, John Singer, 27
Sarney, José, 80, 277
Schiaretti, Juan, 100
Serra, José, 24, 89, 90-91, 109, 125, 179, 188, 206, 209, 215, 238, 245
Setúbal, Olavo E. de S. A., 10, 44-63, 70, 73, 80-81, 86, 88, 95, 253, 277
Shannon Jr., Thomas A. (Tom), 131, 150, 231-233, 264-265
Silva, Antônio Celso Souza e, 35
Silva, Golbery do Couto e, 35, 43
Silva, Evandro Lins e, 17
Silva, Francisco Lima e, 26
Silva, José Dirceu de Oliveira e, 176, 179-186, 188, 191-192, 200, 202, 205-206, 208, 211-212, 214-215, 222, 227, 229
Silva, Luiz Inácio Lula da, 11, 26, 79-80, 82, 85, 87-88, 90-91, 99, 112, 117, 123-125, 131, 135, 140-142, 145-147, 151, 153, 158-159, 161-163, 168, 170, 176-181, 183-189, 191-201, 203-206, 208-217, 219-235, 244, 252, 259, 264, 268-269
Silva, Vicente Paulo da ver Vicentinho
Silveira, Antônio F. Azeredo da, 9, 22, 24, 31, 34-35, 221
Simon, Pedro J., 50

Simonsen, Carlos Ivan Leal, 9-10
Simonsen, Mário Henrique, 188
Skaf, Paulo A., 142-143, 240-241
Skidmore, Thomas E., 125
Soares, Mário A., 128
Sodré, Roberto Costa de Abreu, 47, 62, 64, 108
Sotero, Paulo, 63
Souza, José Jerônimo Moscardo de, 23, 70
Souza, Luiz Brun de Almeida e, 17
Souza Neto, José Estanislau do Amaral, 237, 240
Stiglitz, Joseph E., 200
Stroessner M., Alfredo, 78
Suplicy, Eduardo, 214
Suplicy, Marta, 200, 214, 219
Sweeney, John, 183-184, 198
Talbott, Strobe, 128
Taylor, John B., 138
Tizón, Allan Wagner
    ver Wagner Tizón, Allan
Torres-Carrilho, Igor, 23
Torres de Melo, Francisco Batista (general), 41
Trichet, Jean-Claude, 66
Troyjo, Marcos P., 180-181
Ulysséa, Asdrúbal Pinto de, 20
Unger, Roberto Mangabeira, 179
Valenzuela, Arturo, 233
Velasco Alvarado, Juan, 33
Viacava, Carlos, 44
Viana Filho, Luis, 23
Vicentinho (Vicente Paulo da Silva), 184
Viegas, José, 170-171, 208-210
Waack, William, 244
Wagner Tizón, Allan, 53
Walesa, Lech, 112
Werneck, Dorothea F. F., 98
Xavier, Sérgio, 198
Yoshiaki, Nakano, 188
Zappa, Ítalo, 209
Zoellick, Robert B., 130, 136, 167-168, 266

Esta obra foi produzida nas
oficinas da Imos Gráfica e Editora na
cidade do Rio de Janeiro